益智仁室詩說

何敬羣先生著作選刊

陳煒舜——主編
暨 香港中文大學新亞書院七十五周年
校慶活動督導委員會出版小組

中華書局

早年

六十年代

七十年代

八十年代

不同時期的何敬羣教授

何敬羣教授，江西清江人，本名鑑琮，字義修，號敬羣，別號遯翁，齋名有江西樟樹之天遯室、贛州之花藥草堂與無所不談之室、湖南長沙之密陀僧室及粵港之益智仁室。幼承母訓，習《論》《孟》《詩經》，稍長博覽眾書。弱冠喪親，從事藥業，仍手不釋卷，學養湛深。大陸易幟，舉家遷港。至一九五七年起執教上庠，講學於珠海、新亞、經緯、華僑、浸會諸校。雅好吟詠，詩名聞於港上，著述達十餘種。

上圖　1969 年 11 月 23 日新亞書院師生出遊時在西貢官坑小學合影。教授包括：1) 梅應運、2) 程兆熊、3) 黃開華、4) 王俊儒、5) 沈亦珍、6) 劉若愚、7) 何敬羣、8) 莫可非、9) 楊勇、10) 王貫之、11) 蒙傳銘諸賢。學生則有：12) 張秉權、13) 陳淑蕙、14) 韋金滿等。

下圖　1960 年新亞書院師生出遊鹿野苑時與明常法師與合影。教師方面，包括何敬羣教授夫婦、張丕介教授夫婦、王貫之教授夫婦、黃華表教授夫婦。

上圖　1970 年 3 月，畢業班同學前往大埔何宅探訪。前排左起：鄭佩華、何教授、陳淑蕙；後排左起：鄭穎濂、文德泉、周集祥、張秉權。

下圖　1973 年 2 月華僑書院學生阮其江、何世強等在大埔何宅前合影。

上圖　1975 年仲夏攝於珠海學院禮堂。左起：黃競剛同學、何敬羣教授、覺光法師、大光法師。

下圖　1976 年 4 月攝於豪華大酒樓。前排左起：王韶生教授、彭國棟教授、何敬羣教授。後立者為黃競剛同學。

上圖 1976 年冬攝於珠海學院，時香港筆會邀請馬幼垣教授主講《包公案》。左起：王世昭、涂公遂、李璜、馬幼垣、羅香林、王韶生、何敬羣諸教授。

下圖 1977 年與孔聖堂國學研習班第一屆同學合影。前排左起：何敬羣教授、蘇文擢教授。

上圖　1982 年 6 月，與門人韋金滿教授攝於浸會學院辦公室。

下圖　1982 年 12 月，與臺師大陳新雄教授攝於浸會學院中文系室。

上圖　1983 年 10 月 15 日世界詩歌節籌備委員合影。左起：林建同、王韶生、何葆蘭、王世昭、林仁超、丁淼、涂公遂、王淑陶、何敬羣、林力安諸君。

下圖　1984 年 10 月 15 日第八屆世界詩歌節慶祝會上籌備委員合照。前排左起岳騫、丁淼、余淵若、張慧貞、林仁超、何敬羣、王淑陶、何葆蘭、易越石、徐東濱；後排左起：黎炳昭、野火、藍海文、余玉書、梁興連、葉玉超、林力安。

訃告

本院前中文系同事何敬群（遯翁）先生，於一九九四年一月十七日，壽終於香港聖保祿醫院，享壽九十有四歲，已於一月廿五日出殯。

尋常學行卽瑰奇風義平生友亦師痱
病經年終委蛻知交同輩幾衰遲書
成百卷非時尚後惜羣流失舊規低
首詩人何水部欲憑苦語塞深悲

遯翁教授詞長靈鑒

教弟蘇文擢頓首拜挽

《新亞生活月刊》第二十一卷第七期（一九九四年三月）刊登的何敬羣教授訃聞及蘇文擢教授輓詩。

何敬羣先生書法：斗方及集《論語》聯（何歷耕醫師家藏）

雁兒落帶得勝令

題亮齋書畫展

雙清誰佔先，
采筆誰爭巧。
畫得鳥能言，
畫得花能笑。
鶯也入簾梢，
蝶也繞屏飄。
春色平分取，
詩書看并鑣。
濡毫，讓德暉丹青妙；
推敲，讓梁鴻翰墨豪。

民國第一甲辰季夏

亮之鄉兄湘琴夫人正

何敬羣拜題

何敬羣先生書法：《雁兒落帶得勝令．題亮齋書畫展》
（桂林圖書館藏，張潔攝）

何敬羣先生書法：《八聲甘州・春霆三兄以木棉圖屬題書此呈正》（香港中文大學文物館藏）

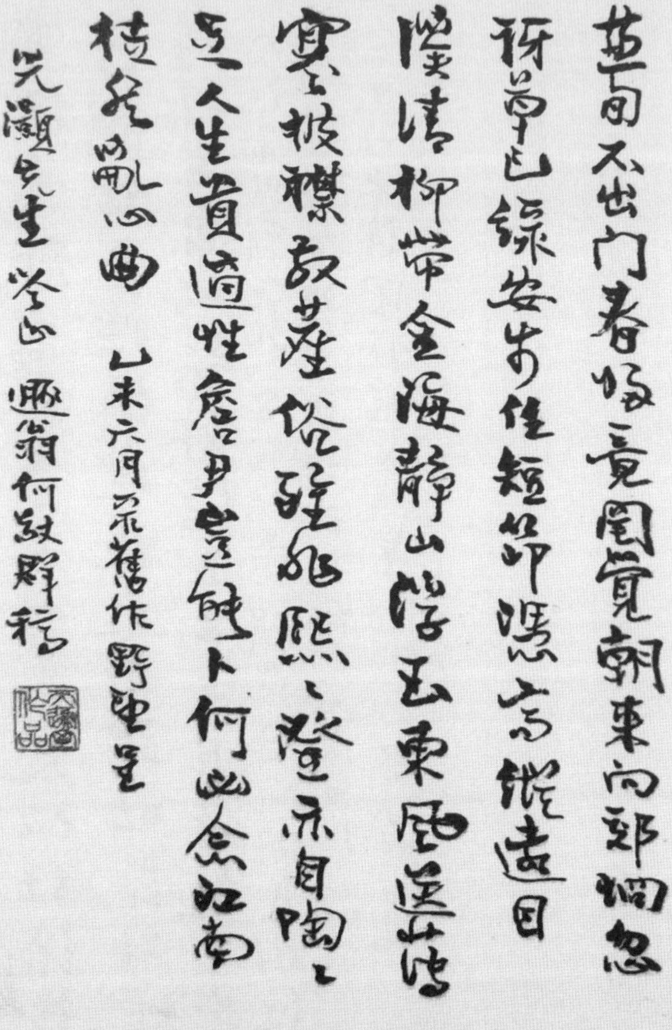

何敬羣先生書法：《乙未六月錄舊作野望》

何敬羣先生書法：《壽寒老七十大慶》

本圖集內所有照片，皆承蒙何歷耕醫師提供分享；
所有書法作品，也承何醫師授權刊登。謹致謝悃。

目次

序

序一　李學銘　一九
序二　陳志誠　二八

甲編　益智仁室論詩隨筆

劉太希序　三四
何敬羣自序　三五
一　風格（共九則）　三八
二　法勢（共九則）　四〇
三　聲韻（共十一則）　五五
四　辭采（共十一則）　七〇
五　詩體（共七則）　八八
六　詩題（共五則）　一〇七
七　詩病（共九則）　一二一
八　雜記（共十三則）　一三一
附導論：　一四四
何敬羣《益智仁室論詩隨筆》初探　龍受證　一六〇

乙篇　詩學纂要　二二〇

何敬羣自序　二二一

詩學纂要上編・詩學導論　二二四

一、詩之淵源及體制　二二四

二、詩之聲韻及律法　二三〇

三、詩之聲調　二三五

詩學纂要中編・唐詩選讀　二五〇

一、初唐詩　二五一

二、盛唐詩　二五七

三、中唐詩　三〇〇

四、晚唐詩　三二〇

詩學纂要下編・宋詩選讀　三三八

一、北宋詩　三三九

二、南宋詩　三七一

附記・修習本課程應備用參考書　三八五

附導論：

何敬羣《詩學纂要》初探　陳煒舜　三八六

丙編　生平與追記　四五〇

清江藥材行業在廣州之發展　何敬羣　四五一

光我新亞宏智仁——

何歷耕醫師談先父何敬羣教授　龍受證　林樂軒　四五四

憶遯翁師　張洪年　四七九

何敬羣老師對我的影響　羅秀珍　四八三

懷念何敬羣老師　張秉權　四八八

遯翁賜墨寶——

追憶何敬羣老師　岑詠芳　四九三

何敬羣教授著述簡介　陳煒舜　四九九

後記　陳煒舜　五一六

出版小組成員

主編

陳煒舜 暨 香港中文大學新亞書院七十五周年校慶活動督導委員會出版小組

主席

張展鴻教授

成員

陳煒舜教授、陳蓓教授、謝偉傑教授、周晉教授

秘書

李思慧女士

助理及校對

龍受證、王語曼、林樂軒

撰稿者

李學銘、陳志誠、張洪年、羅秀珍、張秉權、岑詠芳、陳煒舜、龍受證、林樂軒

序一：何敬羣先生論詩法

李學銘教授

我是新亞書院農圃道時期的學生，一九五六年入讀中文系，一九六〇年畢業。在這段期間，我修讀了曾克耑先生（一九〇〇至一九七五）任教的「詩選」，而當時何敬羣先生（一九〇三至一九九四）任教的，是「詞選」，後來他講授「詩選」時，我已經畢業離校了。一九六五年，我為了取得英聯邦承認的中文大學學位，又回到新亞重讀一年，全力應付學位試。因此，我無緣追隨敬羣先生學詩。現在回想起來，當時錯過了受教的機會，不無遺憾。不過，他刊登在報刊上的詩作和詩話，我倒讀過一些，但不多。今年夏天，聽說中大新亞書院要出版《益智仁室詩說》以作紀念，並約我為書寫序。當時我有點遲疑，因為自問對敬羣先生的詩學所知不多，而自己又長久與本港的詩壇活動疏離。今年十月，我終於答應為《益智仁室詩說》寫一篇類近「讀後記」的短文，主要固然是因為陳煒舜教授拳拳邀約的誠意，同時我也想藉着這個機會，通過《詩說》全稿的閱讀，向敬羣先生學習，讓自己可以稍補未曾受教的遺憾。

本書名為《益智仁室詩說》，是敬羣先生著作的選刊，內含甲編《益智仁室論詩隨筆》和乙編《詩學纂要》。《論詩隨筆》正文五萬八千多字（含標點），內分八篇：風格、法勢、聲韻、辭采、詩體、詩題、詩病、雜記。內容主要是「雜寫古人詩法」，「上下漢、晉、唐、宋之世，出入蘇、李、杜、韓之間」（先生自序語）。《詩學纂要》正文五萬五千多字（含標點），內分三部分：詩學導論、唐詩選讀、宋詩選讀。內容主要是對詩歌淵源、體制、律法、聲調及名家作品的介紹，目的在為學生「開局啟鑰以窺其祕，指路示途以助其行」，「要在易知易行，重在能讀能寫」（先生自序語）。我的印象是，無論是《論詩隨筆》或《詩學纂要》，都重視「詩法」，即學詩之法，只不過後者是課堂講義，對象是在學學子，因此有「能讀能寫」的期望；而前者的撰作對象，大抵是友朋、同道，以至是對詩歌有濃厚興趣的讀者，在述論中既顯示了敬羣先生的學識，同時也蘊含了他的抱負和寄託。在閱讀本書全稿時，我留意到《隨筆》和《纂要》之後，附有兩篇論文，其一是〈益智仁室論詩隨筆初探〉（龍受證），另一是〈何敬羣詩學纂要初探〉（陳煒舜），兩文內容周至翔實，我本不必再對本書多所述說。不過，既受命為本書撰寫讀後短文，姑且就閱讀所見說說，聊作芹獻。

本書既以「詩法」為重，又重視「能讀能寫」，我的讀後所記，自然會側重這方面的摘錄，如有偏失，或說明欠妥，那是我的責任，與原書作者無關。

關於學詩之法，《論詩隨筆．風格篇》云：

凡詩古文詞，學某人者貴學其意，而非學其貌，貴從其氣稟所近而致力焉，乃

能事半而功倍也。（1.5）[1]

學前人之作，須學其意而不是貌，而用心致力的所在，「貴從其氣稟所近」。〈風格篇〉又云：

詩之為藝，雖以工麗為優，而其要歸，則在能規風人之旨，得性情之正。（1.9）[2]

這是說，詩的表現，須以意為重，要在「能規風人之旨、得性情之正」，辭藻「工麗」，不該是最先的考慮。

又《論詩隨筆．法勢篇》云：

昔人論詩法，括之以寫景、寫情之兩端。〔……〕兩者於詩法，雖不失為軌儀，

1 何敬羣：《益智仁室論詩隨筆》（香港：人生出版社，一九六二年），頁六。
2 同前註，頁九。

而實未盡其究竟。（2.1）[3]

景和情，雖是「詩法」的軌儀，但仍有不足。補足之道，〈法勢篇〉云：

詩法不外空間、時間、感想與借題發揮四事之互為綜錯。（2.2）[4]

可知「詩法」除了寫景、寫情，還有「四事之互為綜錯」，可以措意。

敬羣先生之論詩，很重視聲韻。《論詩隨筆・聲韻篇》云：

近體詩音律，不外平起仄起之四譜，知此四譜，則平韻仄韻、拗體變體，皆能得之心而應之手，皆能隨意運用而盡悠洋鏗鏘之妙矣。〔……〕能熟讀唐人詩百數十首，即能盡四譜之變化，則其正格、變格之音調，自能琅琅上口。（3.3）[5]

敬羣先生的意見是，多讀是掌握聲調格律的竅門。他在《詩學纂要・自序》中表示：學詩「能明於聲調格律而熟其規則，則十得四五」。在這個基礎上，再多讀唐宋詩二三百首，就可以「十得六七」，加上不斷試作，就可以「十得八九」，更進而泛讀魏晉詩作，涵濡

《詩》、〈騷〉，於是就可以「言必己出，斐然成章」了。[6]

除了風格、法勢、聲韻，講「詩法」，辭采和詩病，也不可不留意。《論詩隨筆・辭采篇》云：

> 詩之句法，或四言、五言，或六言、七言，必須一句渾成，字字着力，不可添一字，亦不可減一字，乃為精鍊之章，然後句中無閒字，篇中無冗詞。（4.1）[7]

上面的重要提示是：詩句須渾成。句中無閒字，篇中無冗詞，才是精鍊。〈辭采篇〉又云：

> 詩固須有警句，然必如人之眉目，與五官肌色，配合自然，〔……〕故詩必渾成，然後顧盼生姿而有警句，否則是為無鹽畫眉、嫫母學顧而已。（4.2）[8]

3 同前註，頁一三。
4 同前註，頁一五。
5 同前註，頁二八至二九。
6 何敬羣：《詩學纂要》（香港：遠東書局，一九七四年）〈自序〉，頁一。
7 何敬羣：《益智仁室論詩隨筆》，頁三九。
8 同前註，頁四〇。

詩中有警句，可動人心目，可為全詩增分，但須自然、渾成，與詩篇中各句配合，否則難可稱為優點，甚至反增其醜。這個意見，對過分用心追求警句的詩人，應該是切實有用的提示。

此外，留意詩病，自知「病」之所在，才會知道怎樣改進。《論詩隨筆．詩病篇》云：

> 今夫詩境白以能有創見，不襲陳言為佳，然當知運化之方，與融裁之巧，乃能創而非幻怪，新而非詭僻。（7.4）[9]

詩境以能創新為佳，但「創」不是怪，「新」不是僻，重要的是知運化、融裁之道。為免詩病，〈詩病篇〉提出具體意見：

> 工部詩云：「新詩改罷自長吟。」此謂詩以能改為佳。又云：「詩成覺有神。」此謂詩以天成為佳〔……〕詩由興會，要在天機所動，信手拈來，故謂神來之作。〔……〕工部又言：「晚節漸於詩律細。」〔……〕詩既成，自檢討其時空感想，是否相訢合，是即細於律者也！再檢討其聲韻音節，是否相抑揚，是即所以須長吟者也！（7.5）[10]

上文以杜甫（七一二至七七〇）詩句為例，說明詩作完成後須有適當的檢討及修訂，才可以減少詩病。所謂「新詩改罷自長吟」，是說詩以能「改」為佳，又要檢討聲韻音節，即講究「詩律」，所以須「長吟」，須檢討其時空感想是否訢合。而「神來之作」，往往出自天成，信手拈來。杜甫之說，經敬羣先生提點，讀者就較容易領會了。

詩體方面，《詩學纂要》在「導論」中，用了扼要的文字，述說「詩之淵源及體制」，[11] 這些基礎知識，是初入詩學門檻的學子所需要的。而《論詩隨筆．詩體篇》，則舉述例證，呼應了「導論」的說明，限於體例，篇中明顯地涉及「詩法」的意見不多。不過在論及諸名家各體詩作的長短時，〈詩體篇〉也有原則性的提示：

> 夫好而知其惡，惡而知其美，然後能得好惡之正，而知所取法。（4.6）[12]

這個意見，透露了學詩的方法和門徑。

9　同前註，頁七九。
10　同前註，頁七九至八〇。
11　何敬羣：《詩學纂要》，頁一至四。
12　何敬羣：《益智仁室論詩隨筆》，頁六二。

至於詩題，是詩作完成的一部分，《論詩隨筆．詩題篇》的提示很簡要，說：

> 詩之有題，猶人有眉目，必朗秀清明，乃見神采。〔……〕故詩題須精絜賅簡，毋取瑣碎冗長。（6.1）[13]

這方面，敬羣先生引述了不少名家處理詩題之法作印證，足供大家參考。

本文根據《益智仁室詩說》一書的內容，介紹敬羣先生談「詩法」的意見。文中引述的資料，以《論詩隨筆》為主，《詩學纂要》為輔。我的述說，只能算是個人的「蠡談」，恐怕未能充分顯示《詩說》的精要。「蠡談」，一般會有偏失，而且一定不深不廣，屬於所謂「識小」之類。「識小」自難入方家之目，但對有興趣讀詩或嘗試寫詩的年輕朋友，這篇短文，或許也會有些幫助罷？

李學銘
於新亞研究所
二〇二四年十月

作者簡介：李學銘教授，一九六〇年畢業於新亞書院（香港），並先後獲香港中文大學學士、碩士及香港大學博士。從事教學及研究五十多年，曾任香港教育署輔導視學處中文組督學、葛量洪教育學院首席講師及中史系主任、香港語文教育學院副院長、香港理工大學教授。自理大退休後，任新亞研究所（香港）教授及香港都會大學榮譽教授至今。研究範圍包括：語文教育、兩漢史、中國經學史、中國學術思想史；而於中國古典文學、廣東書畫、中國傳統工藝美術等方面，亦有研究。已出版之個人著作包括《中國語文教學的現況與發展》、《中國語文教學的實踐與改革》、《現代中國語文的應用與測試》、《東漢史事述論叢稿》、《讀史懷人存稿》、《撥雲倚樹雜稿——古今文學辨析叢說》、《經史疑義辨析叢稿》、《未敢廢書》等，以及學術論文近二百篇。又曾主編學術專書及學術期刊十多種。

13 同前註，頁六五。

序二

陳志誠教授

蒙中文大學陳煒舜教授之邀，要我為何敬羣師《益智仁室詩說》一書寫篇序。我早年在新亞曾修過敬羣師的國文課，卻沒有機會修讀過他後來開的詩詞課。相信曾修讀過他詩詞課而能為之寫序的學友應該大有人在。陳教授屬意於我，恐怕最主要的原因是我比較早曾受教於敬羣師之故吧。

我是上世紀五十年代末入讀新亞中文系的。當時新亞農圃道新校舍落成不久，而中文系亦剛從原本的文史系分拆開來獨立成系。入讀中文系的同學特別多，別有一番新氣象。根據書院的規定，大一、大二國文是全院各系的共同必修科，因而任教的老師比較多，而且還要分許多組。升上大學二年級時，我修了敬羣師一個學期的「歷代文選」，那就是大二國文課了。當時任教「詩選」的是曾克耑師，「詞選」的是梅應運師，而任教「曲選」的則是鄭騫師和羅錦堂師。至於敬羣師開講的「詩選」和「詞選」課，已是我在新亞畢業後的事，自然沒有機會修讀了。

我雖然只修讀過敬羣師一個學期的「歷代文選」課，但有幾點印象卻非常深刻：一是他每次來上課都很準時，講課時中氣十足，聲音特別響亮，往往便連隔鄰課室的同學也會聽到他講課的內容；二是他講課時的江西腔國語比較濃重，初時有點不習慣，但很快也就適應過來，因為當時書院規定所有講課都必須以國語作為授課語言，而老師大多來自國內不同地區，南腔北調，說的國語自也不太標準，日子久了，同學聽課也沒多大問題；三是當時我們的作文都得用毛筆書寫，敬羣師的批改除了認真、細緻之外，自然也用毛筆書寫，他的書法寫來蒼勁有力，鐵畫銀鈎，別具一格。

除了教學講課之外，敬羣師亦喜歡用心於詩詞曲創作，他平生已刊的詩作共有四百八十餘首，詞作有一百七十餘闋，曲作則較少，只有七十餘首。顯見他的創作，以詩為重，其餘才是詞和曲。在學術研究的著述方面，亦以詩學為主，計有《益智仁室論詩隨筆》和《詩學纂要》兩種，詞學方面，則有《詞學纂要》一種。即以此而言，其詩學方面的成就，就更值得世人的重視。

《益智仁室論詩隨筆》共分〈風格〉、〈法勢〉、〈聲韻〉、〈辭采〉、〈詩體〉、〈詩題〉、〈詩病〉、〈雜記〉等八篇，各篇又再分若干則，然後每篇均以四言四韻八句的詩作開首。這方面有點跟司空表聖《詩品》的方式相似，彼此同樣以兩個字為題，又都用四言詩來表達，不過《詩品》並非八句，而是四言六韻十二句。同時，最重要的，《詩品》說詩有二十四品，它的每一品，即代表一種風格，題目下的四言詩，便作為這種風格的形容與描述。敬羣師所論，則較著重詩的各種寫法與要求，詩意的呈現，詩境的營造以至大小詩病的產生等問題。在各章開首的四言詩之下，都有非常詳細而具體的分析，且舉出不少詩人或詩句作為例證來說明，足供賞詩、寫詩時作津梁之用。

至於敬羣師另一本詩學著作《詩學纂要》的寫法就很不同，《詩學纂要》分上、中、下三編。上編〈詩學導論〉，內分〈詩之淵源及體制〉、〈詩之聲韻及律法〉、〈詩之聲調〉三節，使讀者對詩的發展與體制有個基本認識。中、下兩編則分別選擇唐、宋詩人作品來解說與分析。其中中編〈唐詩選讀〉再細分初、盛、中、晚四小節，共錄詩家二十九人，作品共有一百六十首。下編〈宋詩選讀〉分北、南兩小節，共錄詩家十二人，作品共計八十三首。在〈唐詩選讀〉和〈宋詩選讀〉以及初、盛、中、晚唐和北、南兩宋的開首處都各有該時期的概論，而各大小收結的地方，亦均有按語。這些概論和按語，都能加深讀者對某一時段詩風的了解，很具參攷價值。此外，對每個作家的精要簡介和對作品中所作的註釋，都有便於讀者的閱讀。至於全書終結的〈附記．修習本課程應備用參考書〉，除了使人認識學詩應有參考資料外，也使人了解到，這本書的編寫，是作「詩選」課修習之用的。

《益智仁室論詩隨筆》和《詩學纂要》兩書雖然都在論詩，但寫作重點卻各有不同，僅讀一書難免有所不足。且兩本書出版時間太久遠，現在要找來閱讀和參考，殊不容易。幸好欣逢新亞書院成立七十五周年校慶，陳煒舜教授向書院提出建議，要將該兩本著作重新付梓出版。得到院方的批准，並得到版權持有人敬羣師哲嗣何歷耕醫生的同意，將之出

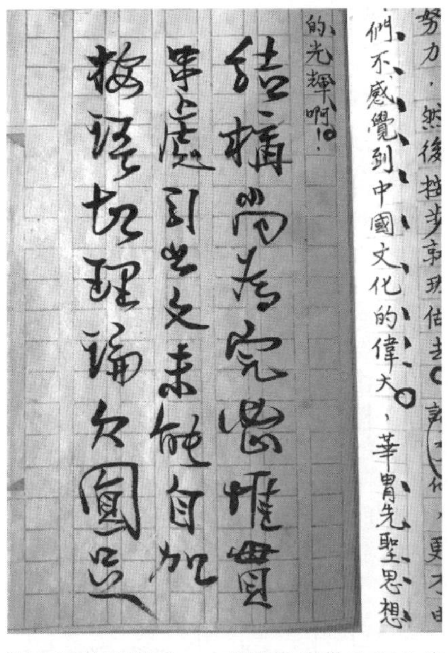

陳志誠教授附圖一：從敬羣師批改作文的字跡，可以一窺其書法的態勢。

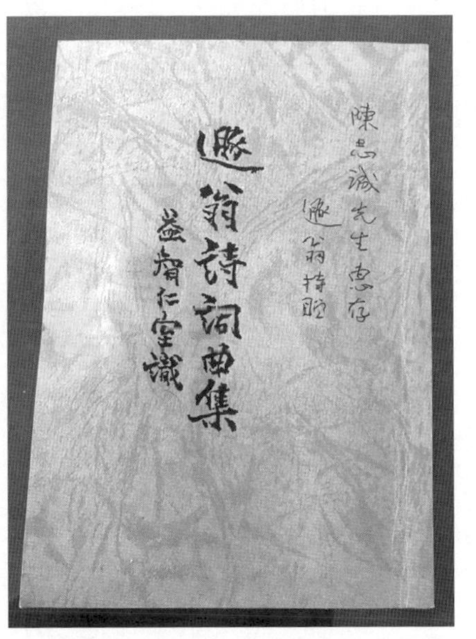

陳志誠教授附圖二：敬羣師為詩集題簽，竟稱學生為「先生」，可以看出他的為人是多麼謙遜厚重。

版。計劃將兩書併合成一冊，取名《益智仁室詩說》，並加上相關資料。另外，為便利讀者閱讀和參考，還特別附上龍受證碩士的〈何敬羣《益智仁室論詩隨筆》初探〉和陳煒舜教授的〈何敬羣《詩學纂要》〉兩篇文章，作為該兩本詩學原書的導讀，通過如此細心的疏解與說明，讀者對敬羣師原書的理論與分析，自有更深的了解。

敬羣師的著述，都喜用「遯翁」或「益智仁室」為號名其作。「遯翁」是他的別號；「益智仁室」則是他的室號。所謂「遯」，並非是消極性的逃遁或避走的意思。相信他取的「遯」字，乃依據《易經》而來。《易經》中有「遯」卦，是下艮 ☶ 上乾 ☰。卦辭說：「遯，亨，小利貞。」象徵當遯之世，柔小者利於守持正固，不宜妄動以害陽剛。敬羣師因國內內亂而南來香港，正宜貞定以利於靜，而不利於動，含有〈乾．文言〉所謂「遯世無悶，不見是而無悶」之意。至於「益智仁室」中的「智仁」二字，為儒家重要的觀念。《孟子．公孫丑上》載有這樣的一段話：「昔者子貢問於孔子曰：『夫子聖矣乎？』孔子曰：『聖則吾不能，我學不厭而教不倦也。』子貢曰：『學不厭，智也；教不倦，仁也。仁且智，夫子既聖矣！』」「學不厭」，固然不是「智」的全部；「教不倦」，也不能代表整體的「仁」。但「學不厭」足以體現「智」；「教不倦」足以體現「仁」，卻是可以肯定的。敬羣師以增益「智仁」名其室，其用心所在，自然是最清楚不過了。

作者簡介：陳志誠教授，早年畢業於中文大學新亞書院中文系，並獲教育文憑。其後獲日本政府國費研究生獎學金，負笈東瀛，先後畢業於大阪外國語大學日語別科及國立京都大學研究院。返港後，其先任教於聖保羅男女中學，隨後曾任香港理工學語文學系首席講師、香港城市大學中文翻譯及語言學系副主任、語文學部主任、新亞研究所所長、香港大學中文學院榮譽教授等職。除教學外，著述以有關語言、文學、教育及文化等方面為主，曾參與創立香港語言學會、香港日本語教育研究會、並曾任日本文化協會理事會理事及副主任。二〇〇五年獲日本政府頒授日皇「旭日中綬」文化勳章。

甲編

益智仁室論詩隨筆

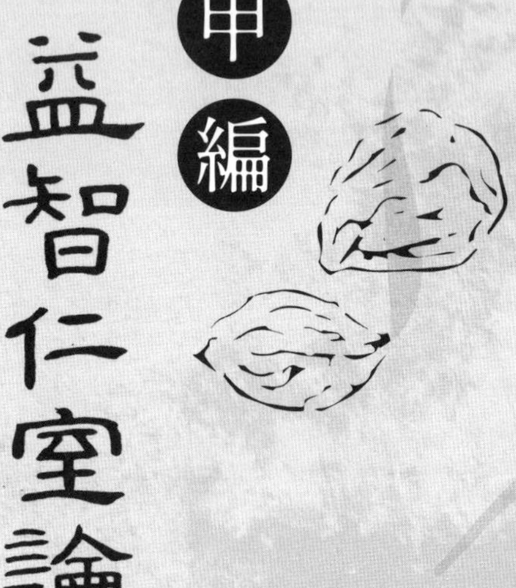

何敬羣遯翁 編

劉太希序

庚子辛丑之交，陳孝威兄馳書，約寫十家詩話。余時旅食星洲，暑期小暇，首為之倡，分期布諸《天文臺》。假期盡，余詩話亦盡。遯翁繼之，則累旬月縱數萬言不能已。先後刊布於《天文臺》《人生雜志》，其說推陳出新，稽疑解惑，足為藝苑之金針。友朋交相賞歎，敦促印行，以惠來學，而翁屬序於余。嗟乎！天地之降才，與夫人之靈心妙智，生生不窮，新新相續，其必發而為奇葩異卉，非詩將何屬也？故有《三百篇》則有《楚騷》，有漢魏建安則必有六朝，有景隆、開元則必有中晚。而自宋元以降，世之言詩者，多從嚴儀[1]卿、劉辰翁、高廷禮之說。阻隔時代，支離格律，如癡蠅穴牕，不見世界。浸淫至於今日，道喪文敝，異論沸騰；後生曲學，迷於譬說，以獷俗粗鄙之口話，取代溫柔敦厚之正聲，則尤為可悲者。遯翁此

1　編者註：儀，一九六二年人生出版社初印本（後文簡稱人生本）作羽，茲改。

編之出，庶幾廓清其昏瘴，端正其趨向乎！余與遯翁，商略為詩，垂二十年。翁詩雖若沿蘇窺韓，而早歲所為，已氣蒼而格逸；近益沉鬱悲壯，可愕可喜，終不沒其葳蕤之態、夷怛之情，於以知其所蓄，蓋非一朝夕之功矣！夫韓子之詩，莫奇於〈瀧吏〉〈南倉〉諸篇。而坡公海南諸作，子由謂馳騁從之，常出其後；余於遯翁〈湞江〉〈廬山〉諸篇，意亦云然。此惟學富則使物皆靈，才老則攬境即變，遯翁〈聽潮〉之詩：「有信亦招強弩射，對愁遙憶白蘋生。」其氣象已隱括韓蘇矣！故山厲水屈，則昌黎闞其奡兀；天容海色，則眉山並其澄閒。此遯翁論詩所以能纍纍如貫珠者也！

原夫詩以言志，志足而情生。情萌而氣動，如土膏之發，如候蟲之鳴，歡欣噍[2]殺，紓緩促數，磅礴曲折，而不知其使然者，古今之真詩也。昔賢論古人詩，或出於《莊》，或出於《騷》，而皆以情為主。故詩人莫不深於哀樂。其所殊者，則一為入而能出，一為往而不反。入而能出者超曠，往而不反者纏綿，莊周、屈平是已！莊之用情，如蜻蜓點水，旋點旋飛，故雖深於哀樂，而不滯於哀樂，善感而又能自放。屈之用情，則如春蠶作繭，愈縛愈緊，故忠悃纏綿，百折而不易其守。漢魏以降，詩之境界要不出此兩型。今觀遯翁之論，以李、杜、韓三家，通括紛紜複雜之流派，是誠可謂要言不煩，非與汨俱入、隨汨俱出者，安能為此言也！慨自海通以還，橫流激盪，以至今日，而率土騷然。十餘年來，余與遯翁俱竄流海外。跼天蹐地之孤抱，無可與語，輒託歌詩以寄其壹鬱之思。山林乎！朝市乎！將何所持而免於今之世乎！其在《詩》曰：「誰生厲階，至今為梗。」又曰：「既明且哲，以保其身。」而吾儕僅能論詩於此晦暝風雨之時，孤燈擲筆，轉使我四顧渺茫，而未知吾生之所在也。

壬寅七月劉太希序於千夢堂

2 編者註：嘸，人生本作焦，茲改。

何敬羣自序

四年前，吾友陳君孝威索寫近代詩話。余以不慣記近人遺佚之文，謝不能。越二年，又以相督，因雜寫古人詩法二十餘事以塞責。孝威布之《天文臺》日刊[3]。海內外讀者雖不以為惡札，然詩法至不易言，旋亦擱筆。去年秋，偶以稿就正於吾友王君貫之，則歎為於古今詩話中別具一格，鼓余竟其說。計十餘年來，余寄家大埔村墟，地近山僻，而當門海天一碧，當窗花竹一簾。每負手徜徉，至胸無渣滓之時，亦覺詩境悠然、詩意盎然，有不能自已之慨。又適於兩學院中分攝詩詞講座，時亦上下漢、晉、唐、宋之世，出入蘇、李、杜、韓之間，論其事而知其人，誦其詞而繹其意。故於與諸生講肄之餘，隨感之所及，信筆而成篇。忽忽半年，復得數十則，但取寄興而已，無條理之言也。貫之不嫌其蕪，盡用為《人生雜志》補白。知交賞我者，與及門之愛我者，則相與訝我為緒[4]引之不窮，亦勉我作卮言之日出。然余悚然於攘臂不已，漫衍無歸，將為識者所笑，觀者所厭也。亦自念貿然着筆，率爾成篇，原同烏合之眾，本無成軍之思。吾興既盡，即當適可而止耳，且詩本無定法可言，惟在性情所適。若人以紫為妍，而我謂朱為美，人取熊掌之腴，而我必誇羊棗之味，此而以為定法，則非傎即愚矣。然余僻性既耽於為詩，數十年以來，甘苦自嘗，冷暖自知之味，與興酣意適。縱筆馳騁於規矩繩墨之中，而有自得其吟嘯從心之得。自樂其揮灑任情之樂。於在人會心處，亦時相契於忘言忘義之境者，雖身入寶山，仍為空手而返，而於途中所涉，山中所見，或可出而與前行得寶之人相印證，後行覓寶之人說經歷，則亦有可得而言存焉。顧雖有可言，而吾自檢，實無一法可得。茲即今之論詩，適於此而自止之意也。人生社彙其稿，為即專帙，請自序其緣由，因附述所感，以識歲月，亦志貫之、孝威兩良友督勵之熱情云耳。

壬寅秋仲遯翁書於古媚川都之山居

3　編者註：日刊，疑作周刊。

4　編者註：緒，人生本何氏手抄本作絮。茲從《人生》雜誌發表之〈《益智仁室論詩隨筆》自序〉版本。見《人生》第二十五卷第五、六期（總二百九十三、二百九十四期合刊）一九六三年一月二十日，頁三三。

一　風格（共九則）

發自心聲，裁為風格。
本之雅騷，揚其麗則。
李杜光芒，昌黎劍戟。
執柯伐柯，楷式斯得。

第一則

昔人謂杜子美之詩，凹入紙背；韓昌黎之詩，凸現紙面；李太白之詩，飛出紙上。此評最能得三家神髓。夫詩之結構，以意境為骨幹，以詞采為面目，猶之人也，面目別於五官，德業出於心志。而五官本於生初，唯能肅其容止正其瞻視，而不能變更耳目之位置、膚色之媸妍。至於意志，則可以習染分善惡，學力為轉移者也。其不能變更者，即曹子桓所謂「父兄不能以移子弟」之氣，亦即清濁之稟賦也。其可以轉移者，即昌黎所云「言之短長，與聲之高下」，莫不可養而皆宜之氣，亦即《孟子》「志壹則動氣，氣壹則動志」之氣。此氣可以學力培養之，而氣稟則祇可以學力利導之；茲即劉彥和所謂陰陽之氣、姚姬傳所謂「陽剛陰柔」之分者矣！論文如此，論詩亦不外乎此。詩之面目，在運詞琢句，蓋各為氣稟所分定。如歌者之習唱，嗓音生而為黃鐘大呂之聲者，不可以習旦貼；生而為清角變徵之聲者，不可以習生淨。惟能就其聲之所近而精之，則莫不可以為善歌。故詩之作者：其忠君愛國之情、悲天憫人之心、鐘鼎山林之概、風雲月露之思、香草美人之懷、凌虛御風之想，或比興諷誦以寄感、或洸潢自恣以為言，雖深淺不同、取材各異，然實人人可以學而有之、遇而能之。惟陽剛陰柔之氣稟，則有如聲音笑貌之不同。是以子美之凹入，不在其能為潛行曲江、低徊夔峽之吟，而在其詩句出鑪錘而無冶鍊之跡、工排比而泯組織之巧。昌黎之凸出，不在其閎識超超、孤懷卓卓，而在其盤空硬語，似屈軼而實鏗鏘、似怪異而實雄偉。太白之飛動，不在其寄興杳冥、游情玄妙，而在其語句輕鬆、著詞清淑，若不着意，而有流水行雲之致。茲乃詩家亙日之三譜，後來作者，惟能於三譜之中，為盈虛伸縮之變化，而無一能於此三譜之外，另樹一幟。斯亦顧亭林氏所謂天也，非人之所能為者也。

第二則

自賀監稱李太白為謫仙人，於是後世論者，遂有以太白能為煙雲中語為仙才，或且以其歿為羽化登仙，斯可謂皮相者矣。夫仙人者，乃下與世俗之纏縛絕，上與洪濛之元氣遊，獨往獨來，無牽無掛之謂也；至於飛騰幻化，乃仙人之餘事耳。太白詩不拘形式、不事雕鏤，洸潰縱恣、脫略矩矱，其造語既衝口而出、不作爐錘，其用事亦信筆所之、不假意匠，而其句法則往往隨意短長、自為錯落。此在他人為之，即不成山歌、俚曲，亦將類鼓詞、道情。而太白則能運參差不齊之句，自叶宮商，以清奇豪宕之情，化其淺近。故雖若逸足繩墨之外，而實仍大德者不逾乎閑，遂能如行雲流水、天馬游龍，此《老子》所謂「善行無轍跡」者也。如〈幽澗泉〉一首：

> 拂彼白石，彈吾素琴。幽澗愀兮流泉深。善手明徽，高張清心。寂歷似千古松，飀飀兮萬尋。中見愁猿弔影而危處兮，叫秋木而長吟。客有哀時失職而聽者，淚淋浪以霑襟。乃緝商綴羽，潺湲成音。吾但寫聲發情於妙指，殊不知此曲之古今。幽澗泉，鳴深林。

此章短句三字，長句至十六字，其筆法治騷體、散文之句於一鑪，如李將軍之行軍，「人人自便」、「就善水草」，而能士各用命，此即賀監之所以謂為謫仙之才者也。故欲論李白詩，與欲學李白詩者，當於此等處求之，乃能得其高懷閎旨之所在也。

第三則

羅大經《鶴林玉露》謂「太白作為歌詩，不過狂醉於花月之間，社稷蒼生，曾不繫其心膂」。此自為姝姝於一先生者之言，未足與議。乃眉山蘇氏兄弟，亦謂太白但為狂士之詩，不知義理所在。於是胡仔《苕溪漁隱詩話》遂謂白詩惟醇酒、美人、神仙，《碧溪詩話》則謂白詩不過玉樓金殿、鴛鴦翡翠。如胡氏云云不足異，以蘇氏風華卓識，而論太白詩竟不免頭巾氣，殊可怪也。信如此言，則屈原〈離騷〉，除去美人香草、豐隆宓妃、鳳凰虬龍、雲霓飄風，則所餘者，復幾何乎？太白詩如「大雅久不作，吾衰竟誰陳。自從建安來，綺麗不足珍。我志在刪述，垂輝映千春。希聖如有立，絕筆於獲麟」，豈非起八代之衰，而濟天下之溺者乎！至如「不見征戍兒，誰知關塞苦，李牧今不在，邊人飼豺虎」、「渡瀘及五月，將赴雲南征。如何舞干戚，一使有苗平」，即子美之「車轔轔[5]，馬蕭蕭」也。「綠幘誰家子，賣珠輕薄兒。日暮醉[6]酒歸，白馬驕且馳。意氣人所仰，冶遊方及時」、「鞍馬如飛龍，黃金絡馬頭。行人皆辟易，志氣橫嵩丘」，即子美之「三月三日天氣新[7]」也。至其譏切近貴，則有如「路逢鬬鷄者，冠蓋何輝赫。世無洗耳翁，誰知堯與跖」；諷諫至尊，則有如「周穆八荒意，漢皇萬乘尊。西海宴王母，北宮邀上元。瑤水聞遺歌，玉杯竟空言」。直言玩物喪志之害政，黷武求仙之無益，此豈非繫情君國之作乎！豈必篇篇慷慨悲歌、語語自比稷契，乃可以為瞽頌工歌之詩也？

第四則

《陳後山詩話》：「詩文各有體，韓以文為詩，杜以詩為文，故不工爾。」此語殊未盡然。詩文形體雖不同，而其骨氣則一。近體詩縮天地萬象於八句、四句之中，如飛衛之視虱如車輪，如庖丁之解牛遇腠理，此其空靈含蓄，亦若另有境界，然起承轉合之用，則仍與文法互通。至於古風、排律，義從比興，工在鋪陳，則非以作文開闔變化之筆，縱橫揮灑之氣以運之，即不足以暢其沉雄排奡之勢，盡其抑揚頓挫之節。此不徒昌黎為然，即上如李杜、下至宋代諸家，亦何莫不然？玆不獨謀篇者，應與作文同其機杼；即琢句者，亦捨此不能致其樸茂者也。夫詩與文之所異者面目，所同者骨幹，故其風華儀態，各有氣象。文以致用為佳，須有莊肅之氣，詩以致情為美，則重雍容之態。然雖各有偏重，而實賴互為兼資：若雍容而無敦厚之資，則將為麗以淫之詞；莊肅而乏洋溢之情，則將為質而野之製。故詩必運以為文之氣息而後暢，文必衍以為詩之韻味而後真。殷盤、周誥，乃文之最古奧而質樸者，觀於〈盤庚〉訓眾之辭：「若網在綱，有條而不紊；若農服田力穡，乃亦有秋。」〈洛誥〉周公戒成王：「孺子其朋，其往，無若火始燄燄，厥攸灼，敘弗其絕。」即均於莊辭端語之中，間以輕鬆宛轉之句，是即比興之體，詩之韻味也。此在左丘明，蓋尤善為此運用；《左傳》如殽之戰，敘蹇叔憤其言之不用、哭其子之必死，曰：「晉入禦師必於殽。殽有二陵焉：其南陵，文王之所避風雨也；其北陵，夏后皋之墓也。必死是間，余收爾骨焉。」蹇叔哭師，具情悲憤而迫切，今言殽之險，不曰「車不得方軌，騎不得成列」，而言風雨塚墓，亦若登山臨水，寫閒情逸致之詞，於衝波激流之中，忽作洲渚之掩映，使千載之下讀者為之神往於二陵之間，如聞悲風乍起、鐵騎突出，茲即以詩境之韻味，而作文境之波瀾者也。至如工部生平所致力者，為詩律之工細，其文章乃應制之餘事，不能以其不工，遂謂病在以詩為文。若夫昌黎以豪縱之文筆，發為古風歌

5　編者註：轔轔，人生本作磷磷，茲改。
6　編者註：醉，人生本作醇，茲改。
7　編者註：新，人生本作清，茲改。

行，此正昌黎詩境之所以妙絕，何謂不工乎？後山先生雖為此言，觀其自作古體如〈贈二蘇公〉「岷峨之山中巴江。桂椒枏植楓柞樟。青金黃玉丹砂良。獸皮鳥羽不足當」，即昌黎〈原道〉「其服絲麻，其居宮室，其食粟米果蔬魚肉」之文法也。又如「滕大夫伯陽父孫。烹小鮮治大國原。一得何用五千言」，即昌黎〈董生行〉「淮水出桐栢山」一類之句法也。茲亦「遊於羿之彀中」，而訾羿之不善射，安於「鑿井而飲，耕田而食」，而謂「帝力於我何有哉」之類也。大抵宋代詩家，多以一字一句之工相尚，故如昌黎之詩，氣勢槃礡者，自不免如長江大河，挾沙泥以俱下，此在後山先生眼中，固當以為不工矣。

第五則

《後山詩話》又云：「學詩當以子美為師，有規矩故可學。退之於詩，本無解處，以才高而好耳。淵明不為詩，寫胸中之妙爾！學杜不成，不失為工；無韓之才，與陶之妙，而學其詩，終為白樂天爾。」此謂「學杜不失為工」，則所重者，亦仍在鍊字鍊句之工而已！茲亦唐人詩境與宋人詩境分野之一事也。夫謂詩當學杜，正如馬援戒子姪必效龍伯高，自為正論。至謂學韓者須先有其才，學陶者須先有其妙，然則無才無妙，乃可以學杜乎？抑何卑視杜詩至於如此也。凡詩古文詞，學某人者貴學其意，而非學其貌，貴從其氣稟所近而致力焉，乃能事半而功倍也。若膠執一家，亦步亦趨，則不為優孟之衣冠，即為壽陵餘子之學步於邯鄲矣。韓之才即由學力而來，陶之妙亦可體會而致，但效其顰笑以為工，則以學杜，亦幾何而不成東施之捧心也。

第六則

詩為派別之分，自唐以來，實不外太白、工部、昌黎之三家。簡言之，亦即三個類型而已！蓋詩家作品之區別，在辭氣容色，而不在行為與蹊徑。行為隨環境為轉移，惟聲容則半由秉賦、半出學養；既已成型，即難為中變者也。詩之聲容，其灼然可見者，惟在如何聯字成句、綴句成篇之技巧，與如何因題發意、借題發揮之藝術。譬之說辭，工部則言之真摯感人者也，昌黎則言之侃侃動人者也，太白則言之娓娓移人者也。此三者，皆可以使人望其背而知其面，聞其聲而知其人，是即三型之所以各異其致者也。古今詩人，括其辭氣所出，即皆可以此為識別。但至李、杜、韓三家，聲容之異始顯然，器宇之分，乃以具體耳！故上溯其前代，則陳思、蘇、李之渾成，淵明、阮籍之清淑，魏武、漢高之莽蒼，已見三型之濫觴。旁稽其並時，則摩詰、浩然、高、岑、元、白，亦莫非出入參互於此三型之間，各成偏重稍異之面目。下觀中晚唐、兩宋，至於近代詩家，又無一能出此三型綜錯之外者！此非謂師承摹仿以成派，而實陽剛陰柔，與偏陽偏陰之互參，自然而有類型之同異。姚姬傳以此論文，吾人亦可藉之明詩者也。自昭明太子以遊仙、招隱、行旅、軍戎之目分類編詩，而鍾嶸《詩品》亦謂淵明為古今隱逸詩人之宗，於是後代言詩派者，遂謂淵明、摩詰為田園派，高適、岑參為關塞派，太白為頹放派，工部為忠君派。下至近代，一般文學史家更本此為加厲之分別，至於不可究極！此皆以行為蹊徑，及所詠內容為言；若為事彙詞典之編則可已，若以辨詩家聲容與藝術之為派，則隔靴搔癢之論而已！夫詩之派別，不同於學術之繼承，學術可以內容分：如道家說無為自化、墨家說兼愛尚同、《春秋》有紬周王魯之《公羊》《周易》有陰陽災變之《京氏》。其說既各成一家，其學者即可從內容所言，別之為一系之流派。至於詩而以內容分派，則工部峽中諸作何嘗非田園之吟，淵明種桑之詩何嘗非忠君之作？太白〈北風行〉〈塞下曲〉諸篇即關塞之詩，高適〈漁父歌〉、岑參〈花樹歌〉等篇，亦無異狂放之流，此將何以相別乎？觀乎項王，喑噁叱咤，而有「虞兮無可奈何」之詩，雖情致纏綿，然造語勁直，仍為千人皆廢之本色。張子房貌如婦人女子，而為天下之大勇，雖博浪奮擊、天下震驚，而悄然脫身，從容躡足、借箸以佐漢，仍為溫柔靜定之本色。明乎此，乃可以知詩之類型、言詩之派別耳。

第七則

近體律絕，字句皆有定程，而欲窮橫絕六合之想像、盡紛紜萬物之變態者，自非有縮龍成寸之功，即不易觀海一漚，而盡其浩瀚也。然此本非神妙難幾之道，亦在剪裁有術、攝取有方而可已！茲試舉一有跡象可循者以明之：如李太白〈下江陵〉絕句之縮取《水經注》者是也。《水經注》：「江水經三峽七百里中，〔……〕至於夏水襄陵，沿泝阻絕，或王命急宣，有時朝發白帝，暮到江陵，其間千二百里，雖乘奔御風，不以急也。〔……〕每至晴初霜旦，林寒澗肅，常有高猿長嘯，屬引凄異，空谷傳響，哀轉久絕。故漁者歌曰：『巴東三峽巫峽長。猿鳴三聲淚沾裳。』」此注文詞清麗，已足令人神往，而太白詩：「朝辭白帝彩雲間。千里江陵一日還。兩岸猿聲啼不住，輕舟已過萬重山。」以二十八字盡之，不惟讀之益增低徊往復之慨，且能使人為之神采飛揚，則不徒縮龍成寸而已，實乃牟尼寶珠，盡攝山河大地，而圓融無礙者也。此即以一時觀感興會所及，隨手掇拾舊文，出其機杼、運以剪裁，遂成千古絕唱。觀其易「鳴」「嘯」為「啼」，即括盡凄異哀轉之聲，又下「不住」兩言，則乘奔御風之勢，如身在三峽舟中矣。茲本人人能言，但為人人所不及措意已耳！惟有剪尺在手者，即能觸處成春也。明乎此，又可知能推陳出新，則雖因襲舊文，亦不害乎其為己出。故偷天換日、囊括負舟，正為魯陽之揮戈、果贏之祝子，斯即妙奪自然之化工者矣。

第八則

曾滌生先生〈聖哲畫像記〉謂鈔古詩：「自魏晉至國朝得十九家，余於十九家中，又篤好乎四家者焉；唐之李、杜，宋之蘇、黃」，「取足於是，終身焉已耳」。此既云十九家，又云篤守李、杜、蘇、黃四家者，蓋凡為學，必先定其立足點以為基礎，基礎既立，然後縱觀諸家，乃可與汨俱入，隨汨俱出；乃可以取其所長、以補其所短，不致如入五都之市、目為五色所迷也。余謂此四家者，亦可以分為兩型：太白、東坡以才氣勝，子美、山谷以功力高。以才氣勝者，如李廣之用兵，無部曲行陣，就善水草頓舍，人人自便。以功力勝者，如程不識，正部曲行伍營陣，擊刁斗。李、程兩人均為漢名將，吏士雖樂李廣，然用兵者自以學程不識為易、效李廣為難也。

第九則

詩之為藝，雖以工麗為優，而其要歸，則在能規風人之旨、得性情之正。故為藻飾盡美，不妨託比興於風雲月露之詞，而為吟詠克諧，則必知治性情於溫柔敦厚之境，茲即《禮記》經義所言「入其國而知其教」之義也。近紀以來，世人侈言趨新，一切要趕上時代；故於論詩，亦以為能吟詠現代事物、用現代口語以為詞、迎合現代風尚、追逐時髦以為勝，即以謂之為新矣！此其誤不可以不辨。蓋詩為心聲，人生意志情感有觸而鳴之天籟。其原始之舒發，本為鄉曲委巷之歌謠，亦即其自然環境與時代交織而成之詠嘆，此固人皆能知之能言之者。然當知此時代環境，與其生活風會之趨向，必不盡為化行俗美之盛世；則其人之情感意志，自不免有過與不及之差別。因之：其所以吟詠而發之歌謠，即往往不能得諸性情之正。如《春秋》襄十七年，宋人之築臺者，謳皇國父曰：「澤門之皙。實興我役。邑中之黔。實慰我心。」三十年，鄭輿人歌子產曰：「取我衣冠而褚之。取我田疇而伍之！孰殺子產？吾其與之！」此雖當時之輿論，而實則為感情之衝動。是以鄭衛有淫靡之風、唐魏習吝嗇之陋、齊東侈並驅謂臧、陳俗溺巫風為樂，是皆可謂時代與潮流矣！言詩者，若僅知為此時代潮流之追逐，以推波助瀾、揚塵扇燄，必將附和輿人以殺子產、鼓吹築者以誅皇氏，其不至於決堤潰堰、成橫流之「禍本」者幾希矣！我先民之聖哲，既明夫「人不耐無樂」（見〈樂記〉），而知其將恣而至於放逸，乃為之範其驅馳，就原始之歌謠，加以藻飾，糾正其邪辟縱恣之情，誘導其啓迪教化之用，使之聲依永而律應聲，八音諧而人神和，然後言之為雅，誦之即詩。故荀子曰：「詩者，中聲之所止也！」中則無太過，亦無不及，既不流於逸豫，亦不偏於褊急。導之「發乎情」，不以窒息民性，是即適應時代矣！化之「止乎禮義」，至於「中聲之所止」，是即所以為時代之先導者矣。然後進而至於通其藝、明其教，茲則詩教以明，而亦詩事之盛者也。若夫藝之為事，則在以雅馴化粗鄙、以文采化俚俗、以陶冶化性情、以藝術美化人生之謂也。班史〈藝文志〉謂：「誦其言，謂之詩。」鄭康成《六藝論》謂：「詩為弦歌諷誦之聲。」此以知詩之為美，在乎可弦可誦矣！夫可誦者，則雅馴之言，而非方言也。可弦者，則合律之音，而非俚音也。將欲導社會人生於雍雍和樂之境，進語文文化於彬彬閑雅之域，則山歌村唱之淫靡與鄙野、鄉談市語之粗俚與穢惡，在所損乎？在所益乎？蓋不待權衡而知之者矣！故先王陳詩觀風，必擇其可以興觀群怨者，使太師正以雅言，合其聲律，然後列之樂府，誦乎泮宮。即所以去其粗鄙而歸雅馴、導之中和而正淫靡，然後語文日進於文采，生活能化為藝術。故孔子曰：「不學詩，無以言。」又曰：「興於詩，立於禮，成於樂。」又曰：「言之無文，行而不遠。」此證以後代之歐西如英法諸國，昔本蠻言鴃舌之民，而能進為世界優美之語文者，即由詩家、曲家之傑輩出，作為劇曲詩歌，以其修詞之巧，轉易北鄙之音，而成組織完備之文字。茲亦可證「詩言志，歌永言」。我先民固久已以詩為時代文化之先導矣。三代鄉飲鄉射之禮，養老教士，深入里黨之間，歌詩合樂，無間春秋之節。及周室東遷以後，號為禮壞樂崩，而賓朋交誼、國際會盟，見於《國語》《左傳》所記，又莫不歌詠雍容、吐屬閑雅，且往往化干戈為玉帛、轉乖戾為祥和，則詩之藝事，為雅為文者尚已！及戰國紛亂、秦政焚坑，王跡熄而詩亡、鄭衛興而雅亂，然揚子雲猶言：「詩人之賦麗以則，詞人之賦麗以淫。」觀於漢魏六朝，詞賦之作，非誇飾鋪張，即浮豔虛誕，而其為詩，則猶有激濁揚清、鍼時砭俗之遺韻，是即詩教之在人心、詩風之為先路者也。自五四以來，趨新之士既漠視詩教之要，亦誤解詩藝之文。乃以市井鄙獷之語入吟誦、捧苗猺踏月之詞為風騷，數十年來，隨風而靡，燎原成燄，因之色情頹放之聲、誨盜誨淫之作，瀰漫於大小刊物之中、蜩螗乎都邑播音之口。此不徒助長風俗之日偷，抑且促語文之日陋，雖其種因不一，而原始要終，即知濫觴之始，有自來矣！夫既不知所以為美，又不知所以為新，徒為低下趣味之迎合，於風人之旨、性情之正乎何有！洎夫九宇淪胥之後，萬方倒懸之餘，乃知向之譸張，宜有今之陷溺，此以追隨時代為新者，是亦不可以已乎！吾人蒿目藝林，顧瞻周道，猶幸詩教之澤綿遠、詩藝之美矞皇，雖丁道喪文衰，尚有申公、轅固之徒，能守其殘叢、存其矩範。故此十餘年之間，海外詩壇，並時蔚起。耆英舊德，既皆振其鼓旗；乃至髦士菁莪，亦均踵研聲律。宛同稷下之風，不減梁園之盛；茲則剝復之機，而亦貞下起元之候也。然若詩教之義不明、詩藝之旨猶晦，僅為風月之吟、無補狂瀾之倒，則仍同車無輗軏、塗塞棘荊，其何以行之哉！清人趙甌北有詩云：「江山代有才人出，管領風騷五百年。」此言壯則壯矣，而實嫌未盡。如清商靡靡之音、玉樹後庭之詠，亦嘗領袖一代、風靡一時；然徒快耳目、但扇浮豔，直乃毀滅風騷而已矣！杜工部詩云：「才力應難誇數公。凡今誰是出群雄。或看翡翠蘭苕上，未掣鯨魚碧海中。」又曰：「未及前賢更勿疑。遞相祖述復先誰。別裁僞體親風雅，轉益多師是汝師。」此亦古今所同慨之言也。惟能振敦厚溫柔之風，以為時代之椎輪，茲乃足以掣鯨魚於碧海、為風騷之羽翼，是所望於鐵肩能擔之君子，揚其游藝之方、明於六義之辨，立井陘之漢幟、樹藝苑之風聲，論詩以雅言為歸、裁詩以風教為本。庶幾為騏驥以先導、復麗則之遺徽，鄙人雖不敏，亦願執鞭蹬以從之矣！

二　法勢（共九則）

法如弓良，勢如矢激。
為體為用，於焉中的。
因題發意，製錦由織。
大塊文章，恣我揮斥。

第一則

昔人論詩法，括之以寫景、寫情之兩端。寫景者，體物以起興，雎鳩之詠好逑、楊柳之憶昔往是也。寫情者，即事而陳意，屺岵之思父母、蕭艾之感三秋是也。此或觸景以生情，或因情而託景；即不外乎六義之為興、為比、為賦，為賦而比、賦而興，為興而比、比而興之交互為用。然其錯綜不一、條貫難分，說詩者強排某聯為言情、某句為寫景，則非黏滯，即病支離，學者既苦捉摩之無定，說者亦無規矩以自圓矣！蓋情景兩者於詩法，雖不失為軌儀，而實未盡其究竟。觀於近體律絕，疆埸既非甚寬，而堂階則必全具，其為比為興、言景言情，必於渾然一體之中，盡其隱顯交映之用；如一室千燈，互相照攝，乃能圓通無礙、水乳交融。若強作區分，即將為法自窘，惟妙為運化，乃可無往不宜。此其道亦非甚艱，若以現代語括之：則寫景者，切題之空間與時間也；言情者，作者之靈感與想像也。其為綜錯運化者，則借題發揮也。近代袁子才論詩主性靈，趙秋谷論詩主必有人在，是亦能得靈感與想像之意。然均未能盡其致，又未能揭出借題發揮之用；故仍為捫象一足、窺豹一斑。且此人此性，亦當知必由集義所生，乃能如雲之從龍、風之從虎。若義襲而取，是本無所有，徒為見影疑蛇，則將為無風之搖擺，無病之呻吟矣！故為詩者必知顧及時空，而後不失題意；必先具有感想，而後不病空泛；必能借題發揮，而後不致為題所縛束，成為試帖之詩；亦不致失其馳範，而有猖狂不知所往之失。然後乃有自己之面目，乃有真氣，乃有靈魂。試以杜工部〈秋興〉八首略明之。空間為題目所及之境：以秋在夔州，故江間峽口、山郭孤城、鳥道極天、猿聲下淚，則皆夔府之所有，不可移之他處者也。時間為題目所當之候：以興由秋發，故蓮露菰波、荻花楓樹、清秋飛燕、八月隨槎，則皆三秋之時，不可移之春冬者也。感想為作者之觀點：此觀點者，必為內美素蓄、中藏欲言，胸多勃鬱之思、心有待宣之義。或殷憂家國，結其危疑恒惻之懷；或誼切交親，早蓄傷離念別之感。或驚髀裏之復生，或歎蜉蝣之易逝，或哀貝錦之成文，或傷黍離之行役，或掉臂於塵垢之外，或樂志乎泌水之旁。凡此心胸所蘊，皆為襟抱之待開。譬如元氣出雲，迎曉日則為明霞，遇和風則為甘雨，隔之以層巒則如絮，鼓之以雷電則成霖矣！故寫情者，如為無中生有，即為無病之呻；必其中有所積，正須藉言以宣，然後境有所當，遂以一觸即發。此所藉所觸，則借題發揮之用也。故因事以見其意，即景而發其情，乃能舒卷自如於若即若離之境，取捨從心於不黏不脫之間，乃能言皆有物，如見其人矣！故孤舟之繫、畫省之違、抗疏傳經、同舟拾翠；長安似弈，傷文武之衣冠；曲江昔遊，憐歌舞而回首：則皆胸藏萬緒，借此杯酒為一澆；心所謂危，遂並秋風以齊發。是以蓬萊宮闕、昆明旌旗，雖遠在長安，時逾十稔，皆可縱往復低徊之筆，歸之白頭吟望之中。是即身在江湖之上，面對者自為煙水菰蒲；而心存魏闕之下，則感懷者儘可縱橫今古。乃能詩為我作，義不空陳；使讀者如歷其境、如聞其聲，不能以移之異地，亦不能必易以他人。茲則感想之先具，凡有重於時空；而借題之為用，即所以成其為超妙者也。凡此四事，不惟工部之詩為然，縱觀古今作家，名篇佳什，亦莫不皆然。其為用若不易言，其為事與法則平實無奇，人人可學而至之！明乎此者，則為言自己出之詩；昧乎此者，則為無靈魂、無真氣之軀殼耳！

第二則

詩法不外空間、時間、感想與借題發揮四事之互為綜錯。知其意，固可以盡詩法之用，然不知其正變之分，則猶未足以盡詩法之美也。時、空兩者，為託意借題之由，為資我發揮感想，取材備物之範圍。能不誤取，則無詩病；能取得其要，則與我所欲發者，成相得益彰之訢合。至於感想與借題，乃為詩之精神與活力。譬之宮室然：時間、空間，則宮室、地境、穹蓋、墻壁也。感想，則居之之人。借題以發揮，則居人利用此宮室，為行為、為動作之事者也。宮室如無居人，則為塵封苔蝕之廢屋，有人而不能善居室，則將為火宅、為魔宮。何以使其屋巍然而潤？何以使其入居之而安？茲則有待於明乎感想發揮，有正變之兩面而盡之矣！感想之正者謂何？即舜之召夔「詩言志」是也。發揮之正者謂何？即孔子之繫《易》「修辭立其誠」是也。志即感想之所蓄，修辭即發揮其情、表達其志之所尚。言志言誠，則此素蓄者，必得性情之正，乃能發而為和雅之音。若誤以為感想可以任意，則縱其暴戾恣睢之氣、侈其淫靡荒怠之思，即將為桑間濮上之餘、詭異譸張之幻、卑猥淺薄之詞、〈下里〉〈巴人〉之曲，安可以云風人之旨乎！故必稽古而攷文、讀書以明理，蓄其溫柔敦厚之義、裁其暴慢鄙吝之情。然後感想之所出，皆為怛惻雅馴之聲；發揮之所及，乃能盡其體物盡情之致。然後觸事命題，因題起興；舉題意所包，萬變萬態之時空，擷取其能觸吾胸臆之點而為詠歎。將為歡欣逸豫之吟歟，則於所取者潤之以飛揚蹈厲之筆，以為之呼應。將為慨歎低徊之吟歟，則於所取者重之以蒼涼激楚之筆，以為之往復。然後題為我所用、景為我而設，可以馳騁吾意於其間，無往而不宜、無言而不得，是即所以盡情景相生，與錯綜之美妙者矣！即題非自選，體出人拈，然意有所儲，亦能因從緣起；就其動機之某一端，觸我情愫之某一點，如「山林之畏佳，巨木百圍之竅穴，飄風則大和，泠風則小和」（語出《莊子》），是即在作者之善為發揮耳。原夫詩法：結體取境，雖隨其人之才性興會，而各有見地，與技巧之不同；若言其途徑，則寫情寫景，即不外乎斯之四事：善其綜合，明其正變，為之取捨，為之協調。子美有言：「文章千古事，得失寸心知。」此所謂寸心可知者，即感想之預儲與發揮，又皆為可循而得之，可學而致之之事也。

第三則

東坡詩：「論畫以形似，見與兒童鄰。作詩必此詩，定知非詩人。」此言最能說明作詩當以借題發揮為用之義者。所云「作詩必此詩」者，即為題所縛束，則試帖刻畫之詩，縱能組織精工，實不過削玉為楮、刻棘為猴，故謂定知非詩人也！然詩如不扣題，但洸潰自恣、漫衍無歸，亦不可謂之為詩人。惟能因題發意、略其形而引其緒，借題發揮、因其事而暢其言，乃能盡風人比興之妙用、得聖人興觀之微旨，茲即作詩不必為此詩之謂也。魏慶之謂東坡此云「乃在言其意，不言其名」，是乃敲推家所謂「桃不可言桃，李不可言李」之技倆，此豈足以竟東坡之義乎！

第四則

作詩與作文，其同者為氣魄與筆力，其不同者為技巧與境界。文之要在針對事理，必有嚴格之範圍，必有確定之結論；詩之要則在空靈，其範圍可以隨意之所之，縱筆之所及，只須與所命題能有關聯，即無之而不可[8]。故可以有結論，可以無結論，可莊語、可諧語，可苦語、可綺語，可為聰明語，可為笨拙語，亦可為痴語，為童騃語。要之有雋永之味，即任所之而無不宜者也。茲試以近體絕律，舉例以明之。如：「君家何處住，妾住在橫塘。停舟暫相問，或恐是同鄉。」則問對之詞，與問對之意皆具者也。如：「松下問童子，言師藥採去。只在此山中，雲深不知處。」則僅寫童子不得要領之答詞者也。如：「隱隱飛橋隔野煙。石磯西畔問漁船。桃花盡日隨流水，洞在清溪何處邊。」則只寫己問而無漁船之答詞矣。此雋永之味，第一、二首均在第四句，第三首則在第三句，茲皆以無結論為勝者也。如：「君自故鄉來，應知故鄉事。來日綺窗前，寒梅着花未。」觀前兩句，必以為所問者，為故舊桑麻，而實則僅為窗前之梅花耳。如：「洞房昨夜停紅燭，待曉堂前拜舅姑。粧罷低聲問夫婿，畫眉深淺入時無。」

觀前兩句，必以為問何以侍姑嫜，而實則僅為畫眉之式樣而已。如：「溪水平添四五尺。失卻搗衣平正石。天明水落石依然，老夫一夜空相憶。」讀前兩句，不知失石有何大關係，而一夜牽腸掛腹者，乃僅為搗衣慮耳，茲即以痴語騃語為勝者也。作詩而知此意，則能得言外之言、味外之味矣。

第五則

〈國風〉〈雅〉〈頌〉，每篇均數章至十餘章，其句法常用同一文字同一組織，亦若重複其詞者然；此自為古代歌者叶於音律，一唱三歎所宜有之音節。然按其語義，則仍為反復詠歎，似雷同而實不雷同，此凡讀〈國風〉〈大、小雅〉者均能知之。自秦火以後，〈雅〉〈頌〉之譜不存，漢興，詩歌即不復具此體。且三代之文樸茂，如圭璋瑚璉，自有溫潤之光澤，後代風華日紛，文采轉縟，自亦不必繼踵此體。但凡一題而作數首或一二十首者，無論為古體、為近體，自必須有不盡之意，言乎其所不得不言，乃能一氣流轉；自必須綱舉目張、首尾相應，乃能脈絡相

8　編者註：而字後似奪一無字，不可，似當作無不可。

承。若意義無殊、枝條不屬，此已如無節拍之管絃，但聞嘈雜。至若辭重字複、義互意違，茲則蛙鳴無節、麻亂已棼，雖多亦奚以為！大抵一題數首，前賢有作，莫不能明此意，而初學者或不免失於但務貪多。茲舉杜工部〈陪鄭廣文遊何將軍山林〉十首為例，以略見其因物託興，佈局結構之大意云耳。此詩第一首：「不識南塘路，今知第五橋。」寫遠望山林，如文章之序言。第二首：「百頃[9]風潭上，千章夏木清。」寫近見外景，以為之導引。第三首：「萬里戎王子，何年出月氏。」則徑邊花草之獨異，而為特寫也。第四首：「旁舍連高竹，疏籬帶晚花。」則已到門也。第五首：「剩水滄江破，殘山碣石開。」遍遊山林，寫其丘壑之美。第六首：「風磴吹陰雪，雲門吼瀑泉。」流[10]覽泉石，寫其登陟之幽。第七首：「棘樹寒雲色，茵陳春藕香。」則槿籬蔬圃，田園之勝也。第八首：「憶過楊柳渚，走馬定昆池。」則曲池淺渚，菰蒲之概也。第九首：「牀上書連屋，階前樹拂雲。」還入室中，樽酒夜話之事也。第十首：「幽意忽不愜，歸期[11]無奈何。」別去而有回味也。故王嗣奭以為合觀十首，分明一篇遊記，有首有尾，中間或賦景、或寫情，經緯錯綜，曲折變化，用正用奇，不可方物。此評雖得其實，而未能盡其要。趙訪曰：「凡一題而賦數首者，須每章各有主意，無繁複不倫之失，乃是家數。」此評得其要，而未能揭其真。儘結構如遊記，則一草一木不遺，無乃瑣碎；儘各有主意，則一章一解，毋乃支離。蓋必胸中自有意境，然後經丘過壑，自能觸景以生情、遊目而成趣。故抽毫落紙，遂爾汩汩俱來，不能自已，然後篇無重義、句無複文。故因羹鱠而憶越中，睹異花而歎漢使，欲賣書以就山林，美河魚而思淳朴。「食單」「生菜」，則寓野趣之悠閒，「醉把」「狂遺」，則慕江湖之逸興。此皆胸中之所蘊蓄，適觸此景而遂發之，正如「采菊東籬下」，悠然而感南山之佳氣耳！故山林泉石，用為情趣之發揮。至其濠梁之招既同、莓苔之坐隨意，以及薜蘿初掛、風雨來過，又莫不有同遊之賡文、笑談之賓主；既不跼促於山林之中，亦不遠騖乎山林之外，十首之佳，即在於此。而其要則不過因題發意，與借題發揮；情懷奔放，而筆法縝密，茲乃一題數賦，一篇數章之矩矱者也。

第六則

王維點竄陶淵明文詠桃源，李商隱點竄韓昌黎文詠韓碑，均能妙造自然，若從己出，不見因襲之跡者，則以各能從自己之風格，向原文挹取適用之材料，既非生吞活剝，亦非捨己從人，故能各有面目，各有千秋也。善為文者，六經諸子，皆為我而陳，善為詩者，山河大地，

9　編者註：頃，人生本作丈，茲改。
10　編者註：流，人生本作溜，茲改。
11　編者註：期，人生本作情，茲改。

皆為我而設，即在自有格局，乃能取無不宜耳。此格局者，蓋如人之有胃腸，於菽粟芻豢，取其適口者，能咀嚼消化之，即為吾身之營養矣。《列子．天瑞篇》：「齊之國氏大富，宋之向氏大貧，自宋之齊請其術。國氏告之曰：『吾善為盜。』〔……〕向氏喻其為盜之言，而不喻其為盜之道，遂踰垣鑿室，手目所及，無不探也，未及時，以贓獲罪，沒其先居之財。向氏以國氏之繆己也，往而怨之。〔……〕國氏曰：『嘻！若失為盜之道，至此乎？今將告若矣！吾盜天地之時利，雲雨之滂潤，山澤之產育，以生吾禾，殖吾稼，築吾垣，建吾舍。陸盜禽獸，水盜魚鼈，亡非盜也。夫禾稼土木魚鼈，皆天之所生，豈吾之所有，然吾盜天而無殃。夫金玉珍寶穀帛財貨，人之所聚，豈天之所與，若盜之而獲罪，孰怨哉！』」《列子》此言，雖以辨道德之要，而亦可藉以明構詩之挹注：凡自有腸胃，能消化之者，則天地萬有，莫不資我利用，莫不可以予取予求，故雖盜而實為己分之所有。不能利用而消化之，乃強為割取，則盜人之金玉穀帛，幾何而不以贓敗也。如王、李兩詩，可謂明火執仗盜陶韓之文者矣，然吾人讀之，但覺剪裁運化之妙，不覺其有因襲割裂之跡，茲即國氏所以為大富之道也。

第七則

沈寓山《寓簡》云：「自來文章之言水者，如〈七發〉〈上林〉〈子虛〉，皆詠奇雄武，神變非常，其狀甚偉，獨未有言火者。韓退之乃作〈陸渾山〉詩極詭怪，讀之如行火所，焮鬱衝噴，其色絳天，阿房欲灰，而回祿熇之；然不見造化之理，未可與語性空真火之妙。」此論詩歌而涉入造化性空之說，已不免道學家頭巾氣味；又於韓詩，但見其詭怪，亦為皮相。且詠火之作，杜工部已有「楚山經月火」一首：「入夜殊赫然，新秋照牛女」，是即絳天之色；「腥至焦長蛇，聲吼騰猛虎。神物與高飛，不見石與土」，是即詭偉之狀。昌黎〈陸渾山火〉一篇，蓋胎息於此；惟能極其想像之奇，化為意造之境，又能鑄為高古之詞，運以排奡之筆，故雖狀若光怪而事非不經，語若荒唐而詞歸典則。觀其全篇，寫火勢之熾盛，不從燔林燎野、熇赫百里之聲說，而想像林中禽獸、澗底魚鼈之被焊炰，乃為祝融燕享之膾炙；火聲嗶嗶，則燕而奏鼓樂也；火舌熊熊，則儀仗具而眾官來也；燔林焦野，則飲炙之並進；山崩海沸，則言笑之喧鬧也！至於黑螭奉使而喪元、玄冥被虐而訴帝，然後天帝下為和解：當玄冬乾澤之時，且聽炎火之焦土，至陽春龍現之候，自宜復夭桃之著花，水火雖相克而實相濟，節令以互遞而互成，恩怨俱泯，即可以無爭矣！斯豈非造化自然之用乎？何必高談離坎、窮演性天，乃為能言火德者哉！要知昌黎古體之佳，即在句法之奇古，雖茅茨不剪、采椽不斲，而明堂太室、規制恢宏，大呂黃鐘、聲律鞺鞳，此其所以為獨絕千古也。然奇者易鄰險怪，古則易入幽晦；惟能運以恢閎變化之意匠，然後此奇古乃愈顯其瓌瑋，有如太華三峯、撐天拔地，匡廬五老、蹔遂崖懸。否則紙虎木龍，徒具爪牙鱗甲而已。故為詩必具此意境，而後能用此詞句，語雖硬造而一氣流轉，已妙合自然；斯即意之所至而氣以盛，氣之盛者則言宜也。

第八則

詠史詩要在有寄託，有不盡之意，其次亦必有發明，否則鼓兒詞，可以不作矣。如左太冲〈詠史〉：

鬱鬱澗底松，離離山上苗。以彼徑寸莖，蔭此百尺條。世胄躡高位，英俊沉下僚。
地勢使之然，由來非一朝。金張藉舊業，七葉珥漢貂。馮公豈不偉，白首不見招。

沈歸愚云：「太冲詠史，不必專詠一人一事，詠古人，而己之性情俱見，此千秋絕唱也。」按此詩意實在感賢才之不遇，但借史事為證，斯即寄託，而以金張七葉、馮公白首，作一對照之後，即戛然而止，不再益一詞，茲即留有餘不盡之意，此其所以為絕唱也。王維詠西施：

豔色天下重，西施寧久微。朝為越溪女，暮作吳宮妃。賤日豈殊眾，貴來方悟稀。
邀人傅脂粉，不自着羅衣。君寵益嬌態，君憐無是非。當時浣紗伴，莫得同車歸。

持謝鄰家子，效顰安可希。

古今人以西施為越王餌吳之間諜，而此詩但言西施承寵，不幸其豔色，作翻案文字而不着痕跡，茲即發明也。摩詰此詩佳處，在讀之覺後人「妾自承恩人報怨，捧心常覺不分明」之句，徒為嘵嘵致辯，未免浮淺。故發明亦未易言，必須能含蓄，使人聞弦歌而知雅意；如不能此，則亦必須有談言微中之功，三四語即能見其意，乃能使讀者有醰醰之味。若恣為品評，即能議論縱橫，亦史論而非詩矣。余最愛江湜弢叔〈論古〉第二首：

淵明親在時，曾作州祭酒。欲為弦歌資，亦綰彭澤綬。適逢晉祚移，脱然歸田畝。
折腰向小兒，此言乃藉口。孰云忠孝殊，一人不兼咎。鄙哉李令伯，陳情一何醜。
偽朝斥蜀漢，急急用自剖。無論多費詞，其心豈忠厚。儻遇王陵母，義不忍此垢。

此詩若詠淵明，而實鄙李密：前十六句，人人能言；而最後兩句，即為定讞，雖令伯復生，亦當為之汗顏。斯即談言微中之例也。余詠〈二疏歸老圖〉：

世事忌滿盈，人生貴知足。楚王怠醴酒，秦風嗟夏屋。盛時不見幾，衰至自取辱。

賢哉兩疏君，千古仰高躅。傾城昔祖帳，車馬紛接轂。怡然出都城，歸去會鄗族。
不留橐中金，日日具酒肉。子孫有田廬，二老遂野服。至今傳畫圖，緬想姪與叔。
豈如蕭望之，枉死恭顯獄。

望之與二疏同時人，均為帝師，此作亦以末兩句見意，然與弢叔詩同病在顯露，此又摩詰之所以不可及者也。

第九則

自來論詩者，莫不謂宋詩遠遜於盛唐，兩漢詩特高於晉宋，以為詩也者，世愈後而愈下者也。吾人持此以權衡二千年間詩歌之蛻變，則覺為此言者之為厚古薄今，殆未可以為定論也。杜工部〈偶題〉云：「前輩飛騰入，餘波綺麗為。後賢兼舊制，歷代各清規。」此論最為得之！蓋語文之演進，既愈久而愈廣其用，則其發於文藝，亦當愈用而愈出其美。但其趨勢，則往往為時尚所轉移，而有畸重畸輕之相異，彼迎合時尚，往而不知返者，自亦數數有之：如陳隋之浮豔，晚唐之纖巧，五季宋初西崑之骫骳，宋季江湖四靈之細碎。其格卑，其詞濫，其每下而愈況，自無可諱言。至若兩漢之溫厚、魏晉宋齊之華藻、盛唐之風韻、兩宋之深刻，雖皆出於時尚，而能左右之以歸於雅，即各有勝場，未可遽以時代之後先，為良劣之軒輕者也。原夫溫厚者語文之真純也，故漢詩如渾金璞玉；而華與藻則其文采也，故魏晉詩如範金剖瑛，為釵釧、為圭璋；風韻則其宛轉也，故唐詩盛其雍容；深刻則其精切也，故宋詩妙其沉著。此四者，雖若分支之相異，而實為一體之相生。惟每入一相生之境界，其作者自必相師相勝，以至於其極而後止。故曹、謝、淵明極於魏晉，而李、杜、韓、白極於唐，歐、梅、蘇、黃極於宋，卓然各為一代之眼目。但魏晉以前，所以為極者，其途簡，其神凝而志不棼，故能精於一體。魏晉以後，其途歧，其神散而志不壹，故嘗雜於多方；一體者易為專精，多方者難為兼顧，此即「後賢兼制」之所以不及前賢者也。故以宋詩較漢人之溫厚，即病其薄露，然以魏晉較唐人之韻味，則又讓唐音之為繞樑矣！此即所云歷代各清規者也。自元至明，學者困於括帖，其不足媲美前代，自為必然。清初錢吳諸家，頗能蹈厲奮發，既而考據之學以盛，則以詩為爾雅之文，加以文字之獄日酷，更不能盡諷誦之義。降至近代，遂以無病呻吟，資攻者之口實，論者遂惟知遠美漢魏而薄後來，可慨也已！夫詩為雅言之首，不失為雅，即得其正。此其要即具於《三百篇》溫柔敦厚之教，與思無邪之一言而盡之矣！非必句皆幽奧，言必經典乃為雅，但得性情之正，能為文從字順，依永和聲茲可已！是即詩之體勢，明乎此，即無之而不可，固無間於漢、晉、唐、宋之孰為優劣者也。

三　聲韻（共十一則）

和聲依永，拊石克諧。
於今不悖，於古無乖。
同聲相應，吹律飛灰。
鳥鳴嚶嚶，雞鳴喈喈。

第一則

我國詩歌，見於載籍者，以《呂氏春秋》所記葛天氏之樂，「三人摻牛尾，投足以歌八闋」為最早。今雖不見其詞，而唐虞賡歌，則著在《尚書》。舜命夔典樂曰：「詩言志，歌永言，聲依永，律和聲，八音克諧，無相奪倫，神人以和。」即指出詩歌之要在音律。其曰「永言」者，即能詠歎之，引吭而歌之者，乃為詩也。其曰「依永」「和聲」者，即構成詩章之字音字句，必能叶於五音之律之謂也。其曰「克諧」者，即此音律，可以諧於聲樂之八音，不致互為乖戾也。其曰神人以和者，即叶於音律，乃能洋洋盈耳，皦如繹如，低徊其悠洋鏗鏘之節，涵濡其溫柔敦厚之風，可通於天地之氣，有格乎鬼神之誠，而況於和同天下之人情者哉。故唐虞至殷周之世，莫不本此以為詩，魏晉以前，即皆言音而不言韻，以韻即包括於音律之中，不必言而自具者也。雖古者言音律，惟有宮商之分，而無平仄之目，所謂依永之聲、和聲之律，即為每一字一句之宮商，而實即每一句一字之平仄也。自〈康衢〉〈擊壤〉、舜禹載歌、五子洛汭之篇、夷齊西山之什，以至殷周〈雅〉〈頌〉、二〈南〉〈國風〉，即莫不出於依永和聲，有音有律，長言詠歎，有仄有平。故季札觀而能贊其詞，孔子正而皆合於雅。世人狃於魏晉以後之韻譜，及唐宋以來之律詩，遂不知古詩一句一字，皆從音律而出，而以為平仄但施於近體，宮商無與乎古風。於是好古者不得其門，則苦於壽陵餘子之學步；薄古者則妄指古詩無音律，以掩蓋其瓦釜之亂鳴。茲實不明舜之所以命夔，與孔子所以合《韶》《武》〈雅〉〈頌〉之意者也。觀於漢魏以下，自〈古詩十九首〉、至六朝選體、唐宋歌行，其作者雖未明言古風之有宮商平仄，而實無不心知其意，亦無不能遊於羿之彀中。至清代王漁洋[12]、趙秋谷、翁覃溪諸先生，乃直揭而出之，可謂藝林之快事矣。蓋近體詩以音調悠洋為美，故平仄須順而相叶；古體詩以音節

12　編者註：漁洋，人生本作漁陽，茲改。

鏗鏘為勝，故平仄可拗而相和。然此拗必諧於抑揚之音，乃能有頓挫之節。雖無一定之譜，而仍有自然之應，茲即天籟之鳴，顧亭林所謂「皆出於天」者也。此天又非玄遠之謂，仍為人人之所易知，其要即在「有先誦之教」（亦顧亭林語），能精讀古人之作數十篇，即可得自然之樂譜；若明其意，則又為簡能而易知者也。

第二則

顧亭林氏有言：「聲成文謂之音，比音而為詩，然後被之樂，此皆出於天，非人之所能為也。」茲蓋言詩之音律，本之天然，未可以人為變易之者，非謂人不能為比音被樂之事也。正為音律出於天然，故雖村童牧豎，所為山歌俚曲，亦能通其意而為之。而今人言新詩者，竟不知音律之用，吁，可怪也！夫比音云者，即不過平仄相叶，以成高低抑揚之音調而已耳，能知此意，即可以音無不順，句無不諧，吟諸口則洋洋然得，動諸筆則汩汩然來；如使左右手以張弓，運左右足以趨走，不待作意而自然配合其運動矣。近體五、七言絕律，乍觀其面目，雖若萬有不同，細按其音律，實不過仄起平起之二式。仄起謂第一句第二字用仄聲字，平起謂第一句第二字用平聲字也。每一式又不過四句而止，可謂似繁而實簡之至者。茲試就人人所知之《唐詩三百首》中舉例以明之。仄起調如杜甫：「功蓋三分國，名成八陣圖。江流石不轉，遺[13]恨失吞吳。」作兩首重複之，其平仄則為：「國破山河在，城春草木深。感時花濺淚，恨別鳥驚心。烽火連三月，家書抵萬金。白頭搔更短，渾欲不勝簪。」此一譜也。平起調如王維：「山中相送罷，日暮掩柴扉。春草明年綠，王孫歸不歸。」作兩首重複之，其平仄即為：「空山新雨後，天氣晚來秋。明月松間照，清泉石上流。竹喧歸浣女，蓮動下漁舟。隨意春芳歇，工孫自可留。」此一譜也。七言仄起調如張繼：「月落烏啼霜滿天。江楓漁火對愁眠。姑蘇城外寒山寺，夜半鐘聲到客船。」作兩首重複之，其平仄即為杜甫：「風急天高猿嘯哀。渚清沙白鳥飛回。無邊落木蕭蕭下，不盡長江滾滾來。萬里悲秋常作客，百年多病獨登臺。艱難苦恨繁霜鬢，潦倒新停濁酒杯。」此一譜也。平起調如李白：「朝辭白帝彩雲間。千里江陵一日還。兩岸猿聲啼不住，輕舟已過萬重山。」作兩首重複之，其平仄即為杜甫：「清秋幕府井梧寒。獨宿江城蠟炬殘。永夜角聲悲自語，中天月色好誰看。風塵荏苒音書絕，關塞蕭條行路難。已忍伶俜十年事，強移棲息一枝安。」此一譜也。凡平韻近體詩，自五、七言絕律，以至排律，其平仄聲調，即不出此四譜。至五言有第一句入韻者，如杜甫：「戍鼓斷人行。邊秋一雁聲。」如李商隱：「淒涼寶劍篇。羈泊欲窮年。」七言有第一句不入韻者，如杜甫：「劍外忽

13 編者註：遺，人生本作餘，茲改。

傳收薊北，初聞涕淚滿衣裳。」又如：「西山白雪三城戍，南浦清江萬里橋。」此四式其稍有變化之處，僅在第一句末三字之顛倒。如「三城戍」倒為「戍城三」之小異而已！餘仍不出四譜之外，茲即近體詩聲調正格。明乎此則字諧音叶，節奏悠洋，昧乎此則屈詰[14]聱牙，刺耳礙舌，而究其實，則簡而易知也如此。乃近代人以聲韻為桎梏，謂音調為難明，此何異眇者病太陽之昏晦，跛者視坦途為坎坷也乎？

第三則

近體詩音律，不外平起仄起之四譜，知此四譜，則平韻仄韻、拗體變體，皆能得之心而應之手，皆能隨意運用而盡悠洋鏗鏘之妙矣。近人作近體詩，往往不留意音律，此或由方言之異，未能分析平仄之音，或由狃於一三五不論之例，而拘泥致誤，不知一三五不論之例，乃活用之式而非定式，此式可以用之一、三、五、七之出句，而不可隨意用之二、四、六、八之落句者也。此尤以五言為然。凡平起之調，第二句三字為仄，第四句一字為平，第六句三字為仄，第八句一字為平。凡仄起之調，第二句一字為平，四句三字為仄，六句一字為平，八句三字為仄，皆不能任意拗用，試將「空山雨後」一首，改仄聲之「晚」，為平聲之「朝」，或改平聲之「清」，為仄聲之「體」，即失去其抑揚詠歎之音節矣。七言如仄起之調，第二句五字用仄，四句三字用平，六句五字用仄，七句三字用仄。平起之調，第一句五字用仄，四句五字用仄，八句五字用仄，亦皆為不宜隨意變更者，否則即將傷其金玉瀏亮之音，而成墮甑碎瓦之響。然此亦無他難，能熟讀唐人詩百數十首，即能盡四譜之變化，則其正格、變格之音調，自能琅琅上口。如歌者熟於樂譜，則任何新詞，皆可按拍引吭而歌，此雖伶官，亦已優為之矣。

第四則

漁洋[15]《古詩平仄論》云：「七言古詩自有平仄，若平韻到底者，斷不可雜以律句。」其要在落句——第五字必平，第五字既平，第四字則必仄，此可驗於韓文公〈謁衡岳廟〉及歐陽公〈啼鳥〉等篇。第四五字平仄既合，則第二字可平可仄，然不如平之諧。出句第二字宜多用平，第五宜多用仄。如蘇詩〈自金山放船至焦山〉，及〈答呂梁仲屯田〉可驗。若仄韻到底者，間以律句無妨；惟其平仄抑揚，多以第二字第五字為關捩。此論要點重在落句第五字、第四字，次為第二字，至出句則未作硬性之規定。衡以古人所作，雖未必盡然，而學者入門，得此

14　編者註：詰，人生本作黠，茲改。
15　編者註：漁洋，人生本作漁陽，茲改。

初階，實為入室所必經；能明乎此，至低成就，亦可以不俗矣。及其音調既明，則變化自出，所謂天機所至，隨遇成趣，固不必以此為限。但古風聲調，讀漁洋此論，及翁方綱《小石帆亭著錄．五七言詩平仄舉隅》、趙秋谷《聲調譜》，亦足以證其確然也。

第五則

古風歌行，用韻之限甚寬：或全篇一韻，則通轉可以兼資；或一篇數韻，則平仄可以任取。大抵一韻之篇，其聲調悠洋，宜於暢其雍容和雅之意；數韻之什，其節奏鏗鏘，宜於騁其抑揚頓挫之情。自漢魏以來，一韻以五言為多；隋唐而下，數韻者則以七言為盛。此雖各有面目，而實同其旨歸。要在能運之以真氣，即能諧之為雅音。雖為用或有不同，而實無可為軒輊者也。惟用數韻者，於其轉換之際，宜知段落之分。必使節拍互調，聲情同茂，乃能韻隨意發，言因律轉。若事猶前義，韻忽更張，則將左畫圓而右畫方，雖目對楸枰，而心儀鴻鵠，譬諸進而鳴金、退而擊鼓，必致轍亂旗靡，將何以成軍乎！故數韻成篇，必如合樂者之聲應笙簧，習禮者之行鳴佩玉，然後可以縱其詠嘆，為《韶》為〈雅〉，逞其顏色，怡如翼如；茲試以杜詩為例，以見其概。五言如〈石壕[16]吏〉：「暮投石壕[17]村。有吏夜捉人。老翁踰墻走，老婦出門看[18]。」此起四句兩韻，即以寫事由為一節。「吏呼一何怒。婦啼一何苦。聽婦前致詞，三男鄴城戍。一男附書至。二男新戰死。存者已偷生，死者長已矣。」此八句，前四句轉遇韻，以三男均已從軍為一頓，後四句轉紙韻，則詳說軍前死生為一節。「室中更無人。惟有乳下孫。孫有母未去，出入無完裙。」此四句四換韻，述室惟孤孀為一節。「老嫗力雖衰。請從吏夜歸。急應河陽役，猶得備晨炊。」此四句五換韻，述老婦之請求為一節。「夜久語聲絕。如聞泣幽咽。天明登前途，獨與老翁別。」此四句六換韻，結終篇之意為一節。七言如〈玄都壇歌〉：「故人昔隱東蒙峯。已佩含景精蒼龍。」此起兩句入韻，寫昔隱處。「故人今居子午谷。獨在陰崖結茅屋。」此兩句換韻，寫今居處。以上一今一昔，即以兩不同之韻，為對舉之文。「屋前太古玄都壇。青石漠漠常風寒。子規夜啼山竹裂，王母晝下雲旗翻。」此四句則以換韻，撇去舊隱、單承今居，為玄都壇之鋪敘。「知君此計成長往。芝草琅玕日應長。鐵鎖高垂不可攀，致身福地何蕭爽。」此四句又換韻，用終歌詠欣慕之意。茲即語與律諧、韻因意轉，段落以顯、節奏同符，不徒彰其語調之抑揚，抑且豁其聲容之茂美者矣。大抵古風，全篇一韻者，當如長江夏盛、大河秋漲，兩岸之間，但見浩瀚汪洋，不盡其際，而皆東歸於海。一篇數韻

16　編者註：壕，人生本作濠，茲改。
17　編者註：壕，人生本作濠，茲改。
18　編者註：看，人生本作迎，茲改。

者，則如三峽龍門，中有砥柱，下多洲島，奔流所過，飛湍破玉，俱成波瀾，而曲折紆迴，不礙千里。前舉工部〈石壕吏〉[19]〈玄都壇〉兩章，略明換韻之格式，茲再舉李翰林〈送劉十六歸山〉，以見其變換之技巧。李詩：

秦山楚山皆白雲。白雲處處長隨君。長隨君，君入楚山裏。雲亦隨君渡湘水。湘水上，女蘿衣。白雲堪臥君早歸。

此詩於三換韻之間，一氣流轉，如珠走盤，毫無留礙，而所轉之面，則各有光芒，自成華彩。斯雖短章，可以見大，能明其運用之妙，即可以馭長篇鉅製韻法之變化，如轉丸矣。

第六則

偶讀宋人詩話，有「韻意不容雙轉」之言，而王船山先生於其《楚辭通釋．序例》亦云：「韻因於抗墜，而意有其屈伸，交錯成章，相為連綴，意已盡而韻引之以有餘，韻且變而意延之於未艾。」謂此為「古今藝苑妙合之樞機」。韻意不容雙轉，為詞賦詩歌萬不可違之理。其言決斷至於如此，實則其所謂妙合者，拖泥帶水之合已耳，安見其為妙也？魏晉六朝以後之作者，余既引李、杜之詩明其意於前，茲再略舉魏晉作者上至《三百篇》，以證其誤。魏晉詩如陳思王〈野田黃雀行〉：「高樹多悲風，海水揚其波。利劍不在掌，結交何須多。不見籬間雀，見鷂自投羅。」此三韻言雀之罹禍。「羅家得雀喜，少年見雀悲。拔劍捎羅網，黃雀得飛飛。」此換三韻，言少年之救雀。「飛飛摩蒼天。來下謝少年。」此換兩韻言雀得脫難後不忘少年救命之恩。謝玄暉〈江上曲〉：「易陽春草出，踟躕日已暮。蓮葉尚田田，淇水不可渡。願子淹桂舟，時同千里路。」此三韻言願同舟之意。「千里既相許。桂舟復容與。江上可採菱，清歌共南楚。」此四句換韻，則敍同舟以後之情。是兩詩不過隨舉為例，凡六朝人詩，一篇數韻者，即莫不韻隨意發，言因律轉。再上溯以觀漢人詩，武帝〈秋風辭〉：「秋風起兮白雲飛。草木黃落兮雁南歸。」此兩韻寫節物一意。「蘭有秀兮菊有芳。懷佳人兮不能忘。」此兩韻泛寫所感一意。「汎樓船兮濟汾河。橫中流兮揚素波。簫鼓鳴兮發棹歌。歡樂極兮哀情多。少壯幾時兮奈老何！」此五韻寫即事感懷一意。又為三換韻而三轉其意趣者。又再上溯以觀《三百篇．谷風》：「行道遲遲。中心有違。不遠伊邇，薄送我畿。」詞意至此一結，乃換韻為：「誰謂荼苦，其甘如薺。宴爾新婚，如兄如弟。」又如〈豳風．七月〉：「四月秀葽。五月鳴蜩。」兩韻說夏

19 編者註：壕，人生本作濠，茲改。

令。「八月其穫。十月隕蘀。」兩韻說秋收。「一之日于貉，取彼狐狸。為公子裘。」兩韻說仲冬。「二之日其同。載纘武功。言私其豵。獻豜[20]於公。」四韻說季冬。此又不過略舉兩例，凡《三百篇》一章之中而有換韻，即均為韻同意轉、言與律應者。茲則藝苑妙合之樞機，古今作者，莫不由之而有成；然猶生於水者之善泳，無人發其意，言其所以然而已。至如船山先生之言，實徒足惑誤初學之耳目，故不可以不辨。夫詩歌一篇之意已盡，即須戛然而止，若換韻以引之，是駢拇與蛇足也。至於一篇數韻，自為詞意未盡，故不覺其言之長；然既以換韻宛轉其音節，自不能不隨音節而宛轉其語意。蓋怒聲不宜於道仁慈之言，柔聲不可以作慷慨之氣，茲乃自然之勢也。詩歌一韻終篇，不轉則已，若其轉也，則必韻意相孚，然後能聲容俱茂，觀於《三百篇》，下至唐宋作者，即知斯乃不爭之正軌也。

第七則

律詩押韻，哉字、乎字，乃最為難用者。江弢叔句如「詩興非君誰敵者，宦情如我盍歸哉」、「但見今之從政者，亦知世有若人乎」，此一「哉」一「乎」，全在出句者字，能為呼起，故運用最為自然雄渾。若不能運以呼應之筆，而率爾為用，則徒見窘急趁韻之態矣。

第八則

近體律詩平仄有拗用者，杜工部七言律常有此體，山谷尤喜用之。然必知補救呼應之法，乃能為變宮變徵之音，讀之有泠然之調，咀之有餘甘之味也。工部〈秦州雜詩〉：「蕭蕭古塞冷，漠漠秋雲低。」秋字應仄而平，則拗音矣，而第二聯「黃鵠翅垂雨，蒼鷹飢[21]啄泥」，飢[22]字可仄而用平聲以應秋字，茲即補救之法也。

第九則

《文心雕龍．聲律篇》云：「異音相從謂之和，同聲相應謂之韻。」此云和者，謂句中之平仄相調也。韻者，句末之押韻也。詩必押韻，韻必依譜，此為作詩之定式。春秋以前，和律之音未失，雅言之聲猶存，弦歌既皆合乎〈雅〉〈頌〉，而大行人復屬瞽史以齊天下之聲音，故音韻不必有譜，而東齊、西秦、南陳、北晉之音皆叶。漢魏以後，南北以分，吳語、胡音，互

20 編者註：豣，人生本作豜，茲改。
21 編者註：飢，人生本作饑，茲改。
22 編者註：飢，人生本作饑，茲改。

為殊異。沈約始辨四聲於齊梁之時，陸法言繼之，而作《切韻》於南北混一之際，於是韻始有譜，成為詩家之圭臬矣。《切韻》依平上去入四聲之譜，分二百六部，唐孫愐[23]重為刊定，名曰《唐韻》。宋真宗大中祥符時，陳彭年等重修，謂之《廣韻》；而於每一韻目之下，分注獨用或通用等字，以為詩賦押韻之定程。仁宗景祐初，詔改定韻窄者十三處，許附近通用。英宗時，丁度因之更為《禮部韻略》，作科舉程式之韻腳，是為官韻。於是陸法言二百六部，凡注同用者，始漸合併。至南宋理宗時，劉淵增修《禮部韻略》，遂盡併同用之韻，為百七部。計上下平各十五部，上去各三十部，入十七部。淵為江北平水人，故世稱為《平水韻》，元明清三代韻，莫不因之。清康熙時，修《佩文韻府》，將上聲之拯，拼入迥部，上聲遂祇二十九部，合共百六部，即今通行之《詩韻》，實即全為劉淵《平水韻》之舊也。自《平水韻》行，而《廣韻》等書，遂退為語文音韻專門之學，伊唔呫嗶之士，知之者蓋少矣。明清以來，學者頗訾議《平水韻》及《廣韻》《集韻》之疏。如陳第、顧亭林、江慎修等，乃從六經諸子，以及兩漢辭賦，推求古音，以證其失。然《平水韻》行之七八百年，習用已久，無人能為改作。且《平水韻》本為今韻，若強今人以復古音，則改之亦徒滋紛擾耳。原夫攷定古音，自為治經史古籍者津梁之一事，而以今音為今詩，則亦無傷於風雅者也。近數十年以來，世人倣西洋詩之形貌為白話詩，指韻腳為桎梏，以韻譜為陳腐。黌宮學子，幾於不知詩韻一書為何物，茲故略為說其源流之大凡。往余學詩，亦疑同為平聲一部之字，而陰陽平並存，如東之與崇，施之與馳，既非同母，何以同部？徒使初學者記憶難全，易滋惑亂。何為不照東通為部，崇蟲為伍？後見楊慎云「東董是和，東中是韻」，乃恍然此正為詩律押韻，鏗鏘抑揚之自然音節，如〈關雎〉之「鳩」、「洲」、「逑」，清濁之音相間為韻，正為同聲異音之相應相和，亦顧亭林所謂天也，非人之所能為者也。如東韻以今音讀之，則通同、冲蟲、聰崇，與支韻之笞馳、施時之類，即皆陰陽兩平，輕重相和之韻。知此相和之式，即仍可不必一一檢譜而能信口讀之，得其同部之字矣。

第十則

今《詩韻》上、下平三十韻，陰陽平同部，亦即先秦古韻之保存至今者。《詩經》韻如：「我送舅氏，悠悠我思。何以贈之，瓊瑰玉佩。」「思」、「佩」為韻，以今音讀之，即成杆格。自南北朝沈重有叶韻之說，凡韻扞格者，皆可以切響通之，謂之叶音，朱子作《詩集傳》、注《楚辭》，均用其法。如佩字即讀蒲眉切，音皮，以與思叶，然後《詩》《騷》韻讀，皆可琅琅順吻。

23 編者註：愐，人生本作緬，茲改。

惟沈、朱但言其叶，而未說叶之所以然、音之所從出。近代陳第、顧亭林、江慎修、龍啓瑞諸先生，先後出為條理，以疊韻雙聲，明旁通互轉之義，於是和聲協律之由燦然以明，然後知今之所謂叶者，實為疊韻相通，雙聲相應，乃始於語言文字之初，為三古所習用，亦即倉聖六書，假借象聲之所本也。大抵疊韻者，韻母之音相比，而聲母異，如楊慎云東中是韻。此委巷婦孺，亦能衝口而出之者也。雙聲者，聲母同紐，而韻母異，如「東董是和」。此即平上去入四聲相轉，稍明平仄者，亦能信口而呼出之者也。遠古自無叶韻雙疊之名，然已有其用，蓋此實聲音自然而有之天籟，故在唐虞之際，共工、皐陶，則以疊韻為名矣。股肱、叢脞，則以雙聲成詞矣！及至周代，韻文與詩歌俱盛，不惟以之互訓其音義，且用之口語，習為故常：如窈窕[24]、綢繆，躊躇、輾轉，即以之而成文，而呼皐陶為咎繇、舅犯為咎反、屠蒯為杜蕢、伯宗為伯尊、微生為尾生、子貢為子贛，此均同為一人之姓字，而雙聲可以任呼。則知此等字，即均有相轉之兩音，亦以知〈國風〉〈雅〉〈頌〉之叶音，實本有一字兩讀，為當時之所習用，決非矯揉其聲，強就以趁韻者。故有以同一宮商，旁通為韻者，如舅之為咎，陶之為繇，於《詩》則如「弓矢既同，射夫既調」，同、調俱陽平，調從雙聲有同音也。有以四聲互轉為韻者，如反之為犯，反去聲即犯，犯上聲即反。如尾之為微，微上聲即尾，尾陽平即微；於詩則如：「習習谷風，以陰以雨。黽勉同心，不宜有怒。」朱曰：「怒，奴武切，音弩。」即怒讀上聲也。凡此通轉，下至《楚辭》而皆同。至秦火而後，古今語音，始漸趨歧異。顧亭林《音學五書．

序》歸咎於沈約，曰：「休文作譜，不能上據雅南，旁摭諸子，以成不刊之典；而僅按班張以下諸人之賦，曹劉以下諸人之詩，所用之音，譔為定本，於是今音行而古韻亡。」顧氏此言如為考據古韻，咎休文未能數典則可，以云就當時詩賦之用韻，而咎休文未能復古，則為苛論。蓋自焚坑以後，三千篇之逸詩以亡，百二十國之寶書亦燼。古韻既阨於秦火，而漢祖起於豐沛，代之者為夥頤張楚之楚語，魏晉以後，又有胡語、吳音之相亂。上去周代，世逾二十，朝野雅俗，久已習於今音。若必言言復古，適等琴瑟更張，徒滋紛歧而已！至漢魏音讀，則尚去古非遠，休文為別於吳楚方言，羯胡異語，乃近取班、張、曹、劉之雅音，以為今韻之準則，是亦補偏救弊之急務也。其後法言孫愐[25]之《切韻》《唐韻》，一踵遺規，遂成語文音韻之定型。千餘年以來，文字讀音，遂能大部保存漢唐之舊，則休文之功，自有不可沒者。至於陰陽平如通、同、冲、蟲之同東韻，煙、焉、天、田之同先韻，則猶漢魏以來，所保存先秦雙聲相轉之韻，此不獨平聲三十部為然，即仄聲各部，陰陽之音，亦莫不然，是則古韻至少亦仍存五分之二於今韻之中，謂古韻盡亡，亦言者之過耳！

24　編者註：窈窕，人生本作窈窈，茲改。
25　編者註：愐，人生本作緬，茲改。

第十一則

詩韻以上下平之江、佳、鹽、咸，上去入之講、蟹、豏、勘、絳、陷、黠、踢、合等韻為最窄，其字亦冷僻者為多，凡拈得此韻者均稱為險韻。然詩中間有一二生僻之韻，而能用之適宜，則亦如食果之有橄欖也。自宋代諸賢，喜為疊韻，朋友唱和，即往往以險窄之韻，相為犄㸰，雖以益其雋永，然亦標其新奇，和之者，自以能馭險如夷，乃見其爐火純青之候耳。大凡寬韻以化平易為神奇者工，險韻則以化生澀為調順者勝，要當如庖丁之解牛，以無厚入有間，乃能批大卻導大窾，動刀甚微，而謋然已解。此其不以目視，而以神遇，並非微妙玄通之不可識，實不過章法筆力之靈變運用而已，但能得呼應之方，與對舉之法，即能恢恢乎游刃有餘矣！呼應者，以出句預作呼起，以為之地，則此險韻，即應聲而聽驅策也。對舉者，以出句影射對句，則此險韻，即按班就部，恰如其份以浮現也。試舉例以明之。如昌黎〈苦寒〉：「太昊馳維綱，畏避但守謙。遂令黃泉下，萌芽夭勾尖。」此以司春者謙遜未遑，遂致黃泉俱凍，引出勾尖之韻，即呼應法也。「肌膚生鱗甲，衣被如刀鐮。氣寒鼻莫齅，血凍指不拈。」此以對句引出鐮拈兩韻，即對舉法也。然必須運一氣以流轉，通全篇為脈絡，始能如流水之過激灘，馳道之經峻坂，此即所謂筆力與章法者矣。但蘭亭繭紙，初寫則佳，若好異矜奇，再三重疊，即將如馮婦之攘臂，甚且為東施之屢顰，其氣必竭、其聲必嘶，徒為若吟而已！昌黎為長篇鉅製，得寬韻每每恣為通轉，得窄韻則常篤守其範，不復旁出，且往往特押生澀之字。此自為筆力雄健，足以舉重若輕；然亦距躍三百，故示其餘勇之可賈。故《六一詩話》稱其巧於用韻，為天下之至工，亦議其為生性拗強而然。東坡尖叉兩詩，安石疊之至五六，終不能佳，坡公自已復作，亦終不稱。觀其不能愈唱愈高，而乃每況愈下，則知強疊險韻，乃為徒自縛繭耳。原夫詩之為道，本出天機，入韻或寬或窄，亦嘗由觸機而得，自當因興會所至，隨遇而安，不必專拈寬韻，亦不必故入窄韻，但能目無全牛，即可胸有成竹。蓋冷僻之字，譬猶驕悍之將、烏合之兵；善為運用，則井陘有拔幟背水之軍，邯鄲有破釜沉舟之師，固皆可以斬將搴旗，追亡逐北也。惟若故意特拈險韻，但矜一句之奇，而全篇呼應，無桴鼓之效，則堯子之濟偏師、越鷄之伏鵠卵，勇則勇矣，其如槃石投人，何裨於三周華不注山之敗衂乎！

四　辭采（共十一則）

敦厚溫柔，興觀群怨。
辭氣所出，暴慢茲遠。
偶儷兼資，雲霞同縵。
色聲味三，燏我皇漢。

第一則

詩之句法，或四言、五言，或六言、七言，必須一句渾成，字字着力，不可添一字，亦不可減一字，乃為精鍊之章，然後句中無閒字，篇中無冗詞。此如治兵者，必自精選丁壯起，必自訓練卒伍起，然後無充數之老弱、糜餉之空額，然後攖城突陣、馳騁疆埸[26]，無不用命者矣。若句中有可添減之字，則此可添字之句即為不全，此可減字之句即為蕪雜，是即未經選練之兵，集成師旅，終為烏合之眾而已。《履齋示兒篇．詩說》謂邵康節先生詩無施不可，其六言〈四賢〉詠云：「彥國之言鋪陳，晦叔之言簡當。君實之言優游，伯淳之言條暢。四賢洛陽之望。是以在人之上。有宋熙寧之間，大為一時之壯。」令盡去其「之」字為五言亦可，乃見有不為剩，無不為欠。履齋此論，不惟對康節過為溢美，實亦不知詩法之說也。康節此詠，以為頌賢自不失為精語，以為詩歌則未可儕於蘇、黃。然其精處，即正在六言之句，不可為一字之增減。若盡去其「之」字，則前四句意義，即為某人說某某，與原義全反，而第五句「四賢洛陽望」，且幾不成文矣。

第二則

詩固須有警句，然必如人之眉目，與五官肌色，配合自然，則新月標其媚，秋水傳其神矣。若支離無賑，甕瓮大癭，眼高於頂、眉隱於臍，雖染之以翠黛、益之以睞眄，亦何足以為美乎？故詩必渾成，然後顧盼[27]生姿而有警句，否則是為無鹽畫眉、嫫母學顧而已。古今所

26 編者註：場，人生本作場，茲改。

27 編者註：顧盼，人生本作顯眄，茲改。

傳警句，如謝靈運「池塘生春草，園柳變鳴禽」，陶淵明「采菊東籬下，悠然見南山」，即皆平平無奇，不見其為特出之筆。然合全篇觀之，乃覺此兩句，或為妙造自然，或為悠然意遠，各為全篇精髓之所在，如山之結脈水之迴瀾，茲乃所以為警句者也。盛唐以後詩家，始漸有以一句一聯為勝場者，如杜工部之「五更山吐月，殘夜水明樓」、「吳楚東南坼，乾坤日夜浮」，王右丞之「渡頭餘落日，墟里上孤煙」、「大漠孤煙直，長[28]河落日圓」，孟浩然之「微雲淡河漢，疏雨滴梧桐」。然其語句皆清淑樸茂，無斧鑿痕跡，雖運斤成風，而不見張脈僨興之態，亦仍為一篇之中之結脈語。故唐詩風華韻味，獨具雍容閒雅之氣象，比之於器則瑚璉圭璋，比之於樂則鐘鼓琴瑟；廻翔俎豆之間、詠歌舞雩之下，李、杜、韓、白，固已冠冕人倫，即下至溫、李、冬郎，尚能存其矩範。及宋人乃漸變其風裁，以刻畫為工、雕鏤為勝，寫景爭一字之奇、紓情窮一句之妙。然前有歐、王、蘇、黃之英，後有放翁、誠齋諸家之雋，皆才氣磅礴，意境恢宏，故雖巧而不纖、刻而不露。比之於器，則龍泉、湛盧[29]之劍，出鞘即見光芒；比之於樂，則箜篌、琵琶之音，動指即傳逸響。其所孕毓之美詞秀句，則猶為劍佩之鋒刃、竽箏之繁弦也。近代自同、光以來，詩家莫不步趨宋製、瓣香西江，其佳者如海藏、散原諸老，亦可登山谷之堂，而入無已之室矣。然末流之弊，惟求琢句新穎、用字古奧，或有每一詩成，則閉門敲推，易其熟用之字，務為奇險晦澀。吾友黃華表為余序《遯翁詩詞輯》有句云：「近紀以來，江南北之稱詩者，大抵無以越鄭海藏、陳散原諸人之範圍，號同光體；其蔽也，則有句而無詩。」可謂慨乎其言之矣。

第三則

《復齋漫錄》論作詩須令生，不可太熟。東坡作〈聚遠樓詩〉，本合用青山綠水對野草閒花，以青綠字熟，故易以雲山煙水。復齋此論，殆為近代敲推家伐柯之準則矣。老友豐城任傳藻閒翁、新建程學洵伯臧，嘗為我言：往在平津時，與楊昀[30]谷、陳伯嚴、陳弢庵諸老遊，則見其每製一詩，脫稿後必不肯即以示人，必數改而後已，即避熟字也。抗戰時，伯臧與南昌萬苹[31]莊、湖口高蘧夫諸老，均避寇寓贛縣，日尋詩酒之會。苹莊日必課詩，尤喜和韻，敏而且捷，不待敲鐘擊砵，即已成篇。伯臧則得一題，必呫嗶兼旬，乃肯袖以相示。蘧夫戲謂余曰：「苹莊腹中如市肆藥櫥，病者到門說傷風咳嗽，即予前胡、桔梗、防風、獨活，說食滯悶

28 編者註：長，人生本作黃，茲改。
29 編者註：盧，人生本作廬，茲改。
30 編者註：昀，人生本作眗，茲改。
31 編者註：苹，人生本作苿，茲改。

脹，即予山查、麥芽、陳皮、厚朴。謂非良藥既不可，謂為奇方亦不可。」伯臧如稽生作鍛，細意錘鍊，皆為精金良鐵，然所製者魏王之匏、宋人之楮，以與商彝周鼎並陳則可，以與刀礪觿燧並用，亦不可也。蘧夫雖戲弄之言，而實能中率意為熟、作意為生者之弊，蓋詩之遣詞運字，若能靈活，則雖熟何妨？熟者忌在濫調陳腔，如優孟衣冠，人人可用，又如萬應丹藥，寒熱兼治，茲則昌黎所謂[32]陳言之務去者耳！若必盡去其眾喻之文，而獨標其險怪之字，則將搜《爾雅》之異名、窮《說文》之通假，但求脫俗為奇、惟以冷僻相勝，謂此為高古，則徒見其光怪陸離、聱牙礙吻，詠歎之情致以消、風詩之神韻半失，茲乃有意為譸張，與太熟者作無病之呻吟，何以異也？觀於東坡，雖舍青綠為雲煙，亦仍在唇吻之間，並未特尋幽險，即知能不腐，則無害其為熟，能不澀乃可以求其生矣！

第四則

工部詩如「薄雲巖際宿，孤月浪中翻」、「風塵三尺劍，社稷一戎衣」，與庾信詩「白雲巖際出，清月波中上」、「終封[33]三尺劍，長捲一戎衣」，字句之組織略同，言者即以為此乃杜之所以學庾。又如「竹葉於人暫無分，菊花從此不須開」，與淵明詩「塵爵恥虛罍，寒花徒[34]自榮」，語意所蘊略同，言者亦以為此即工部之所以學陶。後人遂有摭拾工部詞句之與子建、謝客、步兵相仿彿者，謂是即工部所以為集大成之詩聖，則工部乃以摹擬因襲成家者矣！是亦欲尊工部，而反以誣工部惑世人者也。夫道德行為，可以摹擬前哲，如顏回之亦趨亦步以學仲尼；而音聲笑貌則不可為摹倣之事，摹之即似，亦優孟之倣孫叔敖，或且成東施之捧心，一齲齒蹙顰，里之人皆掩目而走矣！《記》曰：「毋勦說，毋雷同。」故昌黎言：「惟[35]古於文必己出。降而不能乃剽竊。」工部亦曰：「語不驚人死不休。」此豈有以因襲陳言，摹擬謦欬為工者乎！要知「文章本天成，妙手偶得之」，於合心之境當前，雖巨鵠感顙，且有所不覺。是即《莊子》所謂忘言忘義之境，雖天地之大，亦不易其纍丸，但為自寫其所感、自抒其所欲言者，而遑於摹擬他人之言哉！故其同於古人，乃為偶然而合者。《蔡寬夫詩話》記王元之〈春日雜興〉：「何事春風容不得，和鶯吹折數枝花。」其子嘉裕云：「老杜有『恰似春風相欺得，夜來吹折數枝花』。」因請易之。元之欣然曰：「吾詩精詣，遂能暗合子美耶！」故知工部詩句，間有似於陶、謝，蓋亦暗合，若以此為能學古人，則依草附木之學，煦硃填墨之學，蒙童學步

32 編者註：謂，人生本作為，茲改。
33 編者註：終封，人生本作永韜，茲改。
34 編者註：徒，人生本作從，茲改。
35 編者註：惟，人生本作從，茲改。

之所為，未可與言學詩也。

第五則

中國詩詞，天然具有色、聲、味三者之美：色謂字句排比整齊之美，聲謂音律悠洋鏗鏘之美，味謂風韻溫柔敦厚之美也。韻味存乎其人，乃詩家公有之境界，無論南夷、北狄、東洋、西歐之詩家作者，皆能得之；惟色聲之美，則為中國語文所獨擅。余所寫〈詩經幾個問題〉（刊《新亞學報》第二卷）[36]商榷詩《三百篇》韻律，於聲律之美有所說明，茲再明容色之美，為論詩者與探討中國語文之學者進一解。所謂容色之美者，其要即在對偶與排比。西方拼音語文，每一字，自一音至四五音以上不等，無從以一音叶一宮商，然猶有音韻可言。至云對偶排比，則其字形既長短不齊，而其字義，亦簡複各異，既不能以馬對牛，亦無法以龍對象；惟能就其參差不齊之聲音字句，分行排列，求形態上之裝點，以救其窮耳！中國語文，既為一字一音、一音一義，又為形體同模、大小同格：凡飛潛動植之類、山川人物之名、晦明風雨之候、喜怒哀樂之情、語默行止之態、媸妍老幼之容，莫不可以從虛實有無、陰陽平仄，以從類為朋、比德作偶，附麗於語文之中、藻飾乎詞章之內。其組織既可以取捨隨意，其資用更可以左右逢原，不徒和律和聲，尤能令儀令色，茲實天地之至文，人文之盡美者也。自〈堯典〉之「湯湯洪水方割，蕩蕩懷山襄陵」，〈禹謨〉之「罰勿及嗣，賞延於世」，「鬼神其依，龜筮協從」、「滿招損，謙受益」，〈甘誓〉「威侮五行，怠棄三正」，〈仲虺〉「佑賢輔德，顯忠遂良；兼弱攻昧，取亂侮亡」，〈洪範〉「毋虐煢獨，而畏高明」，〈梓材〉「若作室家，既勤垣墉，惟其塗墍茨；若作梓材，既斬樸斲，惟其塗丹雘」，〈立政〉「式敬爾由獄，以長我王國」，此唐虞三代即利用對偶排比之美於語文之中矣！至如〈康衢〉〈麥秀〉之歌，「元首」「股肱」之賡，以對偶入吟詠，尤為天地之元音，自然之妙造。下至《三百篇》之詩，則有若〈國風〉「參差荇菜，左右流之。窈窕淑女，寤寐求之」、「喓喓草蟲，趯趯阜螽[37]」、「行邁靡靡，中心搖搖」，「青青子衿，悠悠我心」，〈小雅〉「發彼小豝，殪此大兕」、「無縱詭隨，以謹罔極」、「民莫不穀，我獨于罹」、「老夫灌灌，小子蹻蹻」、「誨爾諄諄，聽我藐藐」、「揉此萬邦，聞於四國」，〈頌〉之「有來雝雝，至止肅肅」、「順彼長道，屈此群醜」、「元龜象齒，大路南金」，亦莫非以對句增其文藻之美，偶文益其雍容之勝。故秦火而後，賈生、相如、枚氏父子，即以駢偶工麗，蔚成西京詞賦之盛。逮乎魏晉，七步五言之士，遂無不馳騁乎排比之中、揮灑於對仗之苑，雖

36 編者註：此文原名〈關於《詩經》幾個問題的商榷〉，載於《新亞書院學術年刊》第二期（一九六〇年九月，頁一至二五）。此處蓋因行文而有縮略，姑不更易。

37 編者註：螽，人生本作冬，茲改。

未免弊於纖巧，而實盡文字之聲華。至初唐、盛唐之時，乃部勒之以為近體之詩，稱為律法，於詩境闢一大邦，亦文字應用必然之發展也。原夫詩歌之用對仗，實所以盡中國文字之特長，而奇偶雙生，尤足表風詩之聲色。此不徒近體詩必基之以成格律，即古風歌行，亦以能用對偶排比，乃足以暢其氣極其妙，盡其抑揚變化之致者也。蓋對偶之用，不止於增加鋪敍之波瀾，詞采之富麗，尤在能融化其比興之所寄，靈活其情致之所感，助雙管齊下之筆，作開闔反正之詞；如金針之引線，如羚羊之掛角，使詩境有瀾翻峯轉之勢，而泯運斤施鑿之痕。如上引「行邁靡靡」，結黍離、麥秀之當前；「中心搖搖」，即轉而申誰實為之、孰令致之之感想。如「老夫灌灌」結上三章「是用大諫」之殷殷，「小子蹻蹻」即轉出下四章，責小人夸毗，而申所以灌灌之深意。均能盡其兼資並願之用心，益其反正相生之筆法；既以妙其雙寫，亦以運其開闔；於作者則舉重若輕，於讀者則不言而喻矣。故如〈關雎〉首章，雖曰雎鳩以興淑女，然非對句，假若無箋疏，即不易明其所以然。至其次章、三章，以皆為偶詞，則讀流之、采之、友之、求之之文，即不待箋釋，而其義已顯矣。至若「小豝」「大兕」述禽獲之多，「肅肅」「雍雍」寫威儀之盛，鋪陳不見其繁，形容不嫌其複，但覺濤瀾搖漾，旋為九淵，珠玉交輝，映成五采。茲皆妙本天成、巧從天合，又可知聲容之美，捨對偶即無異棄羅綺而裁粗褐、樂瓦釜而棄笙竽，實乃裂冠毀裳、鎚圭碎璧，忘失天資、暴殄天物者也。故自曹子建、王仲宣之徒，下至梁陳作者，即皆工於對偶，用能逞其顏色。如謝靈運即尤以此自標異彩，獨擅勝場，觀其

〈七里瀨〉、〈登池上樓〉、〈登江中孤嶼〉諸篇，幾全同拗體排律。即淵明沖淡高逸、實寫白描見稱者，亦不能不於對偶資為浥注、用作轉丸。其四言如「靄靄停雲，濛濛時雨」，五言如「曖曖遠人村，依依墟里煙」、「詩書敦宿好，園林無俗情」等名句，集中如此者，亦指不勝數。此其要在信手拈來、應機成就，不以文害詞、不以詞害意；則對偶者，正為東西上下之相成、陰陽剛柔之相配，如長江有夾流之三峽，黃河有對峙之龍門，既以壯其奔湍、添其瀲灩，亦以拓其排奡、肆其弛張。試再以唐宋人古風為例，如王維〈西施詠〉：「賤日豈殊眾，貴來方悟希。」杜甫〈古柏行〉：「君臣已與時際會，樹木猶為人愛惜。」東坡〈定惠院海棠〉：「雨中有淚亦悽愴，月下無人更清淑。」山谷〈送王郎〉：「江山萬里頭俱白，骨肉十年眼終青。」如此者，又均不可勝數。是皆用對句，為反正相生之詞，作全篇開闔之樞紐。曲盡迴環轉折之妙，於兩句十字或十四字之中，有不動聲色，而措天下於磐石之安之概；又不獨其雍容華貴，風度翩翩而已也。故於昌黎病八代為文衰，乃以古文筆法為詩歌者，固宜摒對偶駢儷如土[38]苴矣！然如〈縣齋有懷〉、〈答張徹〉、〈縣齋讀書〉、〈新竹〉等篇，即全用對句，轉其建瓴之勢，麗其揚其之容。可知茲實中國文字天然之美質，能盡文字之用者，則自能悠然洋然，不期其至，而已集

38 編者註：土，人生本作士，茲改。

於筆端矣。後人訾議六朝排比之弊，乃在文而不在詩；亦以其但矜博洽，而乏真氣，詞則傷於繁縟，義則蹈乎空疏，斯固由八代之衰，而實後來者踵事增華之弊耳。至六朝五言之美，實發千古之英菁，而中國文字聲色之特長，見於對偶排比者，亦以六朝詩人之發揮而盡顯。洎夫唐宋近體，尤能利用之，至於日新又新，然原其實際，則皆中國文字之本能耳！近數十年，操觚之士，謂對偶為死文、以工整為桎梏，此雖為不能執弓者病射之有質的、不習操筆者病字之多點畫，然身為中國人，自髫齔學語、童蒙讀書，即為中國之言文；乃不自反以為學，徒望洋而咎難，是何異坐擁金穴，日嗟困窮，遂爾身懷寶珠，以乞於市肆，豈不可異也乎！夫倉頡造字之美，乃吾華族之寶藏，音韻既極聲音之妙，對偶更窮形色之佳，以言詩詞，有之則盡詠嘆觀賞之味，無之則欠手神高朗之姿，此實論大漢文字者之所不可不知，又不徒論詩之一道也。

第六則

詩之有對句，其為用也，如張弓然，右手挽而左手拒，然後發矢以遠，又不徒以偶儷為美而已也。《文心雕龍．麗辭篇》云：「言對為易，事對為難，反對為優，正對為劣。」此謂反對，即張弓之喻矣！然承合之處，而欲壯其勢極其情，則正對亦未必非優。如「吳宮花草埋幽徑，晉代衣冠成古丘」、如「武帝祠前雲欲散，仙人掌上雨初晴」，此正對之句，於古大家詩中，蓋十而七八；茲正賦體鋪陳其事，而極言之之正用也。惟駢枝之對，如張華詩「遊雁比翼翔，歸鴻知接翮」，劉琨詩「宣尼悲獲麟，西狩泣孔丘」，謝惠連詩「雖好相如達，不學長卿慢」，以一人一物，而強分之為兩對句，茲乃為劣耳。東坡題〈司馬君實獨樂園〉詩：「兒童誦君實，走卒知司馬。」亦用溫公姓名，分句作對。評者謂為本於劉謝，茲則擬於不倫。東坡此兩句，蓋當時實有其事，故其下句云：「持此欲安歸，造物不我捨。」正為針對事實，信手拈來之警句，豈效劉、謝拙劣之句者？故箋詩者，必一一疏其語句所自出，以矜淵博，而實厚誣古人，此又一事例也。

第七則

前人論近體詩，有以經對經、史對史、佛家語對佛家語、道家語對道家語，為對仗之工者。如王荊公之「周顒宅在阿蘭若，婁約身隨窣堵波[39]。」兩句下三字，梵語對梵語也。有以雙聲、疊韻各相對為聲律之佳者，如杜子美「卑枝低結子，接葉暗藏鶯」，卑枝、接葉，為疊

39　編者註：波，人生本作坡，茲改。

韻對也。如白樂天「戶大嫌甜酒，才高笑小詩」，嫌甜疊韻、笑小雙聲相對也。茲雖新巧，實非律詩正格，未足稱述者。故蔡寬夫以為工部、樂天此等句法，要因語意偶合，輒成就之，不以是為工也。蔡氏此評，最得唐人之意。至宋入則大半有意為之。如荊公「自喜[40]田園安五柳，但嫌尸祝擾庚桑」，或稱為的對。荊公曰：「此但知柳對桑為的對，不知庚對五亦的對也。蓋庚於十干之數為第七也。」觀荊公此言，則知是刻意為巧，於人名相對之外，復旁求數目字之工。然已如銓說文，非自為注釋，即無由使讀者知其意之所在，與作者雕鏤刻畫之苦。茲即唐宋人詩，風華面目之分野矣。此在荊公等人固能俯拾即是，不礙其渾成，在後人步趨，即成捨本逐末，但求櫝美，不計珠贋，不止於巧而纖，且將巧而鑿，至於成拙矣。原夫近體律詩，但求聲律與音韻相和，對仗之虛實輕重相稱，此中境界，本自雍容，何必以奇巧自為縛束。如工部「酒債尋常行處有，人生七十古來稀」、「近接西南境，長懷十九泉」，以「尋常」對「七十」，「西南」對「十九」，又何患其不工乎！

第八則

太白律詩，往往自為町畦，不拘繩墨，學者但賞其氣韻高華，不必盡步趨其律法。蓋太白作品，猶承初唐風徽，如〈宿巫山下〉一首云：

昨夜巫山下，猨聲夢裏長。桃花飛綠水，三月下瞿塘。雨色風吹去，南行拂楚王。
高邱懷宋玉，訪古一霑裳。

嚴羽盛讚之曰：「律詩有徹首尾不對者，皆文從字順，音節鏗鏘，盛唐諸公有此體。」此篇及〈長信宮〉〈牛渚懷古〉是也。余謂此篇宮商雖叶，而語氣不暢，項、頸兩聯，既有頓挫之勢，讀之即使人覺風景雖不殊、而有山河盡異之感，強以為律詩佳構，反不如入之選體為佳。如嚴羽之讚此篇，亦蜀人之譽諸葛瞻耳。至如：

牛渚西江夜[41]，清天無片雲。登舟望秋月，空憶謝將軍。余亦能高詠，茲人不可聞。明朝掛帆席，楓葉落紛紛。

其聲調悠洋，自為唐人之音律，其風裁句法，實仍魏晉之遺響。但其一氣直下，如三峽

40　編者註：喜，人生本作有，茲改。
41　編者註：夜，人生本作月，茲改。

飛艭，使人不暇旁矚。如子美「遙憐小兒女，不解憶長安」，崔顥[42]「黃鶴一去不復返，白雲千載空悠悠」，均略於對仗之工整、勝在氣韻之奪目，故但覺其流利，而不覺其參差。然工部律詩如此者，亦為僅有之例，可知究非正格。後人無其才力，而欲效其縱恣，則將為學季良不得，徒畫虎而類犬矣。

第九則

詩之使事，亦謂之用典實。不徒可以增加其高華瑋麗之風致，抑且可以化繁為簡，攝難達之意於會心莫逆之間，此在詩歌實為尤要者也。惟使事用典，在熟而不在生。其使之之方，則在活用、在暗用；其使之而切，則在適其時、適其事。故用典實如用兵，必知運用之妙，存乎一心，自能信手拈來，即成妙諦矣。蓋使事者，源乎比興，義在舉隅，譬之援法斷案，聽者易於了然，而被判者亦自為折服也。古今論詩者，頗多訾議使事，目為支離。如鍾嶸《詩品》言：「若乃經國文符，應資博古，撰德駁奏，宜窮往烈。至乎吟詠情性，亦何貴於用事。『思君如流水』，既是即目，『高臺多悲風』，亦惟所見，『清晨登隴首』，羌無故實，『明月照積雪』，詎出經史。觀古今勝語，多非補假，皆由直尋。[……]自大明泰始中，文章殆同抄胥，[……]遞來作者，寖以成俗，遂乃句無虛語，語無虛字，拘攣補衲，蠹文已甚。」斯之所闢，自為矯枉而發，然謂全憑直尋，不待故實，毋乃過甚其詞。觀乎〈古詩十九首〉，寫弦歌之悲響，而曰「誰能為此曲，無乃杞梁妻」，其故實即本於《孟子》。隱有名無實，則曰「南箕北有斗，牽牛不負軛」，其故實即本於〈大東〉。即子建高臺之篇，「朝日照北林」，不言東林西林南林，而日北林。「方舟安可極」，不曰横舟扁舟輕舟，而曰方舟，亦本〈秦風〉「鴥彼晨風，鬱彼北林」，《莊子》「方舟而濟於河」。援此兩詞，則悲風之感人、江湖之深迥，益足昭其有為而作，發其詠歎之情，茲即活用暗用故實而切之妙，何謂不出經史乎？故循聲結想，能自出機杼，盡從白描，如陶公〈歸田園居〉等篇，意既率真，語皆妙造，自為渾金璞玉，光澤天成。若夫寄興託詞，由隱之顯，談言微中，自著入微；則一篇之中，運一二故實，既可資為取證，亦以助其抑揚。如「虛室餘閑」、「清澗濯足」，即陶公此篇，亦不能不挹注於《莊子》《孟子》，茲乃桃李之春華，松筠之冬綠，正所以成其自然之美盛者也。至於全借古語，用申今情，徒矜淹博，而中無所有，真氣盡失，則為古人之奴隸而已。故前人譏吳[43]夢窗詞為七寶樓臺，拆卸不成片段。近代如王漁洋[44]〈秋柳〉四詠，亦但為裝點故實，毫無旨歸。如此者，

42　編者註：顯，人生本作灝，茲改。
43　編者註：吳，人生本作周，茲改。
44　編者註：漁洋，人生本作漁陽，茲改。

雖以玉谿之豪雄、昌谷之瑰瑋，亦以深僻艱澀，被視為文章之一阨，此則宜為鍾嶸所譏，亦尋章摘句者所宜引為藥石者耳。夫使事用典，當如雋不疑之斷戾太子，以《春秋》是衛輒拒蒯之一言，而危疑震撼之局以解。蓋斯義為眾所共喻，故解紛不待煩言。沈隱侯有言：「文章當從三易：易見事一也；易識字[45]二也；易誦讀三也。」此實為詩歌使事之正軌，竊謂知此三易，尤必知有三宜。三宜者：時然後言、樂然後笑、義然後取，亦即適其機、當其事、切其用之謂，明乎此，則使事用典，正勇士之弓刀、美人之膏澤也。

第十則

詩境以超妙為勝，故其詞亦以不黏不脫為佳；若事事必取實境、語語必徵典故，則為膠漆之幻人、摹勒之拓本矣。故箋釋古人詩，於此等處，即以能得其意興所在為要，不必一一強作典證，否則為混沌鑿竅，竅成而混沌死矣。如李義山詩「萼綠華[46]來無定所，杜蘭香去未移時」，本謂神之來如花，此花為何花乎？則萼綠之梅也。其去而餘香尚在，此香為何香乎？則杜蘭之香也。杜蘭即木蘭，〈離騷〉所謂「朝搴阰之木蘭」者也。箋者必實之曰：「萼綠華、杜蘭香，古仙女名。」是則然矣，惟此詩句讀即成為：萼綠華、讀，來無定所、句。杜蘭香、讀，去未移時、句。既等於腰斬其句，即所詠亦堆砌成文，索然無味矣！東坡詩「凍合玉樓寒起粟，光搖銀海眩生花」，本寫雪景，身如居玉樓之中，望樓外平野，則皆銀海也。解者必曰：「玉樓，道家謂肩。銀海，道家謂眼。」《侯鯖錄》且為詞以實之曰：「東坡見荆公，荆公云：『道家以肩為玉樓，目為銀海，是使此事否？』東坡退曰：『惟荆公知此出處。』」茲實好奇者之妄說，坡公與荊公必不有此事也。夫謂此使事出道家，然談者訖無人能指明出何道書，清代輯《唐宋詩醇》者已斥言之矣！即使道書果有之，亦僅可視為偶合，若必穿鑿為有意以為之，則此兩句不僅為小家纖巧，失去寫雪之神韻，且惟見瑟縮聳肩、昏然眩目之人，直一躑躅雪地之乞兒相耳！況使事至所惟荊公方能知之，亦即徒以乞靈於僻典為工，何足多乎？是欲以此矜坡公之博，反以厚誣坡公矣！故說詩者，必知不以文害詞、不以詞害意，如不明此義，則皆高叟之類也。

第十一則

昌黎〈陸渾山火〉詩：「女丁婦壬傳世婚。」洪與祖云：「丁，火也，女也。壬，水也，男

45　編者註：字，人生本作事，茲改。

46　編者註：華，人生本作花，茲改。

也。丁女而為婦於壬也。」近見鄭子尹跋此詩云：「女丁婦壬，注家皆不得所出，余讀蕭吉《五行大義論》，引《五行書》云甲以女弟乙嫁庚為妻，丙以女弟丁嫁壬為妻，戊以女弟己嫁甲為妻，庚以女弟辛嫁丙為妻。壬以女弟癸，嫁戊為妻。甲丙戊庚壬為男，乙丁己辛癸為女。丙陽丁陰，壬陽癸陰。丁為壬妻，故壬與丁合。火七畏壬水六，故以丁妻壬，此公詩所本。」按此詩上下文為：「帝賜九河湔涕痕。又詔巫陽返其魂。徐命之前問何冤。火行於冬古所存。我如禁之絕其飧。女丁婦壬傳世婚。一朝結讎奈後昆。」意為水神訴之於帝，帝為調解，為言水火相濟，各當其令，有如世為婚媾，不宜相讎。丙丁屬火，壬癸屬水，見於〈月令〉。故謂丁女為壬婦，朱子亦以洪說為然。如鄭跋則儘可備一異說而已！然謂火畏壬六，與妹妻丁，則與詩意相違。此詩正寫火之肆虐，雖顓頊、玄冥，亦縮身潛喘，至於君臣相憐，何有於火畏壬六乎！

五　詩體（共七則）

今體曰律，古體曰風。
唐虞遠稽，魏晉近通。
彼車既攻，此馬亦同。
範我馳驅，得其環中。

第一則

魏慶之《詩人玉屑》所謂五言詩起於李陵、蘇武，七言起於〈柏梁〉，四言起於韋孟，六言起於谷永，三言起於夏侯湛，九言起於高貴鄉公。此陋說也。夫詩為文字語言之可歌詠者，有語言即有歌詠，謂語言短句起於何人，長句起於何人，可乎？自漢魏而後，雖五、七言詩繼四言而盛，然實莫不源於遠古，本於《三百篇》。四言詩見於〈雅〉〈頌〉之製無論矣！即如皋陶載賡：「元首叢脞哉！」〈康衢〉〈擊壤〉：「帝力何有於我哉！」即皆五、七言之見存於古籍者。觀於《孟子》言堯崩，天下謳歌訟獄者，「不之堯之子而之舜」；即知堯之時，謳歌遍於天下，且已成為政風。觀於《尚書》舜命夔典樂，「教胄子，詩言志，歌永言」。列典樂為要政，列詩歌為教育之重心，其體制如此之重要，則知詩歌之盛興，決非始於唐虞之際，而舜、禹、皋陶、〈康衢〉之所歌詠著，亦決非此數人所創始，實乃皇古以前，固有其制者。夏商之詩多亡失，今存者僅〈五子之歌〉與〈商頌〉，不能以此殘缺之餘，遂謂兩代無五、六、七言詩。至《三百篇》中則三、四、五、六、七、八言，以及騷體之篇章句法，即莫不皆備。〈鄭風〉：「緇衣之宜兮！敝予又改為兮！適子之館兮！旋予授子之粲兮！」斯即已備五、六、七言之體，而亦《楚辭》章法句法所自出。「敝予」「旋予」，則〈騷經〉「紛吾既有此內美兮」、「汩余若將不及兮」所為聲調之藍本也。〈齊風〉：「俟我於著乎而！充耳以素乎而！尚之以瓊華乎而！」「盧令令，［……］盧重環。」「子之昌兮！俟我乎猫之間兮！」「並驅從兩肩兮！揖我謂我儇兮！」則又三、四、六、七言之濫觴也。至於五言之作蓋尤多，〈召南〉「鼠牙雀角」之外，〈國風〉則有：「知子之來之！雜佩以贈之。」「十畝之間兮！桑者閒閒兮。」〈大雅〉則有：「虞芮質厥成。」〈小雅〉則有：「或燕燕居息。」皆全章乃至全篇為五言。其見於春秋所記，最著者，如〈晉語〉優施諷里克之歌：「暇豫之吾吾。不如鳥烏。人皆集於苑，己獨集於枯。」《小戴記．緇衣》記孔子引詩：「昔吾有先正，其言明且清。」此一歌一詩，即與今傳西漢五言，同其面目。則知詩之體製，在孔子以前，即已無所不備。蓋言為心聲，語言聲音之短長，乃自然所具有；既能為隨意短長之語言，即能備其[47]短長之文句，既能為隨意短長之詠嘆，即能備具短長句法之詩體，斯實必然之事，不爭之理也。至如四言盛於殷周，五言盛於漢晉，七言盛於唐宋，則以古者應乎樂章，後世依於風尚，亦由古質而今文，不可謂古無而今始也。自鍾嶸《詩品》言：「夏歌曰：『鬱陶乎予心。』楚謠曰：『名余曰正則。』雖詩體未全，然是五言之濫觴也。逮漢李陵，始著五言之目矣！古詩渺杳，人世難詳，推其文體，固是炎漢之製，非衰周之倡也。」此謂李陵始著，實即繼禰為宗，若云倡非衰周，毋乃數典忘祖。而世人不察，誤信此說，遂以為《史》《漢》不記五言，此體不出西京。故劉勰《文心雕龍》云：「成帝時，品錄三百餘篇，朝章國采，亦云周備，而詞人遺翰，莫見五言；所以李陵、班婕妤，見疑於後代也。」於是東坡先生遂以蘇、李贈答為僞作。顧亭林先生《日知錄》則疑七言，謂《三秦記》記〈柏梁臺〉詩，作於元封三年。於時梁孝王薨於孝景之世，又光祿勳等官皆太初元年所更，不應預書於元封時，其為後人擬作無疑。由茲而言，蘇李、〈柏梁〉，盡為後來假託，則五言七字，即於前漢無關，皆是高叟之固，楚人之刻舟者也。梁王傳國四五世，不必即為孝王，官名載筆趨新，不必定符舊貫，《三秦記》乃拾遺紀逸之書，非春秋正名制度之筆，以此疑古，即

47　編者註：其，疑為具字之訛。

病膠執。《史記·樂書》記今上（按：謂武帝）「嘗得神馬渥洼水中，復次以為太一之歌，歌曲曰：『太一貢兮天馬下。霑赤汗兮沫流赭。騁容與兮跇萬里。今安匹兮龍與友。』後伐大宛，得千里馬，馬名蒲梢，次復作以為歌，歌詩曰：『天馬來兮從西極。經萬里兮歸有德。承靈威兮降外國。涉流沙兮四夷服。』」前一首元狩三年作，前於〈柏梁〉十二年，史公名之曰歌曲，即為七言古風。後一首太初三年作，後於〈柏梁〉六年，太史公特標之為歌詩，汲黯亦曰「詩以為歌」，則此固當時流行之詩體。而〈蒲梢〉之詩，句句叶韻，又與〈柏梁〉之詩同其體裁，史公、汲黯皆見而言之。此謂〈柏梁〉為僞，固為吹毛以求疵；彼云七言起於〈柏梁〉，亦為錐測而短視者矣！自春秋末期，至於《戰國策》，雖不記賦詩之事，然屈原《楚辭》、荀子〈成相〉，即詩之一體。〈成相〉出句全為三言，落句全為七言，篇中三曰「請成相」。俞樾、王先謙均釋為請成此曲。以《漢志》有〈成相〉雜辭，足徵古有此體。——則〈成相〉云者，乃荀子以前、春秋以後已有之詩歌，故荀子請效其體而陳之也。意戰國此體作者必大有其人，然非奚斯、吉甫等之大手筆，又無孔子為之合於〈雅〉〈頌〉之音以定其篇章，故秦火焚坑，遂與逸書之類俱盡矣！惟其流風遺韻，固已繼繩不衰。荊軻劍客，其慷慨入秦之際，則歌「風蕭蕭兮易水寒」。項羽學書不成，其拔劍起舞之時，則歌「力拔山兮氣蓋世」。高帝為溺儒冠、不修文學之徒，而豐沛之歌，「大風起兮雲飛揚」即皆七言，並為當時所習有，非此三人之所創始也。李延年歌「北方有佳人」，全為五言。延年與蘇、李並時，彼俳優也，此五言之體，亦決非其所創始，自為世所已有，乃從而效之者。俳優且能之，則蘇、李亦必能之。《漢書・蘇武傳》載李陵別武之歌曰：「經萬里兮度沙幕，為君將兮奮匈奴。路窮絕兮矢刃催。士眾滅兮名已隤。老母已死，雖欲報恩將安歸。」又正為七言詩。則知五、七言之製，自戰國至西京，必有篇章作者。不然，項王、高祖、李延年，何以不為周人所尚之四言、漢初〈房中〉所歌之三言也？原夫漢代詩歌，非進身之階；朝廷所尚惟在詞賦，故枚、賈、吾丘、相如，著於本〈傳〉及〈藝文志〉者，皆為賦若干篇。至詩之著錄，則僅為宗廟迎神送神之什，以及齊、鄭、周、秦之采風而已！茲即詞人遺翰，莫見五言者也。杜工部詩云：「李陵蘇武是吾師。孟子論文更不疑。一飯未曾忘俗客，數篇今見古人詩。」孟子論文即在不以辭害意，而斥「固哉高叟之為詩」，茲皆可瞭然於五、七言詩，實繼殷周皇古以來所已有，至兩漢而滋榮，至魏晉而五言獨盛其華，至唐宋而七言並揚其采。是乃風會所趨，而亦質文遞嬗，必然之趨勢也。

第二則

唐代教坊樂曲，半為絕句；如〈旗亭畫壁〉所記，以及太白〈清平〉之章皆是也。絕句體裁，原為截取律詩四句而成，或截前四句，則三四為對句，或截後四句，則一二為對句，或截中四句，則兩聯均對句，或截首尾各二句，則全不用對句，此為絕句之正格。其截中四句者，五言如王之渙之「白日依山盡，黃河入海流。欲窮千里目，更上一層樓」。杜子美之「兩個黃鸝鳴翠柳，一行白鷺上青天。窗含西嶺千秋雪，門泊東吳萬里船」。此體實最為難作，昔人以子美此章為卓絕千古，即以作者極少故耳。如置之其他絕句之中，則此詩亦不過林中一枝，草中一莖而已。蓋絕句以輕鬆靈動，飄逸雋永，言中有物，味外有味為主，全為排偶鋪陳，即失生動之情致也。

第三則

絕句於近體詩，最為短章。《說文》：「絕，斷絲，從系，從刀，從卩，象不連體，絕二絲。」其義為斷，亦通於截。詩家截取各種詩體之一節而成短篇，故曰絕句。猶春秋賦詩，於一篇之中取一章，或一二句，名斷章也。近體絕句，蓋與律詩同興於初唐，而其名則六朝時齊梁已有之。《玉臺新詠》有「古絕句」及吳均「雜絕句」之目，然其名雖同，而其體制則各異。齊梁所為絕者，截歌行古體為短章，亦僅為五言偶有之名而已。唐人絕句，則截五、七言律詩為四句，而七言且衮然蔚為齊楚大邦，與五、七言古風律詩，分庭抗禮矣。雖其五言胎息於魏晉梁陳，至其規律，則仍為唐人所創制者。近人論詩，見《玉臺新詠》有絕句之目，因而非誹近體絕句為截取律詩之說。若然，則吳均之篇，何以不名短歌，而名絕句；既已名之為絕句，而謂非截取，則此絕字之義何居乎？故為詩者，必知《玉臺》齊梁之絕句，為截取古詩之一節，唐人今體之絕句，為截取律詩之一體，此觀於杜工部集中絕句而可知矣。工部〈復愁〉：「江上亦秋色，火雲終不移。巫山猶錦樹，南國且黃鸝。」三四句對，則截五律前兩聯也。「金絲繡箭簇，皁尾製旗竿。一自風塵起，猶嗟行路難。」一二句對，則截五律後二聯也。「釣艇收緡盡，昏鴉接翅歸。月生初學扇，雲細不成衣。」四句俱對，則截中二三聯也。「每恨陶彭澤，無錢對菊花。如今九日至，自覺酒須賒。」四句俱不對，則截首尾兩聯也。其七絕亦然，如〈漫興〉：「懶慢無堪不出村。呼兒日在掩柴門。蒼苔濁酒林中靜，碧水春風野外昏。」此截七律前四句也。〈上漢中王〉：「雲裏不聞雙雁過，掌中貪見一珠新。秋風嫋嫋吹江漢，只在他鄉何處人。」此截七律後四句也。〈漫成〉：「江月去人只數尺，風燈照夜欲三更。沙頭宿鷺聯拳靜，船尾跳魚撥刺[48]鳴。」此截七律中四句也。〈投簡梓州幕府兼簡韋十郎官〉：「幕下郎官安穩無。從來不奉一行書。固知貧病人須棄，能使韋郎跡也疏。」此截七律首尾四句也。工部詩格律細密，為唐人一代楷模。集中五、七言絕句，即無一不在此繩準之中，茲可證絕之為截，乃為無可置疑者。至於仄韻拗音，其聲調雖近乎古體之鏗鏘，而韻味風規，則仍不出近體之裁剪；明乎此者，然後負手吟哦，操觚寄興，乃能各得其意而盡其妙，彼皮相者，固未足與議也。

48　編者註：刺，人生本作剌，茲改。

第四則

昔時童蒙學詩，往往從五絕入手，以其短章，易於成篇，易明承轉結構之局也。又正惟短章，於近體之中，亦最為難佳；蓋由「長沙國小」，起舞者苦於無地廻旋也。此觀於前人詩集，大都豐於長篇、嗇於五絕，雖由小其曹檜，亦以棘刺刻猴，實無容刀之處耳。然背嵬之軍不過五百，虎賁之士不過三千，能妙其運用於一心、齊其虎貔於四伐，即同一可以朱仙破虜、牧野揚鷹；兵貴精而用奇、將貴謀以濟勇，絕律本分庭抗禮之國，會盟交騁，雖滕薛又何後於齊晉乎？原夫五絕，計其字不過二十，比之五、七律之資用，自為拮据。而其體介乎古近之間，比之五、七律之拓殖則為寬宏，知其寬於拓殖，即能舒卷自如。然必小中見大，眾中取精，乃可從嗇於資用之中，字無虛設，義不虛陳，雍容近體之風致，出入古體之鏗鏘，綽綽然有餘裕矣。惟從近體之格律，音諧律叶者必戒平庸，從古體為變徵，音拗韻仄者必戒粗率。此即以其短章字少，無從為救治調劑之功，故扼其要圖，實賴有雋永之意境。造意得當，則言雖短而味長，然後和之以音節；音調既古，則奏雖促而響逸。梁齊之際，謝脁、何遜等人已具此體，皆風華高邁，音節俊逸。盛唐作者，則當讓太白、摩詰兩人最為擅長；而太白尤能於寥寥二十字之中，極其委曲宛轉之境。如〈靜夜思〉之「牀前明月光。疑是地上霜。舉頭望明月，低頭思故鄉」，一句一轉，皆為眼前所有，茲即小中見大，使人讀之，亦不覺為之神移。摩詰如〈竹裏館〉之「獨坐幽篁裏，彈琴復長嘯。深林人不知，明月來相照」，於多景之中，獨取一境，不言恬靜，而已清境現前；茲即多中取精，使人證之亦為悠然意遠，是乃意境雋永之為用也。王詩仄韻，而聲律調叶；李詩平韻，而第三句第二字故作拗音。遂均能如歌之戛然，如瑟之鏗爾，益覺其音響韻高，意遠詞絜，出入古近之間，掉臂以行，不黏不脫。故五絕之製，要當以此為矩範，至於變化多方，則存乎其人之興會與技巧耳。

第五則

近體詩至工部而格律以全。然工部於絕句實非所長，五言如〈八陣圖〉、七言如〈江南逢李龜年〉及〈解悶〉十二首中數首外，餘則儘為備此一格而已。蓋律詩有如垂紳立朝、瑟入合樂，妙在鋪陳典雅、吐屬高華。而絕句則當如燕居清言、莊諧雜出，么弦低唱、妙趣橫生。比之於書，則為《山經》、雜俎；比之於文，則為小品、隨筆。蓋如秦箏羌笛之與大呂黃鐘，實各有所宜，而亦各異其風趣者也。唐人以七言絕句入樂府，故作者如林，摩詰渭城之曲、之渙旗亭之唱，後人均推為唐代第一，實則僅為一戰先登，而非全軍盡勁者。且「渭城」「客舍」、「勸君」「西出」，平仄同調，毋乃失黏，以為冠軍，殊欠全美。蓋絕句原為寥寥短章，要在音節和諧，唇調吻應，拗則全拗，順則全順；而於二十八字之中，既須風華，尤在雋永。必如赤壁之篇、餘音嫋嫋，淵明之酒、深味悠悠，乃能引吭一歌、繞樑三日也。唐人作者，當以杜牧、李義山最為擅長，而義山驚才絕豔，尤為獨步。其集中七絕，二百四篇，清麗可誦之作逾半。世人訾其〈華清池〉云「未免被他褒女笑，只教天子暫蒙塵」，〈龍池〉云「夜半宴歸宮漏永，薛王沉醉壽王醒」，為浮淺，為刻薄。然比之〈牆茨〉〈鶉奔〉，不猶為忠厚乎！余謂義山七絕，風華韻味，皆迥出尋常，而詞采斐然，音調閒雅，言情論理，兩臻清妙。上集唐賢之大成，下開宋人之門戶，學七言絕句者，自當以義山為斧柯矣。觀其篇章句法，皆妙合自然，如流水行雲，雖有故實，而無雕琢之弊。其屬詞比事，皆隨興所至，如泠然御風，雖近纖巧，而有轉丸走盤之妙。法以為古風律句，則將失之輕豔，以為七言絕句，實乃得其樞機者也。宋初楊、劉諸家，但剽其使事之博麗，惟矜僻典以為奇、窮刻畫以為巧，語雖工而意絀、句雖整而氣盡，致使西崑之體為一世詬病，並義山絕句亦被株連，茲亦可為扼腕也已。

第六則

工部近體，以五言排律最見工夫，於唐人中亦為獨步，後人更難望其項背矣。蓋排律之體，必須有運輪轉珠之筆法，以為之貫串，尤須有拔山移海之氣勢，以為之屈伸。否則七寶樓臺，不成片斷，非添蛇足，即續鳧脛矣。太白有其筆，昌黎有其氣，惟工部兼之，故能如齊桓之九合、晉悼之三駕耳。鍾嶸有言：「五言居文辭之要，是眾作之有滋味者也。」蓋五為數之中，文雖少於七言，而適足竟乎一事一物之義蘊，句雖長於四字，而適以增其一唱三嘆之餘音，既備五音以為和，亦齊五指以為用。工部遠承〈風〉〈雅〉，近駕曹、劉，故其五言，自排律長篇至於四韻八句，莫不篇篇警練、句句雄沉，宜其為古今詩家之圭臬矣。近體七言，則如五音之有變宮變徵，工部此體，自為雄健沉鬱，然與五言相較，則如魚與熊掌矣。至於絕句，殆非工部所長，比之太白則遜其風華，比之摩詰亦輸其淡雅，而韋應物、杜牧之、李義山諸人，且有後來居上之勢。蓋工部之詩，既以大才磐磐，亦復小心翼翼；其遣詞造意，皆從大處落墨，不作狡獪技倆。而絕句則須清詞婉約，乃至巧言如流，不嫌滑稽突梯，不忌無中生有，然後能丸轉於四句之中，舒卷乎兩韻之變。工部大家，而不擅此者，蓋亦人有能有所不能；如梁麗不可以窒穴，騏驥不可以捕鼠，茲固不必為工部病也。世人震於工部為詩聖，於是古今註家，於其絕句亦必一一奉之為準繩，詮之為金玉；甚至如〈江畔獨步尋花〉「黃四娘家花滿蹊。千朵萬朵壓枝低。留連戲蝶時時舞，自在黃鶯恰恰啼」，亦必譽之為唐人絕句第一。茲不徒阿其所好，實將惑誤後學，故不可不為正之者也。夫好而知其惡，惡而知其美，然後能得好惡之正，而知所取法；論人論世應如此，論詩亦應如此。爰揭杜集七絕之佳者於篇，以正觀聽，餘則自鄶以下，實未敢為隨俗附和者也。

〈贈花卿〉

錦城絲管日紛紛。半入江風半入雲。此曲祇應天上有，人間難得幾回聞。

〈漫興〉

腸斷春江欲盡頭。杖藜徐步立芳洲。顛狂柳絮隨風舞，輕薄桃花逐水流。

糝徑楊花鋪白氈。點溪荷葉貼青錢。筍根稚子無人見，沙上鳧雛傍母眠。

舍西柔桑葉可拈。江畔細麥復纖纖。人生幾何春已夏，不放香醪如蜜甜。

〈江畔獨步尋花〉

江深竹靜兩三家。多事紅花映白花。報答春光知有處，應須美酒送生涯。

〈絕句〉

欲作魚梁雲復湍。因驚四月雨聲寒。青溪先有蛟龍窟，竹石如山不敢安。

〈解悶〉

商胡離別下揚州。憶上西陵故驛樓。為問淮南米貴賤，老夫乘興欲東游。

一辭故國十經秋。每見秋瓜憶故邱。今日南湖采薇蕨，何人為覓鄭袁州。

憶過盧戎摘荔枝。青楓隱映石逶迤。京中舊見無顏色，紅顆酸甜只自知。

〈江南逢李龜年〉

岐王宅裏尋常見，崔九堂前幾度聞。正是江南好風景，落花時節又逢君。

右所選，有如觀摩尼寶珠，於三千界中但能窺一世界，自未足盡工部宮室之美。然膾炙羊棗，嗜好不同，則不妨自紓一人之私見耳。

第七則

近體最長篇者為排律，但其長短可以隨意，既足以供其馳騁，亦可以任為弛張。意未盡，則百韻不嫌其多；意已足，即十韻亦不病其少。然其難工，則與五絕正同。以其既須對仗之工整，又須平仄之調諧，而對仗工，則易流於故實之堆砌；平仄調，則不免於腔調之陳腐。兩者有一，即病平庸。尤要者，則氣不足以貫其勢，筆無以轉其圜，如此者，蓋可以不作矣！原夫排律雖為近體，而實胎息於古風，茲先言其面目，而後論其風骨。自魏晉以來，五言漸多對偶，茲即排律之濫觴。謝客張其幟於前，如〈登石門最高峯〉、〈入彭蠡湖口〉諸作，已儼然拗聲之排律。至梁陳之際，則陰鏗、江總諸人增其華於後，而排律之雛形以具。陰詩如〈廣陵岸送北使〉：「行人引去節，送客艤歸艫。即是觀濤處，仍為郊贈衢。汀洲浪已息，邗江路不紆。亭嘶背櫪馬，檣轉向風烏。海上春雲雜，天際晚帆孤。離舟對零雨，別渚望飛鳧。定知能下淚，非但一楊朱。」此作雖平仄仍未盡調，而對仗已不殊近體。故杜工部絕句云：「頗學陰何苦用心。」此用心者何謂，要為學其鋪陳宛轉，能近排律之妙耳。又〈贈太白〉云：「李侯有佳句，往往似陰鏗。」此佳句者何謂？要為美其描繪之工耳。工部平生功力，即見於排律之中，觀其投贈每每數十百韻，而陰何所長，亦即在排比之妙，則其惺惺相惜之所在，自可見矣！故排律之製，在於對仗之中，盡其宛轉曲折之用。以正對益其波瀾、以反對肆其開闔，句以樸茂為先、字以意對為勝，則於長律面目，思過半矣！然六朝詩律，側重聲容而欠風骨。如右舉陰詩，於離亭風光、河梁景色，自為藻繪入神。至於登山臨水之情、春樹暮雲之感，則終為缺然有間。此即風骨未逾、氣勢非充，如以演為數十百韻之長篇，即將但有衣冠，而無神采矣。故子美又云：「竊攀屈宋齊方駕，只恐齊梁步後塵。」此於齊梁，忽恭忽倨者何也？蓋陰、何之容色自佳，而其骨幹，則當師屈、宋纏綿忠厚之情致，與激揚哀麗之氣韻也。凡長篇鉅製，無論為文為詩，必有可言之理，帥其奔放之氣，然後言之短長、聲之高下，皆能自成節奏。以云排律，雖有對仗為之紀綱、聲律為之節拍，但能以一氣為轉運，即如長川出於洲島灘峽之間，隨處成漩渦狀流、飛濤雪浪，茲正水勢之奇觀，谿谷之勝景，是在學者之善悟其旨耳。

六　詩題（共五則）

維詩有題，維綱有綱。
章分屈平，序始卜商。
眼目以明，條理茲張。
恣我發揮，始亂洋洋。

第一則

詩之有題，猶人有眉目，必朗秀清明，乃見神采。若衣錦佩玉，而囚首垢面，則不惟佛頭着糞，抑且沐猴而冠矣。故詩題須精絜賅簡，毋取瑣碎冗長。凡對景興懷，詠物託意，雖不嫌於俗名，要當標其雋永。蓋詩本賦體，義在鋪陳，若命題縱其洋洋灑灑之筆，有如屬文，則興會已盡於題中，何必再為吟哦；即勉強成篇，亦不過層牀疊架而已。魏晉六朝詩家命題，雖未能盡為精絜，然大都不失賅簡。觀其遊覽但標時地，投贈僅舉姓名，可謂提綱舉綱，要言不煩者矣。唐賢如李、杜、韓、白諸家，於命題之際，尤能斟酌適宜，雅俗俱當：少者數字，足標事由而止矣，其長題，亦僅略括題意曲折，至多不過數句。至如工部題：「天寶初，南曹小[49]司寇舅，於我太夫人堂下，累土為山，一簣盈尺，以代彼朽[50]木，承諸焚香瓷甌；甌甚安矣，旁植慈竹。蓋茲數峰，嶔岑嬋娟，宛有塵外致，乃不知興之所至，而作是詩。」此題長至六十四字，與〈為王監賦黑白二鷹詩〉題長五十四字，於工部集中亦為僅見者。然此實同小序，用以為題，雖工部詩聖，亦不能無可議也。按詩之命題，於李、杜、白、韓四公中，殆以昌黎，最為精絜可法。其集中題，大都無賸字，無贅文，但賅所以作詩之由，不作傴煦喋囁之說。間或題有未盡，詩所不及者，則於題下別為序文以足之。如〈孟東野失子〉，並序：「東野連產三子，不數日輒失之！幾老，念無後以悲，其友人昌黎韓愈，懼其傷也，推天假其意以命之。」蓋以題標其篇名，以序明其宛曲；至詩中則但言天帝所命，不復再述東野之失幾子。其題其序其詩，各有所明，秩然不紊。此與工部〈課伐木〉、〈種萵苣〉、〈觀公孫大娘舞劍器行〉之有序文，白傅〈畫竹歌〉之有引，〈琵琶行〉〈燕子樓絕句〉之有序，事同一例。再上溯魏晉，則陸士衡〈答賈謐〉、陶淵明〈九日閒居〉等篇，均別為序文於題後。此皆本於《詩》三百五篇，於篇名之下，而有卜商、毛公小序之成規；故能綱舉目張，不僭不濫。而昌黎規制，殆尤高出二公，蓋其以文為詩，故名篇命題，自得從禮從周，曲期成俗之要也。後人命題，往往不知此義，不因才短意長，失之支離瑣屑，即因才雄氣盛，騁其筆墨淋漓，遂以藤葛不分，滋蔓滿目。以蘇長公天縱英特，亦不免於帶水拖泥，集中詩題，長過數十百言者，不可勝數，不惟盡寫其曲折，抑且題中入詩：如宿黃州智禪寺、題中寫壁上詩、邇英進詩、題中寫御賜詩事，又寫紫薇絕句全篇。此雖一時興會，然不別為小序，而徑作詩題，已嫌體製之蕪雜。且詩中「蒼顏白髮便生光，袖有驪珠三十六」，既自註為賜詩。而「小臣願對紫薇花，試草尺書招贊普」，亦自註紫薇故事；均與詩題冗複，有如老嫗絮語，蓋不得為長公諱矣。茲則才氣奔放，故不覺其筆墨橫逸，至於泛濫；作詩命題者，要當以為戒，而不可以為法者也。然長公長題，如〈寓居定惠院之東，雜花滿山，有海棠一株，土人不知貴也51〉。如〈是日至下馬磧，憩於北山僧舍，有閣曰懷賢，南直斜谷，西臨五丈原，諸葛孔明所從出師也〉。題雖冗長，而有疏宕之致；如《水經》之註巫峽，如左氏之寫崤山，觀其題，足以使人之意也遠。惟此可以偶一有之，以見其別裁之勝，若以為常式，則將為先道白而後詠歎之鼓兒詞矣。

49　編者註：小，人生本作八，茲改。
50　編者註：朽，人生本作杉，茲改。
51　編者註：不知貴也，人生本作不覺也，茲改。

第二則

詩題宜精絜簡要，蓋便稱舉，亦免煩碎也。然若有曲折之事由，與特出之情趣，不能不為先事之說明者，但應別為序引，不宜濫入題中，此則前有《三百篇》之體例可稽，後有杜韓之式則可法。惟於題下，既有序有引，則於詩中，即只能申其詠歎之情致，不宜再作毛細之鋪陳。明乎此者，自可以題序詩，三者互明，而有相得益彰之效；昧乎此者，則將使題序詩，三者互紊，而為駢拇、為贅疣矣。淵明詠桃花源事，其前作記，亦等於詩序，其後為詩，即不再寫漁人如何沿溪以入，如何雞黍相勞，凡命題賦詩，或以序以引明其意者，要當如此矣。至詩自為註，則有兩端：一或註於題下，用同小序，一則註於句下，功在引證。然必因詞須徵驗，或事異尋常，乃能有畫龍點睛之妙。如工部〈樂遊園歌〉，題下自註：「晦日賀蘭楊長史筵醉[52]作。」則以詩中有「公子華筵勢最高，秦川對酒平如掌」之句也。〈奉和賈至舍人早朝大明宮〉，題下註：「舍人先世掌絲綸。」則以詩中有「欲知世掌絲綸美，池上於今有鳳毛」之句也。白傅詩〈觀刈麥〉，註「時為盩厔縣尉。」則以詩中有「吏祿三百石，歲晏有餘糧，念此私自愧，盡日不能忘」之句也。如〈春題華陽觀〉，註：「即華陽公主故宅，舊有內人存焉。」則以詩中有「頭白宮人掃影堂」之句故也。茲即詞須徵驗，以註代序之類也。如東坡〈石鼓歌〉，「強尋偏旁推點畫，時得一二遺八九；我車既同馬亦攻，其魚維鱮貫之柳。」句下註，「其詩曰：『我車既攻。我馬亦同。』又云：『其魚維何，維鱮與鯉。何以貫之，維楊與柳。』惟此六句可讀，餘多不可通。」此註以明僅得一二遺八九之言也。如〈常潤道中，有懷錢塘寄述古〉：「去年柳絮飛時節，記得金籠放雪衣。」註：「杭人以放鴿為太守壽。」則當時杭州特有之風俗，非註不明者也。茲即事異尋常，用資申引之類也。關於此類，更有不得不為自註者，如坡公〈次韻章傳道喜雨詩〉：「前時渡江入吳越，布陣橫空如項羽。」句下註：「去歲錢塘見飛蝗自西北來，極可畏。」此為一地一時之事，乃異地異時人之所不知，若無自註，即將莫知其事之由。如〈與胡祠部游法華山〉：「歸途十里盡風荷，清唱一聲聞露薤。」註：「是日樂工有作此聲者。」則以〈薤露〉古為挽歌，乃喪家之曲，遊覽之詩而寫此聲，事近不倫。然當時迤邐湖山之間，實聞此聲，不為自註，即將使讀者為之駭怪。茲皆事有必需，乃能言必有中；是以為序為註，自須斟酌其宜，若不問當否，濫於記註，則不惟弄巧成拙，蛇足妄添，而亦礙眼澀唇，渣滓自益矣。故作詩者，以不假序註，而能由吟詠之中，自得其意者勝，必不得已，而須句下為註，亦當語無虛發而後可也。彼夫運典實而須出之自註，則非僻以救窮，即為拙於使事。拙者病在鍛鍊未精，故使事無由顯豁，必假說明。僻者病在不能從平易入新穎，故必乞靈於僻典，因之不為註釋，即無以救其技之窮而已。至若篇篇自為陳鴻之傳《長恨》，句句盡

52 編者註：人生本奪中字，逕補。

同揚雄之繫《太玄》，茲又自鄶以下，不必費詞者矣。

第三則

顧亭林《日知錄》論詩題云：「《三百篇》之詩人，大率詩成，取其中一字二字三四字以名篇，故〈十五國風〉並無一題，〔……〕唐人以詩取士，始有命題分詠之法。」又曰：「古人之詩，有詩而後有題，其詩本乎情，今人之詩，有題而後有詩，其詩徇乎物。」顧先生此言，自為對尋章摘句，依題刻畫，拈韻揣摩者說。然詩之有題，實始於荀子、屈平之辭賦，荀子〈賦篇〉，各綴以禮、知、雲、蠶之目，而屈平〈九歌〉〈九章〉，更各標〈山鬼〉〈國殤〉〈哀郢〉〈橘頌〉之名，是即詩題之濫觴矣。漢初，高帝為戚夫人「楚歌」，其後劉章為「耕田之歌」，韋賢作「諷陳之詩」，即皆因事命題，因題發詠。下至魏晉六朝之作者，亦無不先命題而後為詩，如子建、仲宣、公榦之賦〈公讌〉，謝宣遠、謝靈運之賦〈九日從宋公戲馬臺集送孔令〉。則詩之有題，實不自唐人始矣！蓋詩者雖隨感而發，而此所感之由，即題之所自出，故題者，亦隨感而命之者也。不有題為中心，則其詩將漫衍，故詩之有題，本無礙乎性情之吟詠；惟有題之後，但以雕琢為巧，得一二句為工，遂乃裝頭續尾以足之，茲則為徇於物而不知返者耳。

第四則

《日知錄》又云：「子美詩多取篇中字名之，如『不見李生久』，則以〈不見〉名篇。『近聞犬戎遠遁逃』，則以〈近聞〉名篇。『往在西京時』，則以〈往在〉名篇。『歷歷開元事』，則以〈歷歷〉名篇。『自平宮中呂太一』，則以〈自平〉名篇，『客從南溟來』，則以〈客從〉名篇，皆取首二字為題，全無意義，為得古人先詩後題之體。」寧人先生此論，似是而實則非也。〈國風〉〈大、小雅〉，作者雖未先為命題，然其成篇之前，必先有一中心欲言之感想在，此中心感想，亦即未寫明之詩題。至其篇名，則十九非作者所自標，乃為另一編彙之人之所命，故但取首句一、二字，或一句為名，是以題皆泛泛，如以支干代目、數字名章。至工部詩，同於〈不見〉，近聞之名篇者，集中凡七十題，蓋皆為自己所命，而非他人代庖，已與《三百篇》之名篇，不同其動機。雖乍觀其題，有如無以名之姑為之字者；若細按其詩，即知此篇首兩字，皆出先營之意匠，絕非偶然。如〈黃河〉兩篇，一為「黃河北岸海西流」，一為「黃河西岸是吾蜀」。如〈憶昔〉兩篇，一為「憶昔先皇巡朔方」，一為「憶昔開元全盛時」。此為先有「黃河」與「憶昔」之擬題，已顯然矣！又如〈秋野〉五首，以第一篇首句「秋野日疏蕪」二字命題，其下四篇，即無一而非寫秋野之事，〈峽口〉二首，以「峽口大江間」首二字命題，其前後兩篇，即無一而非寫峽口所感，此為先有題而後有詩，又顯然矣！至各自為篇者，如「草閣臨無地，柴扉永不關。魚龍迴永夜，星月動秋山。露久清初濕，雲高薄未還。汎舟慚小婦，飄泊損紅顏」，題為〈草閣〉，則正詠江閣之事也。如「提封漢天下，萬國尚同心。借問懸車守，何如儉德臨。時徵俊乂入，莫慮犬羊侵。願戒兵猶火，恩加四海深」，題為〈提封〉，則正詠封域之感也。此其以篇首二字名題，皆出有意為之，而非事後，漫無目的之綴輯。杜集中凡《日知錄》所未指之六十四篇，其篇首二字名題，殆莫不如是，則〈自平〉往在六篇之出於同一鑪錘者，亦斷斷然明矣！觀乎「江漲柴門外」之題為〈江漲〉，義即同於〈客從〉〈近聞〉〈往在〉〈不見〉，義亦無殊〈憶昔〉。而〈自平〉一篇，乃詠中宮呂太一，以搜括珍異，而致禍亂事，雖義存隱諱，不忍斥言，有如詠玉華宮之云「不知何王殿」。然題旨則已顯標「一之為甚，其可再乎」之微旨，何得謂為全無意義者。乃至「歷歷開元事，分明在眼前，無端盜賊起，忽已歲時遷。巫峽西江外，秦城北斗邊。為郎從白首，臥病數秋天」。其所詠，又全為歷歷經眼之事。故知工部以首二字名篇者，此二字，即或不盡隱括全篇之意義，亦為直貫全詩之發端。此其先有題目之斟酌，然後從此中心想像以謀篇，又彰彰明矣。不然，則「白狗斜臨北」之篇，何以篇名〈獨坐〉而不名〈白狗〉，「牛羊下來久」之什，何以篇名〈日暮〉而不名〈牛羊〉乎？學者如盲從顧先生所言，僅知任意取首兩字名篇，以為即法《三百篇》之古義，是徒為支離曼衍，必將以鹿作馬，名璞玉為鼠乾，是乃捨規矩以為方圓，何可得也。

第五則

詩必有題以為眉目者，非以題為詩之限域也，亦在有空間、時間，為之經緯，為之資用。可以因之以發意，借之為發揮，盡其比興之變化，不致汗漫而無所歸；是即善用其題，善切其題者矣！若斤斤於題目之限域、硜硜於題意之墨守，而以為是即合作、是即切題，則不徒高叟之固，而實為詩格之所以卑者也。偶讀《唐音癸籤》，引遯叟論詩家拈教乘中題，即當用教乘中語義，旁擷外典以補湊，便非當行。唐諸教乘中詩，合作者多，獨老杜殊出入，不可為法。因舉〈慈恩〉一詩，高岑諸篇，皆彼教語，杜則雜以「望陵寢」，「歎稻粱[53]」等句，與法門全不相涉，以證其失。茲則八股文、試帖詩之程式，徒為惑說而已！八股文限就題目之內，為分段之演繹，不容上下前後相犯，亦不容雜入題外之異義。試帖詩賦得一題，即須熨貼題意，細為渲染鋪陳，不容越出題外，自寫胸臆；此於相題，則切而且盡矣！然可以謂之為有真氣，有靈魂之文與詩乎！今即以慈恩之詩而言，題為〈登慈恩寺塔〉，乃登眺遊觀之事，非為佛塔作碑銘，何以必用教乘中語？杜岑高薛渚公皆士人，並非緇流，何以不可旁擷外典？當其憑高下瞰之時，發為低徊感慨之詠，譬濠梁之觀魚，不妨惠莊之異見，只須身不遺慈恩之蘭若，見

53　編者註：粱，人生本作梁，茲改。

不出浮圖之眼界；則為出世澈悟之言也可，即為入世撫膺之歎，尤無不可。亦各就其所感者，以為揮灑，即所以為切題之合作矣！若必盡為教乘中語，不容出入，乃為合作；則莊惠觀魚，即只能論濠梁之下之魚，不應涉及濠梁之上之人，豈非拘泥固陋，自為桎梏者乎？晚唐末流作家，詠物詠事，即皆墨守題目，以雕鏤刻畫為工，此即其詩之所以纖細，格之所以卑下者也。故詩如無題，則如脫離韁之馬，雖陸梁揚鬣，而不知驤騰者為何事？有題而墨守之，則如轅下之駒，垂耳鹽車，但供鞭笞而已！惟有題而能運以馳騁，則如乘六龍以御天，縱意興之所至，雖以揮斥八極可也！何為而不可以出入乎哉！

七　詩病（共九則）

鶴膝平頭，失黏[54]趁韻。
是乃小疵，滌之即淨。
不知為知，摹擬詡勝。
往而不反，是曰大病。

第一則

世傳沈約所標詩有八病；見於《詩人玉屑》所記，則皆為五言詩平仄音韻而說者。八病：一曰平頭。第一句二字，不得與第二句二字同聲，如「今日良宴會，歡樂莫具陳」。「今」「歡」

54 編者註：黏，人生本作拈，茲改。

皆平，「日」「樂」皆入聲是也。二曰上尾。第一二兩句之末一字不得同聲，如「青青河畔草，鬱鬱園中柳」，「草」「柳」均上聲是也。三曰蜂腰。第二字與第四字，不得同聲，如「聞君愛我甘，竊欲自修飾」，「君」「甘」均平，「欲」「飾」均入是也。四曰鶴膝。第一句末字，不得與第三句末字同聲，如「客從遠方來，遺我一書札[55]。上言長相思，下言久離別[56]」，「來」「思」皆平是也。五曰大韻。如「聲」「鳴」為韻，上十字不得用「驚」、「傾」、「平」、「榮」等字是也。六曰小韻。除本字外，九字之中不得有兩字同韻；如「遙」「條」不同用是也。七曰旁紐、八曰正紐。紐謂同韻母也。疊韻為正紐如「流」「求」；雙聲為旁紐如「流」「柳」。凡雙聲疊韻，必兩句相對，如〈關雎〉之「雎鳩」對「之洲」，相對即順，不對即病矣！斯云八病，事既毛細，法亦支離，徒為瑣碎紛繁，實則不足為訓。故鍾嶸《詩品》，標以致譏；即休文自作詩，亦未盡用其法也。如〈鍾山詩〉：「山中咸可悅，賞出四時移。」此「時移」即為大韻，如〈三月三日〉：「麗日屬元巳，年芳具在斯。開花已匝樹，流嚶復移枝。」此「巳」「已」「樹」即為鶴膝是已。觀夫〈關雎〉「窈窕」疊韻，「參差」雙聲，亦與「淑女」「左右」不對；故休文此例，於古既為無徵，於今亦成自亂，實乃商鞅棄灰之令、王莽紛更之法，但添桎梏、妄事紛紜，吾人僅可以為談助，而未可視為約章者也。惟平頭、鶴膝，則開近體律詩，平仄之先河。律詩平頭則為平仄失調，鶴膝則病音節呆板。如白樂天詩：「時難年荒世業空。弟兄羈旅各西東。田園寥落干戈後，骨肉流離道路中。弔影分為千里雁，辭根散作九秋蓬。共看明月應垂淚，一夜鄉心五處同。」第三句「後」，第五句「雁」，第七句「淚」均去聲，是即鶴膝之病。此雖無傷大雅，然避之非艱，自以不犯為宜。唐以後人論詩，則以對偶隔聯一二字，虛實相同者為平頭，五六七字，虛實相同者為雁足。如工部詩：「巫山秋夜螢火飛。疏簾巧入照人衣。忽驚屋裏琴書冷，復亂簷前星宿稀。卻繞井欄添個個，偶經花蕊弄輝輝。滄江白髮愁看爾，來歲如今歸未歸。」此頸聯「忽驚」「復亂」，與項聯「卻繞」「偶經」，句法及虛實相對全同，即病平頭。如祖詠詩：「燕臺一去客心驚。笳鼓喧喧漢將營。萬里寒光生積雪，三邊曙色動危旌。沙場烽火侵胡月，海畔雲山擁薊城。少小雖非投筆吏，論功還欲請長纓。」此頸聯之「生積雪」、「動危旌」，項聯之「侵胡月」、「擁薊城」，其句法及虛實相對，亦全同，即病雁足。此兩者均由平仄及對字忽於變化，故有此過。能為避去，亦自以不犯為佳。不可以工部詩聖，猶有此格以自文也。

55　編者註：書札，人生本作札書，茲改。
56　編者註：離別，人生本作別離，茲改。

第二則

昔人論詩忌，於八病之外，又有至寶丹、算博士、界堠子、點鬼簿之譏，此皆繁瑣破碎，徒滋紛擾之苛例。而言詩法者，則有雙聲疊韻之對文，嵌字諧聲之巧句，或竄入藥名詞牌以矜奇，或故為隱語諧音以標異，亦皆毛細纖巧，曲徑旁門，未足登大雅之堂，終不出小家之技而已！惟古體忌用重韻，今體必避重字，則雖似於後進之禮樂，而實宜作純儉之從眾者也。《詩人玉屑》摘舉曹子建、謝康樂、陸士衡、江文通，以至杜少陵、韓昌黎諸家，皆有重押韻字之篇，以為古人詩，意到即押，不忌其重。茲乃矜奇好異，自為詭遇之詞；雖其意在曲為古人作彌縫，然實以亂來學之觀聽矣！要知韻之忌重，乃遠自皇古，中起晉宋，至唐以後，而其限益明。《文心雕龍．練字篇》言，近世有同字相犯之忌，則知齊梁之際，於一篇之中，用字且忌重出，況用韻而可從重乎？惟在漢魏時，斯忌猶疏，故蘇武四詩，其首章曰：「誰為引路人。」又曰：「欲以贈行人。」即重押兩人字。自曹謝至杜韓，雖習而不免，然皆為例外之偶見，而非全集所盡然。觀其相犯之由，或義援假借，或用出疏忽，即知決非意到即押，有心以為者矣！至如工部〈飲中八仙歌〉，重押「船」「天」「前」等字，其章法原同顏延年之〈五君詠〉，一人數韻，等於八章。昌黎〈此日足可惜〉，重字尤多，然集中僅此一首，但當歸之破體，未可視為正格。故東坡〈送江公著〉詩，「忽憶釣臺歸洗耳」、「亦念人生行樂耳」。一篇兩押「耳」

字，即自註曰：「兩耳義不同，故得重用。」斯可明至宋代而此格以嚴，亦正為敲詩用韻者之正則也。試觀《三百篇》，其篇章最多、時代最後、作者人數地域最為複雜之〈十五國風〉，在百六十篇四百四十六章之中，即僅〈衛風．氓〉，重兩「期」字、兩「言」字，〈齊風．猗嗟〉，重兩「揚」字。其同一時期之〈魯頌〉四篇二十四章，則無一重韻。稍前之〈小雅〉七十四篇，三百七十章，重「韻」者，〈出車〉兩「方」字，〈杕杜〉兩「悲」字，〈黃鳥〉兩「穀」字，〈十月之交〉兩「向」字，〈小宛〉兩「人」字。又前之〈大雅〉三十一篇，二百九十一章，〈文王〉重兩「世」字，〈大明〉重兩「王」字，〈公劉〉重兩「原」字，〈卷阿〉重兩「人」字，〈蕩重〉兩「辟」字，〈雲漢〉重兩「遺」字。而〈周頌〉三十一篇，則僅有〈客重〉兩「馬」字，〈酌重〉兩「師」字，〈執競〉重兩「反」字。惟〈商頌〉五篇十六章，〈那〉重三「聲」字，〈烈祖〉重兩「疆」字，〈長發〉重兩「商字兩「遲」字，〈殷武〉重兩「辟」字，為獨多耳。此一可證：《三百篇》重韻字，即為極少數之偶見者，時代愈後，押韻而重者愈少。〈魯頌〉出於奚斯一人之手，文經斟酌，即無一重押之韻，以此知詩，不重韻，乃周代之所尚者矣！一可證商代此限雖稍寬，至周初即漸密，至春秋而以嚴，蓋去其複音而即清響，乃詩歌自然之發展也。秦火以後，漢人補殘輯燼，雖仍求其舊貫，亦半同於草創，故詩家於茲例，或未遑全為恪遵。惟其矩矱自存，是以魏晉復其尚忌，唐宋肅其風規，事非有生於無，不過猶行古之道已耳！此於詩歌之製作，適為正其音律，別其混淆，自宜為必循之準繩也。至近體律詩，則不惟不能重韻，亦且不宜有重字，雖於〈國風〉〈雅〉〈頌〉無徵，而實為謀篇練字者所不可忽之一事。近體之作，至盛唐開元、天寶之際始成熟，其排律往往長至百韻，自難忌用重字。若五、七言四韻之律詩，以及五[57]、七言平韻之絕句，則除疊字互文之詞句外，大抵皆須確從重字之限。工部五言律有詠山寺云：「麝香眠石竹，鸚鵡啄金桃。亂石通人過，懸崖置屋牢。」重兩「石」字。〈題蜀道圖〉云：「華夷山不斷，吳蜀水相通。興與煙霞會，清尊幸不空。」重兩「不」字。然工部集中如此者究非常見，此亦當以疏略而未經意之例視之者也。雖劉勰有：「善為文者，富於百篇，窮於一字，若兩字俱要，即寧為相犯之言。」彼蓋為六朝駢儷之文及選體之詩而發，非所論於今製。若偶一為之，尚可無傷大雅，儻視為方便之門，即有入蕪累之境而已！夫古體之製，既可換韻又可通轉，韻字既寬，何假重押；必以一字為艱，毋乃自昭窘迫。至於近體律絕，多者不過五十六字，少者不足三十字，而字彙六體之書，不下數萬，即常用之字，亦達五六千。又名詞轉注，既有一義數字，復有一物數名，儘可予取予求，得心應手，何必於數十字之篇什，而寒儉至於乞靈重字乎哉！近世作者，亦有但貪寬假，不問繩約者，則往往以劉勰之言以自文飾，是亦學而不思，其不罔者幾希矣！

第三則

凡作詩文詞，既已命題於前，即宜就題發揮於後，其所發揮，可以仁智所見不同，亦可以哀樂之感各異，但能言之成理，則雖墨翟韓非，違離道本之言，相如枚生，誇張宴游之作，亦仍為文章之妙製。惟一篇之中，不可有前後相乖，自為矛盾之義；否則不惟語病，抑且亂行。此在詩篇，尤須縝密。蓋詩本以賦體為宗，更賴比興之用。即景，則須點染當前之山川草木，月露風雲；寄情，則有待於過眼之魚躍鳶飛，蟲吟鳥語。然當窗前抱膝，或燈下微吟之時，往往尋聲逐景，忽其實境；而有失明之詞非時之物，奔集筆端，貿然茫然而不自覺；雖古之名家，稍一大意，亦往往忽諸。遂致燕鴻當春而同群，冰簟深秋猶在御，是何異五月披裘，三冬捉扇，雖為小疵，亦傷大體矣。如溫庭筠詩「冰簟銀床夢不成。碧天如冰夜雲輕。雁聲遠過瀟湘去，十二樓中月自明」，此月明雁過，清則清矣，其如「鴻雁來」，乃在涼風至以後六七候；雖大江南北，亦尋寒衣，而中原早寒，猶御夏簟，毋乃為氣節之失常乎？如蘇舜欽〈春日晚晴〉「得泥初燕喜，避弋去鴻輕」，此泛說春晴則可，今為晚晴對景，燕雁為對，工則工矣！然候雁北，須越五候三十日，乃為玄鳥至，則晚晴之際，安能初燕去鴻同見也？如范成大「料峭清寒

57　編者註：人生本奪五字，茲補。

結晚陰。飛來院落怨春深。吹開紅葉還吹落，一種東風兩樣心」，此寫春風情調，巧則巧矣！其如紅葉宜共西風何？玆皆心棼於得句之美妙，遂致意失於閉門之造車，故能察秋毫，而有時不見輿薪，此《莊子》所以有雕陵巨雀之嘆也。詩之為事，能任情發揮，亦在能細心熨貼，則此類是已。

第四則

曹子桓云：「文以氣為主。」此言亦可以論詩。詩之氣在清新，在俊逸。東坡云：「腹有詩書氣自華。」惟能融裁之，運化之，乃能華為清逸之氣。若腸胃不調，水穀不分，則將鬱為滯氣，為酸氣，為腐氣，為迂氣，是亦詩病矣！學詩如有此病，法當以消食導積，疏肝健脾，以復其轉運之功，利其樞機之發。故太白、樂天，為順氣化瘀之劑，昌黎、山谷，為廉頑立懦之方，而工部、東坡，則養腸胃之菽粟也。惟逆而為乖氣，誕而為矯氣，則為痼疾，殆非尋常藥石所能為功者。工部〈送張參軍赴蜀州，因呈楊五侍御〉詩：「好去張公子，通家別恨添。兩行秦樹直，萬點蜀山尖。御史新驄馬，參軍舊紫髯。皇華吾善處，於汝定無嫌。」頸聯「樹直」「山尖」，猶言周道如砥，蜀山如簪，寫自秦西行之旅程，為空間之切合。評者必曰：「樹惟秦直，山惟蜀尖，非身歷其境者不能寫。」信如此言，則工部直以刻畫為工，纖細為巧，故為此尖此直作狡獪耳。庾信碑文：「寒關樹直。」江淹〈江上山賦〉：「嶢嶷河尖出。」則知不必秦樹獨直，蜀山獨尖。工部着此兩言，亦正以古有其語，故信手拈來，原非雕琢。信如評者所云，則不徒雕琢，實乃固陋。而世之誕者惑之，遂益其乖僻之氣，寶燕石為璵璠。於是標其創見，恣為新巧，砌成支離割截之詞，詡為身歷獨得之妙，鳴其埳井之跨，漠視滄海之廣，雖北海若，亦無如之何矣！今夫詩境自以能有創見，不襲陳言為佳，然當知運化之方，與融裁之巧，乃能創而非幻怪，新而非詭僻。故能為創見者，當運五字七字之全文以赴之，而非儘以一字可以爭其奇；即須一字之工，亦當錬人所共喻之詞，作推陳出新之用；使讀者口誦心惟[58]，不禁為之拍案叫絕，無攢眉澀吻之感，斯乃可以為創為新也。如工部此詩，有兩行然後可以言直，有萬點然後可以言尖，而直之形樹，尖之形山，又人所共知，詞非臆造，茲即反常情為創見，化腐臭為神奇之功耳，今人不知此用，乃杜撰不經之詞，謂之為新奇，是何異「蛙翻白出闊，蚓死紫之長」，不惟怪僻莫名，解人難索；實乃膏肓為病，雖針炙亦無所施功矣！

58　編者註：惟，人生本作唯，茲改。

第五則

工部詩云：「新詩改罷自長吟。」此謂詩以能改為佳。又云：「詩成覺有神。」此謂詩以天成為佳，其言若相反者何也。夫詩與文不同，文或論事，或論人，必有相當之主張，故須作再思之删定。而詩由興會，要在天機所動，信手拈來，故謂神來之作。若一再雕琢，即將傷於纖巧，是以羲之蘭亭之書，初寫則勝，東坡尖叉之韻，再疊即低矣！然酒酣耳熱之際，或不免有快意之言，興會淋漓之時，亦嘗有過情之語，當時往往不覺，必待靜後乃悟。故工部又言：「晚節漸於詩律細。」晚節云者，晚則能靜，不為衝動之興會所左右，即不必改而律自細也。律細云者，神思細密，自無粗率之過，矛盾之詞；非爭一字一語以為細也。一詩既成，自檢討其時空感想，是否相訢合，是即細於律者也！再檢討其聲韻音節，是否相抑揚，是即所以須長吟者也！然此皆必然而有之磨光，而非作意以為之鏤刻，故雖墊巾一角，而不失其威儀，捧心蹙眉，且以增其豔美矣。至若矜於屬對之巧，逐於僻字之工，乃為一再改易，往復敲推，是即東坡所譏，「敢於詩律鬬精嚴」。以此為律，已為刀錐之末，爭其小而遺其大。而又有意為之以相鬬，必將愈鬬而愈細，愈改而愈傷，茲則誤解改字之為用，而為詩家之又一病矣！

第六則

今人作平韻律絕，有第一句用平，而不入韻者，有用通轉之韻者，以為效王荊公體也。按昌黎詩自闢蹊徑，用韻極寬，其古體往往旁通互轉，而五、七言律絕則篤守一韻，毫不假借。子美〈晴雨〉五律用風、農、紅、空四韻，〈崔氏東山草堂〉，用新、人、芹、筠四韻，一為東冬通押，一為真文通押。然為絕無僅有，不過偶一用之，未可為正格也。今《平水詩韻》除江、咸兩韻較狹，餘均韻腳甚寬，儘可迴翔肆應，何必假於通轉，自暴其枯窘也！至首句既用平聲而不入韻，則不惟窘態畢露，抑且作繭自縛，五、七律絕，固有首句不入韻而用仄聲者，何為不逕以仄入，何必自為寒乞乎？

第七則

近代胡展堂氏，好為疊韻之詩，嘗疊至十餘詠，此在古人，則但有和韻而無疊韻，中唐以後元微之白居易始互為疊韻，至宋人而此風盛。如東坡之和陶，即全疊其韻，斯則興會所至，因以範其巧思耳。後人學步，遂成風氣，然一再而三，則惟徒爭奇險，中乾外強，欲以為巧，而實成自縛矣。亡友楊伯常嘗言作疊韻詩，易於自己拈韻；以原唱之韻已定，則有範圍，猶御者之有規矩，能範我驅馳，可以不失其馳，捨矢而破也。然必愈唱愈高，乃有一疊再疊之必要，否則陳陳相因，徒為堆砌，雖多，亦奚以為！

第八則

工部詩：「七月六日苦炎熱，對食暫餐還不能。每愁中夜自足蠍，況乃秋後轉多蠅。」陳後山詩：「宿雲護朝霜，秋陽佐殘暑。蠅痴驅復來，汗下拭莫禦。」均惡秋蠅之擾人也。蓋秋後，天氣轉寒，蟲豸最能知時，蒼蠅趨暖，故喜集人項背，驅之復來也。余昔流寓廣西昭平時，亦有句云：「殘葉戀秋猶舞蝶，凍蠅趨暖慣偎人。」蓋有所感而發者，然自病其刻畫，過於纖細。即言中有物，亦嫌傷於忠厚，前年輯詩輯稿，此篇雖記憶尚新，仍自削去，或可少一病耳。

第九則

雜體詩有建除、嵌字、回文、集句諸體。此在前人，或由偶作游戲，取快笑談，或出小家狡獪，用矜新巧。然其體制，實乃聲樂之亂彈，詩歌之支指，即名家為之，亦徒增蕪累，況下焉者乎！學詩者若玩而狎之，必墮虞障無疑也！昔王荊公好為集句，其集中此體，不下七十首。又有回文詩如：「夢長隨漏永，吟苦雜疏鐘。動蓋荷風勁，沾裳菊露濃。」倒讀即為仄韻五絕。山谷先生則有嵌同一部首字詩如：「逍遙近道邊，憩息慰憊懣。晴暉時晦明，謔語諧讜論。草萊荒蘢蒙，室屋壅塵坌。僕僮侍偪仄，涇渭清濁渾。」第一句均為辵，第二句均為心，三句日，四句言，五句草，六句土，七句人，八句水，均可謂之巧製，然亦僅此而止，無真氣可言也！蓋其回文，倒讀順讀，既無二義；其部首，亦但有機巧，無益風華，僅見浮游之詞，失去雋爽之韻矣。兩公吾鄉先哲，古之大家，而於此雜體，即不過爾爾，則知此種體制，僅可為打諢之資，不堪肩詩歌之美，故山谷老人，亦自謂為戲題也。至若集句，工在贍博，即能天衣無縫，亦終為借人冠履。此在往古作者，或由腹笥充盈，咳唾即至，後來學步，則為自矜記問，騁其綴拾；然因人之力，已嫌於附鳳攀龍，況其稱貸為豪，則尤為虎皮羊質。且近代有詩句題解一編，但須霎時翻檢之功，即可唾手而辦，譬以拍照為繪事，尚何意匠之可云！故學詩者，必知病此而戒之，然後可以言健全之詩！《老子》云：「夫唯病病，是以不病。」此之謂也。

八　雜記（共十三則）

縱浪古今，逢原左右。
卮言日出，漫衍難究。
人將鼻嗤，我亦眉縐。
茲是字簏，且用藏垢。

第一則

大江南北，地氣陰溼，春夏隴畝間，水平苗盛，入夜則有燐火飄瞥，偶近行人，即星流電射，若受驚而遠颺者。兒童聚嬉村前，見之皆悚然入室，謂是鬼火。此在余鄉，蓋常有之，而以廬山所見者為最盛。廬山天池峰上文殊臺，北對鐵船峰，中隔峽谷，兩崖相向如門。南則壁立千仞，陡絕如削，其下丘陵如蟻垤，南潯鐵路二百里如畫線，遠接德安永修，平川一望無盡。每下弦至上弦晴明之夜，則見燐火萬億，起沙河黃老門之間，縱橫數十百里；或密若繁星，或散如蓬斷，光照林麓，焰燭川原。有時近觸臺下石壁，則結隊飄入峽中，勢同陣馬，宛若游龍，徘徊兩崖松杉之間，冉冉而沒，山中人謂是佛燈。然惟天池峰能見之，山下人不覺也。《廬山志》載前人咏佛燈之詩甚多，而以王陽明先生一首為最勝。先生有宿文殊臺三絕句，其一云：「老夫夜宿文殊臺。拄杖撞破青天開。散落星辰滿平野，山僧道是佛燈來。」[59] 此詩刻臺邊石上。余居廬山時，亦有作云：「盡覽三千界，文殊此有臺。日高龍氣歛，月昃佛燈來。小魯嘆軻坎，尋碑問草萊。峰頭同拄杖，亦欲撞天開。」蓋二十四年前作，久已遺忘；近余刊《遯翁詩詞輯》，亦未能憶及收入。偶與黃先生華表語及天池佛燈，乃復憶及此作，因附記於此，亦三十年中之鴻爪也。

第二則

羅浮山有五彩蝶，張翅大逾尺，亦異種也；山中人神異之，謂是仙蝶。三十年前，余始來廣州，時先兄清泉，與順德邵逸卿合營銀號於槳欄街。邵君為羅浮清虛觀大檀樾，適有巨蝶入

59　編者註：參《王文成公全書》卷二十外集二〈文殊臺夜觀佛燈〉：「老夫高臥文殊臺。拄杖夜撞青天開。散落星辰滿平野，山僧盡道佛燈來。」

觀中，依神座旬日不去，觀中大作道場，如魯人之祀爰居。邵君復以金籠奉之至廣州，供若神明，且拍巨幅照片，丐余題咏，余因得逼而觀之。其蝶五色耀目，金翠絢爛，雖畫工不易着筆也。余詩無留稿，不復記憶，邵君沒亦二十餘年，今讀江甡叔伏敔堂詩，有〈羅浮蝶不易得，土人採其繭，俟蠹化而玩之，有自嶺南來者，以數繭見貽，為作二詩〉。其第一首云：「微蟲具五色，秉氣已不祥。有美悅人目，焉得無汝傷。坐見機心人，不待汝翅張。利其未蛻去，摘拾易取將。累累雜樹葉，終朝盈頃筐。擔頭易寸錢，客子充行囊。為玩生殺機，孩蟲乃遭戕。」乃知百年前，土人且利之為玩好之商品矣。

第三則

杜甫〈送從弟亞赴安西判官〉詩云：「令弟草60中來，蒼然請論事。」稱其弟為令弟，此蓋兄弟相謂之語，如今人家書互問，呼其弟為賢弟也。令弟之稱，本於《詩．弓角》「此令兄弟，綽綽有裕；不令兄弟，交相為瘉」。詩言有令有不令，故兄弟亦可以令相稱，期為綽綽有裕也。今人稱人兄弟曰令兄令弟，自稱則曰家兄舍弟，此自魏晉時而已然。魏文帝〈與鍾大理書〉：「是以令舍弟子建，因荀仲茂從容喻鄙旨。」《晉書》戴遂答謝安曰：「下官不勝其憂，家兄不改其樂。」茲則對人自稱之謙詞耳。

第四則

讀《五代史》晉天福時，敕州縣戶口租稅，限申送戶部點檢，如違限，孔目官勾押人本案吏杖七十。州縣孔目官，猶今省縣府之科秘，勾稽公事不力，即須受杖，此實不始於五季紛亂之世，蓋隋唐以來，即有之矣。杜子美〈送高三十五書記〉：「脫身簿尉中，始與捶楚辭。」昌黎〈八月十五夜贈張功曹〉：「判司官卑不堪說，未免捶楚塵埃間。」即雖縣尉主簿，亦不免於笞杖也。

第五則

今人胡適之先生，在中美學術會演說，謂中國禪宗師承之人，皆出神會臆造，此宗乃為謊言之宗。按杜工部〈夜聽許十損誦詩，愛而有作〉云：「許生五臺賓，業白出石壁。余亦師粲可，身猶縛禪寂。」此第二句即初祖達摩面壁故事，慧可、僧粲，則二祖三祖也。達摩事亦見北魏楊衒之《洛陽伽藍記》，蓋為衒之同時人。工部去六祖不遠，今以粲可入詩，如言「勞生

60　編者註：草，人生本作軍，茲改。

愧嚴鄭，外物慕張邴」，則知禪宗諸祖，正與嚴、鄭、張、邴，同為唐人耳熟能詳之事，亦與今《壇經》諸書所記者合，胡先生失言，當為西方學者所竊笑矣。

第六則

石介為〈慶曆聖德〉詩種禍，至死後幾於剖棺。東坡詠檜：「根到九泉無曲處，世間惟有蟄龍知。」亦為讒人所構，謂有不臣之心，幾死獄中。則所謂風人之旨，言之者無罪，聞之者足戒，為不足恃矣。然唐時尚無此忌諱，如明皇貴妃之事，唐代詩人且莫不以為題材，不聞有以此罹禍者。故唐人詩能盡情發揮，亦能真氣流行；子美之得為詩史，則當時無禁網，乃能盡其詞，以為詩家董狐耳。

第七則

余年二十二，始來廣州省先兄清泉先生，作〈長堤曲〉古風一篇，首二句云：「木棉花開蝴蝶飛。木棉花落鷓鴣啼。」頗為當時交遊所傳誦。已而讀玉谿生題李衛公詩：「絳紗弟子音塵絕，鸞鏡佳人舊會稀。今日致身歌舞地，木棉花暖鷓鴣飛。」則第二句竟同竊套義山之作，乃棄去不再存稿。按玉谿生此詩，為唐宣宗大中三年在昭州所作，時鄭亞為桂管觀察使，義山正為其掌書記也。徐樹穀、馮浩《玉谿生詩箋註》，均謂此李衛公為李德裕，大中初，被牛僧儒之黨白敏中、令狐綯等所排，貶潮州司馬崖州司戶參軍。亞為德裕黨，是年亦坐貶循州刺史。徐氏因謂義山黨牛，故此詩於衛國多貶詞。余按義山此詩乃詠李藥師，徐、馮云云皆誤也。藥師於武德四年副趙郡王李孝恭為夔州行軍總管，圍江陵，平蕭銑。旋以藥師為上柱國安撫嶺南，既度嶺，所至皆下，銑桂州總管李襲志帥所部來降，即以藥師為桂州總管，引兵下九十六州，得戶六十餘萬，事見《新、舊唐書》。故昭州當為李藥師平嶺南常駐節之地。今平樂城西門外，有山曰昭山，當離樂兩水合流處，有廟曰李衛公廟，即唐時所建。廟中碑猶刻李衛公〈上華山大王文〉。義山時至昭州修祀事，感於鬼神之事，有詠賈生「宣室求賢訪逐臣」之詩；而衛公廟亦在昭州，遂為此詩，故後二句，正為寫撫今懷古之感也。又紅拂墓在今湖南醴陵城外淥水西岸，紅拂從藥師至嶺南而歿，即「鸞鏡佳人舊會稀」之謂也。

第八則

清代咸、同之後，詩家皆宗宋人，以造句警練為勝，而長洲江弢叔湜、遵義鄭子尹珍，獨學昌黎。子尹工於錘鍊，故雖精悍，而不縱肆，弢叔則鱗甲森然，風骨凌厲，於清代詩家自具一種獨來獨往之面目，然雖亂頭粗服，而實風韻天然。昔唐文皇論魏鄭公曰：「人言魏徵舉止疏慢，我視之，更覺嫵媚。」此言亦可以論江弢叔之詩。如其七言律句：「君方六月以為息，我亦三年且不鳴」、「志士不忘在溝壑，世人遙望空雲山」（按：上句《孟子》，下句摩詰。）、「從吾所好惟思飲，樂子無知不作愁」、「不及黃泉難見面，有如白水漫盟心」，其妙即在隨手掇拾人所共知之文，稍加點竄，即成倜儻超拔之句。又如「雲山變狀[61]有活法，蟲鳥作聲皆天機」、「旅食感深吾不寐，家衣寄盡爾應寒」、「一年勤走五千里，孤士翻隨十九人」，亦將常見語意，裝點即成雋爽之句。而〈有謁〉一首云：

手版通名手自持。常參班裏立多時。上官倨不命之進，小吏退而羞所為。誰實曾來徵召我，我原無可怨尤誰。尋梅明日孤山路，得句將疑詩亦卑。

此詩意境則盡嬉笑刻畫之能事，在詞語則直以文為詩，較昌黎尤進一步矣。蓋昌黎以古文句法入詩，仍在古風，而弢叔則以入七言律，乃如伏波據鞍，顧盼自若，足以張昌黎之旗鼓矣。至其「鄉夢苦如殘燭短，亂山寧比客愁多」、「地盡客浮溟渤去，天晴山自永嘉來」、「竹松交影不通日，僧俗同遊各看山」，則兀傲中復蓄清麗之氣；以言中有物，故能不必作態而自妍也。然其率意處，如「彼喬者松動古鬣，其下惟石露蒼顏」、「少年奇氣今盡矣，即事小詩誰[62]和之」，此兩落句均力弱，遂不免暴露其粗野淺薄之失。蓋學韓如不經意，則必有此病也。弢叔自論詩云：「詞曰詩者情而已。情不足者乃說理。理又不足徵典故，雖得佳篇非正體。」此語最為得之。昌黎詩勝處，即在意境超妙，亦即情與理兩俱具足，雖徵典故，亦無害也。情理兩無而乞靈於典故，則為堆砌，若從白描，即病率淺。弢叔詩之不免玉石雜陳，即亦氣有足有不足之過也。

第九則

遜清一代經師，大都陋宋而尊漢，獨詩家則自嘉、道以後，莫不瓣香黃、陳。惟長洲江弢叔、遵義鄭子尹兩人，獨越西江一脈之範圍，而遠宗昌黎，是亦詩壇之怪傑也。弢叔詩亂頭粗服，不受繩墨，自成一種面目，讀者可遠觀而不可褻玩，可欣賞而不可步趨。子尹詩則出以錘鍊，如驊騮騏驥，揚鬣千里。然仍在櫛飾之中、不出馳範之外，此其與弢叔同而各異者也。陳田《黔詩紀略》，謂子尹詩「蚤歲措意眉山，晚乃由韓孟以窺少陵，才力橫恣，範以軌度，冥

61　編者註：狀，人生本作態，茲改。
62　編者註：誰，人生本作聊，茲改。

心妙契，直合古人。又通古經訓詁，奇字異文，一入於詩，古色斑爛，如觀三代彝鼎。當代詩人，才學兼全，一人而已」。蓋子尹學宗許鄭，精於《三禮》，故雖有桀驁不馴之氣，而能歛才就範，茲乃古今最善為學昌黎者也。其近體律詩出入少陵昌黎之間，其七言絕句近少陵，其古風則均昌黎矣。近體五言如〈詠旱〉云：

六月旬初雨，今將七月終。祈甘無半滴，種旱不全空。水遠珍於米，雲生化作風。
東來時借問，愁道故鄉同。

此詩全用白描，不使故實，而語語出人意表，又俱在人意中，既無奇古之辭，而得清拔之意，茲即陳田所云「由韓孟而窺少陵」者。其〈游碧霄洞〉五古，用字奇古：

宿糧得阿舅，攜小妹共載。谽谺見巨口，俯瞟嚇焉退。定魂入窗寶，窅篠半明晦。
一聲欻嘯呼，響砰磅硼磕。非雷而非霆，隱隱硔硔[63]會。舉蘊照崆峒，廣容數萬
輩。耽耽深廈中，具千百狀態。大孔雀迦陵，寶纓珞幢蓋。鐘鼓干羽帗，又杵臼磨
磑。虎獅並犀象，舞盾劍旌旆。礎楹棼藻井，釜登豆鼒鼐。更龜鼊蛙蟾，及擂礮鍪
鎧。厥仙佛菩薩，拱立坐跪拜。攜籧篨戚施，與跛瞽兀癩。倒茄垂瓜盧，懸人頭肝

胏。盤杅間欃榻，可以臥與瀆。人世盡纖末，悉備谾壑內。黠哉山之靈，乃逞茲狡獪。殘竇與剩穴，得一即勝概。視區區諸洞，實不直蔕芥。

茲即陳田所謂「如觀鼎彝」者。然其精妙，乃在寫岩洞中鍾乳之狀，極兀㝠怪幻之筆，以名詞實字，連綴成文；如《爾雅》之釋名，如〈秦風〉之〈小戎[64]〉，如《急就篇》之言物，如相如之賦〈上林〉，與孟堅之賦〈兩都〉，足追昌黎之〈南山〉矣。七言如〈武陵燒書歎〉云：

烘書之情何所似。有如老翁撫病子。心知元氣不可復，但求無死斯足矣。書燒之時又何其。有如慈父怒啼兒。恨死擲去不復顧，徐徐復自摩撫之。此情自痴還自笑。心血既乾轉煩惱。上壽八十能幾何。為爾所累何其多。

此詩僅十二句，而迴環曲折緒引不窮，雖為刻畫之工致勝，而全以比興之體出之，實乃能奪化工之筆者。故其詩雖非江西宗派，而《巢經巢詩集》在民初以來，吾鄉諸詩老即嘗視為枕

63　編者註：谼谼，人生本作谾谾，茲改。
64　編者註：小戎，人生本作鐵駟，茲改。

中鴻寶，如蔡伯喈之祕視《論衡》也。

第十則

鄭子尹官荔波教職時，避苗民之亂，棄官走貴陽，〈過六寨〉詩云：

天晚投六寨，入店主驅客。謂賊燒豐寧，此止廿里隔。全家擬即避，君請去他宅。
倉皇了無計，斗覺天地窄。街人方紛驚，此拒彼寧得。婉語向主人，意轉還好色。
作炊進土缶，苦道且相食。萬一賊果來，相攜走山匿。敬謝主人意，一覺窗已白。

憶民國二十七年秋，日寇陷廣州前夕，余倉皇西走陳村，擬趨澳門往香港，同行者惟鄉人聶君禮和。次日夜到容奇，則市肆燈火喧闐如平時，方覺神魂稍定；詎夜剛向晨，忽聞虎門隆隆炮聲，敵機已軋軋盤旋空際，市入皆棄肆出奔。主人下逐客令，不允片刻留，乞與同走避，亦以外省人異言異服被拒。時舟車俱斷，伏莽塞途，市中秩序已亂，破門劫掠之聲四起。余兩人相顧徬徨，真有四海雖寬而無地容身之感。惶遽間，乃走桂洲暫避兩日，得瓜皮小艇一，潛至石岐。余有詩記之云：

兩岸蘆花一葉舟。石岐江上不勝秋。潛行贕此吞聲哭，棄地羞聞肉食謀。無路可奔
惟忍死，有門遙望感難投。越王臺下銅駝臥，蕭瑟風前泣國仇。

今讀子尹詩，又不禁為之憮然矣。

第十一則

東坡論司空表聖詩「碁聲花院閉，幡影石壇高」，謂此句極工，「但恨其寒儉，有僧態耳」！夫僧詩何以寒儉，則以方外人為境地所局限，不能不作本分語，故步虛之詞必縹緲，禪悅之詩近頌偈，亦勢所必然者也。近見雪峯如幻禪師《瘦松集》，其五、七言近體，頗多不受羈絆、自出心源之作。五言如〈菊花枕〉云：

編蒲作枕囊。貯以菊花裝。為歷風霜飽，能令莞簟香。餐英思楚客，卻老檢仙方。
何事忘情想，栩然蝶夢長。

七言如〈晤方澹法兄贈別〉：

十載分攜此乍逢。觀河面皺各成翁。眼前事竟如芻狗，世上人今好畫龍。詩卷自將三尺雪，煙霞但倚一枝笻。欲知別後時相念，應聽清宵月下鐘。

皆縱筆所至，脫略形跡，反得禪家真趣，安見其為寒儉也？集中警句甚多，如「墻外兩三家矮屋，門前二十里平蕪」、「四五尺籬編槿護，兩三疄地引泉澆」、「樵徑入林時嘯虎，人煙隔塢遠聞雞」、「懸崖水落微垂練，小雪寒輕不散鹽」，皆清拔可誦者。禪師泉州人，俗姓劉，名超弘，明末諸生，滿清入關，下令薙髮，慨然曰：「時節至矣！」遂捨妻子，脫白，依亘信和尚學參。後住雪峯寺。其遺集印於乾隆時，近星洲龍山寺為翻印。禪師詩境甚高，然集中頗有平仄失黏[65]之處，或後人傳抄而亂者耳。

第十二則

《苕溪漁隱叢話》記歐陽公遊嵩山，日暮於絕壁上苔蘚成文云：「神清之洞。明日復尋，不見。」歐公有〈戲占唐山隱者〉詩：「我昔曾為洛陽客。偶向岩前坐磐石。四字丹書萬仞崖，神清之洞瑣樓臺。」蓋記此事。東坡〈送范景仁游洛中詩〉：「蘚書標洞府，松蓋偃天壇。」自註亦言為歐公事。抗戰後五年，余居桂林，偶與表兄任吾及姻戚數人，泛舟遊陽朔，宿城中旅邸。次日晨，步出南門看山，以無導者，乃循公路信步南行十里許，時中夏炎熱，而聚落寥寥，無可憩息處。忽望道右四五里外，山半若有樓閣參差，朱墻碧瓦，掩映於青林翠嶂之間。余指謂同行者，前有蘭若甚壯麗，宜可隨喜。同遊者順指以望，皆云但有煙樹，安得招提。余強再前行，愈近愈覺飛甍映日，欄檻依林，門戶四開，松杉一徑；更指示同人，仍云推睹薄霧。既而行至山邊，則見縹緲於嵐光雲影之間者，僅兀峭斑剝之石壁耳。然其峯形石色，以較適所遠視之樓臺欄楯，又截然不類。聽鳥聲啾唧，泉溜淙淨，白雲在大，蒼藤掛樹，余徘徊壁下，悵惘者久之。此雖有若歐公之所睹，然歐公文章德業，自是天上謫仙，宜能見其本來之處。如余凡俗，則此見者，當為浮光流影，海市蜃樓，偶同翳目，遂睹二月耳。然眾生結習雖深，而慧命不異，明知幻覺，亦為移情，既歸桂林，猶神馳此境不已。因為古風一篇以紀所見，並示桂林同文。離亂之後稿已亡失，今但記末四句云：「仙人舊舘望中來。縹緲煙嵐一徑開。只為塵緣自纏縛，欲為叱壁又遲迴。」

65　編者註：黏，人生本作拈，茲改。

第十三則

余學詩無師承，亦茫然不知應學何家數，蓋幼而失學，長而服賈，偶偷閒讀書，亦惟涉獵，無由精研也。朋友或以余古體為學東坡，而新建陳伯臧先生則嘗舉余近體若干首，謂與放翁無別，老友太希亦云然。然余於蘇、陸兩家之詩，雖心知其勝，終未遑問津，自亦不知何以相近。往余答太希見贈云：

感慨因君發，年光似水流。萬端無可說，一壑更難求。詩酒江城夢，風波海澨愁。
劍南吾敢擬，衹是共悲秋。

余近體近劍南，或傷離念亂而偶合，或氣稟同型，故其聲容相似耳。默計余於吟詠，雖癖同嗜痂，而實出於兒時先母沈太夫人之陶冶。余與長姪許耕生同年，學語後，吾母即口授唐人五絕，以代兒歌。每侵晨將起床，則隔室呼許耕：「春眠不覺曉。」許耕即應曰：「處處聞啼鳥。」如此一呼一應，盡五六篇，乃下床而嬉。稍長，母課讀《唐詩三百首》《千家詩》，並及平仄之法。然時童稚，不知律法與韻法。十三歲從蒙師楊蘭階先生，始學對句。十四歲，從舅氏叔樵孝廉於樟樹小學，始能綴拾成篇。三年之間，讀淵明詩，稍知意境自然之美，讀子美詩，稍知章句雄渾之美。陶集卷帙少，能自備一冊；杜集卷帙多，無力自備，則借而盡抄集中五、七律為一編備省覽。既而習商，漸有餘資買書，則喜《老子》文之精絜、《莊子》文之汪洋、佛經《淨名》《楞嚴》之奇幻，乃稍能隨意興所至，自寫胸臆，稍能縱筆之所之，不為韻律所窘。民國二十三年，第三次至贛縣，以所作就正於德安袁浴春先生。先生指余所作曰：「氣雖盛而意太疏，且言不惟近體須講求對仗，即古體亦不能不加意於此。」余乃蘧然而悟，詩必有細膩之情，然後可以運雄渾之氣，否則氣壹動志，即為魯莽滅裂，未足以言詩也。顧二十餘年以來，人事倥偬，又數丁離亂，雖間閱讀漢魏六朝之作，於子建、靈運諸家漸添歆慕，而無一能竟其業，蹉跎至今，吾髮垂垂白矣！自計所為詩，不知何似？而良友予我明鏡，則猶不過東坡、劍南部伍中之走卒。念工部「語不驚人死不休」之句，固非所敢望，即「老去更於詩律細」之言，亦僅望洋興歎，不徒自恨終成北宮黝、孟施舍之養勇，抑且深愧無以對吾虔中老友之所誡也。

益智仁室論詩隨筆終

何敬羣《益智仁室論詩隨筆》初探

龍受證

一、引言

國共內戰至新中國成立時期，香港經歷了大規模的難民潮，所接收的文人不計其數。自五十年代以來，南來文人在港的古典文學創作蔚為奇觀，結社雅集風氣極盛。南來詩人中不乏任教上庠者，於吟詠之餘，更留下不少詩學論述著作。其中一部極為重要的著作，是何敬羣（一九〇三—一九九四）的《益智仁室論詩隨筆》（下文簡稱《論詩隨筆》）。

何氏名鑑琮，號敬羣，又號遯翁，齋曰益智仁室，以號行。江西清江人。其五十年代著作多以遯翁與益智仁室署名。早歲從商鬻藥，餘暇獨力治學。[1] 嘗問學於宿儒楊蘭階（？—一九三七）與袁浴春（一八七八—一九五七）。袁浴春名盛沂，為德安、贛州之詩壇巨匠。[2] 一九四九年來港，任教新亞書院、經緯書院及浸會學院，退休後任珠海書院及其他大專院校教授。何氏論述甚豐，嘗於《人生》連載種著作，如《老子新繹》、《易義淺述》、《孔孟要義探索》、《莊子義繹》等，均結集付梓；詩集則有《遯翁詩詞輯》與《遯翁詩詞曲集》。

從體類而言，《論詩隨筆》上承傳統詩話的寫作特色，授人以作詩的心得。著作緣起於任編輯之友人邀稿，適逢何氏於學院講授詩詞，於是記下論詩的內容，並先後於《天文臺報》與《人生》雜誌連載。其自序處處自謙之詞，謂不過信筆成篇，《論詩隨筆》卻成為本地文教界、南來文人眾多著作中，體例、論述最為完備的傳統詩話。一九六三年，《天文臺》的周游子於專欄「捫蝨談」以〈記北曲大師何敬羣教授〉為題，推許其「於詩詞之鑽研有得，可以睥睨時賢，別開蹊徑」，「古今論為詩者，無慮數千百家，而遯翁獨能不激不隨，不拾牙慧，不躐巢臼，以自成其一家言，為為足尚。」[3] 可見何氏詩論已廣為同代文人所譽。何氏亦嘗寄書周游子，褒賞其「詩話與聯話」專欄：

我兄生花之筆，由聯話及於詩話，訖揚騷雅，藻繪士林，足為中國文化張目［……］。今冀兄能加闢一畦，由聯話、詩話，而及「曲話」，以備藝林之一科［……］。今珠海學院學生，學此不過本年，已能尋聲切響，雖尚在扶床學步，等於刻鵠塗鴉，然

1 陳肇炘：〈遯翁詩詞曲集跋〉，載何敬羣：《遯翁詩詞曲集》（香港：志文出版社，一九八三年），頁一〇一至一〇二；鄒穎文：《香港古典詩文集經眼錄》（香港：中華書局，二〇一一年），頁六二至六三。
2 孫自誠編：《江西省德安縣志》（上海：上海古籍出版社，一九九一年），頁八二八。
3 周游：〈記北曲大師何敬羣教授〉，《天文臺》第二版，一九六三年四月三十日。

可證今之新青年，並非不能接受舊文學，而故有之文藝，仍可為時代之前驅，是在善為運用之，啟迪之而已耳。[4]

一方面，何氏簡潔的詩歌理論自成一家，誠乃度人之金針；另一面，啟迪青年的舊體文學發展，亦何氏本人的抱負。筆者嘗試探討《益智仁室論詩隨筆》之成書背景與過程，復論其詩學特色，冀展示其於近現代詩話中的獨特性與重要性。

二、詩人群體與詩話群體

探討《論詩隨筆》之成書過程，先引導我們發現何氏所參與的唱和群體。從其於報刊與其詩集所載的唱和，可以觀察到不同交遊圈子的存在。較特殊的是何氏與本地僧人有詩歌往來，如竹摩上人、明常上人、超塵上人等。何氏亦多同新亞書院、《人生》雜誌之詩友交流，如王貫之、黃華表、梁宜生、曾克耑等。當中，何氏與貫之的唱和較多，亦刊於《人生》。〈半春園春遊詩序〉、〈己亥二月逭翁邀遊半春園率成七韻四十八句〉、〈春遊半春園十二韵呈同遊華表丕介貫之宜生質仁諸兄〉紀錄了新亞同仝的聚會。[5]半春園位於大埔，何氏此前已賦〈自大光精舍入半春園〉，描述園中的清幽，是次邀各人同遊，一盡地主之誼。後來新亞書院師生旅行往圓玄道院、青山寺等，均可見於敬羣詩輯。

與何氏唱酬最為頻繁者，莫過同為江西人、中歲居港的劉太希（一八九九—一九八九）。劉氏在民國時期歷任軍政界、文教界要職，南來香港不久後赴新加坡講學，其後赴臺。何氏有〈太希寄示大埔道中詩卽次其韻〉兩律，有云「賃得山邊屋數椽，芸芸人海着渦旋。扉緣徑僻同虛設，榻為君來一解懸。」[6] 又如〈太希約過山居過午不來質之以詩〉、〈同太希沙田登東覺臺還坐酒家用壁上君左韻〉，可知太希曾訪其大埔山居，亦遊於附近一帶。在《遯翁詩詞輯》當中，題目提及太希的作品共十四首；而《人生》亦多載二人的唱和，如在一九五八年：

〈歲暮有懷遯翁〉　太希

悠悠吾與子，氷雪比聰明。燈養寒滋味，詩諧懶性情。流年如此了，殘月可憐生。

一慕莊嚴界，還為放浪行。

〈和太希懷韵〉　遯翁

4　同前註。

5　劉太希〈春遊詩序及詩〉，《人生》第十七卷第十一期（一九五九年四月），頁三一。

6　何敬羣：《遯翁詩詞輯》（香港：人生出版社，一九六〇年），頁九。

顧景天方瞶，觀河眼尚明。聖狂誰復辨，離亂各多情。絕域憐羈客，鄉人笑兩生。
天涯吾與子，夢寐賦同行。7

此一對答多用佛家語。兩詩之「吾與子」，可見一種相濡以沫的理解。對於太希詩中的苦悶之感，遯翁或知其內情，亦作出了解讀，其和韻頗有安慰太希的意味。又如在一九六四年，此時太希身在台灣：

〈歲暮懷敬羣〉太希

客裏流光盡可憐。每逢殘臘倍凄然。風飄泉洌知何世，天動星回復此年。半畝荒園容小住，一庭冷月照無眠。朝來春酒為君壽，心逐飛鴻到海邊。

〈和太希前韵〉遯翁

平生蛩駏最相憐。隔海遙知各惘然。試數昔遊才一瞬，寧論世事已千年。江湖憔悴天方瞶，肝膽輪囷夜不眠。臘鼓聲聲勞問訊，暫開懷抱付吟邊。8

並置之下，唱者與和者的角色與前一輪相似，而意思又更為具體。太希面對着離亂的愁緒，而遯翁以一種宏大的歷史視角與吟詠開解。兩詩均用到第二人稱，加強了唱和的書信性質。直至《人生》將要停刊的一九六八年，二人仍在刊上唱和不輟。

此前，一九五三年的兩次詩人雅集，聚集了一群《天文臺報》、《人生》雜誌、新亞書院的人物。第一次是三月的上巳修禊，在屯門青山灣畔的容龍別墅。容龍酒家自一九三九年開業，而別墅以露天茶座為主，座落山坡、面向海景，五六十年代時仍為假日勝地。按《人生》所載，赴集酬唱者，計有八人，均默（梁寒操）、史劍（南宮搏）、水心、太希、益智仁、一渠（張一渠）、貫之、易君左，並「以顏延年三月三日曲水詩序『排鳳闕以高遊開爵園而廣宴』分韻」。[9] 君左首聯云「一瓢一笠香江側，三年三節逢佳節」、史劍首聯云「三年逢此日，曲水致悄誦」，大概是指已經南來香港三年；均默「今朝禊集來海湄，側帽臨流增鬱結」、太希「閑卻青山那忍來，登臨況動陸沉哀」，直接道出了眾人分韻詩中並存的閒適與憂悶兩種情緒。

兩個月後的端午，詩人又遊於香港仔，該區每年都會舉辦龍舟競渡。照片上眾人圍成一桌，似乎是酒家的一席。鄭水心〈舟中即事〉云：「揮毫對客梁均默，挈婦將雛王貫之。卻

7　何敬群：〈詩詞十四首〉，《人生》第十五卷第六期（一九五八年二月），頁十五。
8　劉太希：〈歲暮懷敬群〉，《人生》第二十七卷第六期（一九六四年二月），頁二五；何敬羣：〈和太希前韻〉，同前註。
9　〈容龍禊集〉，《人生》第五卷第三期（一九五三年六月），頁七、十四。

笑憑欄飄短髮，詩人之子又吟詩。」其時韓戰開始進入尾聲，「智仁」與均默同詠南韓總統李承晚，這是大概當天的話題之一。這次唱和未見史劍參與，但有荊鴻與履川（曾克耑）的聯句，云：

聯句（柏梁體）

端陽海上同扁舟（敬羣）。天風吹衣何颸颸（荊鴻）。白雲青山來我眸（均默）。放懷容與乎中流（貫之）。有如擊楫祖豫州（君左）。金鼓響震飄龍遊（水心）。怒濤驚飛湧萬頭（一渠）。把臂相登太白樓（太希）。一洗萬古之牢愁（履川）。

聯句（七律）

靈均哀怨知何託（履川），絕響巍枝疑化蟬（均默）。人物清高孤艇靚（君左），海天空濶一帆尖（一渠）。敢言忠信橫流塞（太希），誰識聖狂吾道兼（貫之）。喚返詩魂終不逝（水心），要從陽九起龍潛（荊鴻）。[10]

柏梁體由曾克耑收結，七律首尾為曾克耑、陳荊鴻所撰，也許是對新文友的禮讓？共賦柏梁體，或是敬羣起首的提議？無論如何，這些詩作讓我們窺見一個鮮為人知的詩人群體的盛事。太希句提及「太白樓」，這次雅集可能是在太白海鮮舫（著名的畫舫餐廳）。

敬羣與太希、貫之唱和較頻。王貫之、曾克耑均為新亞的人物。鄭水心與君左、太希均有往來。眾人其中一個共通點，是他們均曾在《天文臺報》上發表詩文。談論風雅之餘，他們很可能談起在各學院執教的情況，或是各刊物約稿、投稿的文章之事。三年後，易君左出版《華僑詩話》，書末附「現代詩選」，其小記提到：

> 首先應該道謝我的好友鄭水心（天健）先生。水心先生為着鼓勵我辦「新希望周刊」，義務地精選現代諸詩人的作品，逐期登載，受到海內外詩壇的特別重視。慚愧的是我太沒有能力，使這個辛辛苦苦扶養着的刊物夭折了，辜負了各方的厚望。在我的詩友而兼畏友中，寄居香港的有兩個人，一是鄭水心先生，一是馬漢嶽先生。［……］我們在港九常常接觸的詩友，除鄭馬二先生外，如張一渠，曾克耑，李鳳坡，陳荊鴻，何敬羣，王貫之，王世昭，諸先生，很想集中精力編印一個詩刊，亦不知能如

10　〈癸巳端午香港仔紀遊〉，《人生》第五卷第五期（一九五三年六月），頁十五。

願以償否？飢驅四方，徒呼負負而已。[11]

《新希望周刊》一九五四年在香港復刊，鄭水心的鼓勵可能正是在此前的聚會。君左詩友的作品，似乎最終未有編成詩刊，然而此則記述的名單，亦是一個群體所以成立的旁證。此外，當時文人之間的鼓勵、扶持，於此可見一斑。數月後，劉太希在《人生》刊出三期的「臺港當代詩人小紀」，且斷斷續續在各刊談文論史，數年後著「近代十家詩話」。

在此一群體中，寫作詩話的風氣似乎頗為濃厚，除劉太希與易君左所著，有曾克耑《攖寧廔漫錄》、鄭水心《水心樓詩話》、何敬羣《益智仁室論詩隨筆》，王貫之亦嘗刊出詩話數則。自五十年代以來，香港詩詞結社唱和雖多，獨此圈子的詩人多有詩話著作，似乎有着「不約而同」的默契。

此一「詩話群體」其實也是典型的詩人群體，彼此之間的往來以唱和、雅集、遊覽為主。唱和之作是文學作品，唱和之舉則是文學創作的事件，集體唱和、題詠則更具社會性的意義。人在他鄉，離散人更須建立社會聯繫的網絡，在工作機會上、生活細節上互通有無。詩文集的序跋或許更具有加持意義，對著作的品質有肯定的作用。

詩話群體有其「實務性」，而其「商業性」應屬其次。人生出版社經常為長篇連載作品結集成書。《論詩隨筆》大概不能大幅提升《人生》的銷量，《論詩隨筆》的稿費也不會大幅增加何敬羣的收入。以世俗的眼光而看，我們不妨將著書立說視為南來文人的生存方式；畢竟文教事業、文字工作 乃其大半生以來的志業。但是，對於棄商從文的何敬羣而言，非有一番文化抱負，亦不會有其詩集、詩話之出。

為何一九五三年雅集的詩人尤好詩話著作？我們固然可以歸功於各位文化推手、雜誌主編的努力，如陳孝威、易君左、王貫之等。梁寒操多從事文化工作，而鄭水心多組詩詞社。發表的園地、經濟上的支持，正催化了著作的產生。刊物背後有無其他資金援助來源，尚待考察。然而早於臺灣當局發起文化復興運動之先，即受政治影響之先，文人群體多年來已自發地表現出保存舊體文學的意識。詩話所以能夠連載，不獨建基於主編個人的審稿偏好，亦繫於著者的造詣與讀者的鑑賞能力。

值得一提的是，報刊、雜誌上的文章亦多互相交流、補充、論辯，在五、六十年代中文學報較少時，可能部分承載着學術討論的意義。至《水心樓詩話》出，則發表於其所任教的聯合書院學報，其時《天文臺》的文藝色彩似乎稍為淡化。《人生》與《新亞學報》的關係則極為密切，學術文章則時有所謂「一稿兩用」、「重複發表」於兩份刊物的現象。

---

11 易君左：《華僑詩話》（香港：復興仁記印刷廠，一九五六年），頁一六九。

如果和詩有時被認為缺乏真誠、只是瑣碎無聊的遊戲之作，談詩論藝則顯得有益世道人心。政治上、文化上的危機，是詩人的共同感受，自不待言。或許當時的雅集，正是有意聚集詩作發表較多、造詣較深的人物。成一家之言，對這一批人物來說，或許是一貫的志向。雅集正是由此道中人發起，這是一九五三年的雅集與詩話作者的關聯性。

三、《益智仁室論詩隨筆》的成書經過

早於一九五二年十一月，何敬羣便以齋號益智仁於《人生》發表〈談談有韻律的詩〉一文。詩歌是《人生》相當注重的主題，此前《人生》就曾刊登元明的〈詩的創作問題〉、明仁的〈泛論詩及詩創作的一般問題〉等，而每期《人生》均有刊載詩作的部分，包括新詩與舊體詩。此時何氏尚未教學上庠，他與主編王貫之的相識，很可能開始於這篇文章發表前後。何敬羣在文中以白話文談論舊體詩的本質與作詩方法，指出詩「並不是難做的」，頗有將舊體詩普及化以及勸勉學詩者的意味。他以「有韻律的詩」來指稱中國古典詩，實有一種將其普及化的意圖。約數年後何氏開始連載的「論詩隨筆」，當中不少觀點明顯是這篇短文的延伸，由此可以一探何氏詩學觀念的發展。

文章論述「詩的意義、體裁、境界」。何氏認為詩早存在於上古時代，詩的順口、悅耳、

易記，是人類在美感和藝術上的欣賞作用。平仄音韻具有一種原始、天然規律的「宛轉動聽」；句法長短同樣如此，具有「吟詠的自然音節」。而不論句法，詩「必有平仄音韻」，否則只能是「紓情的小品文」。何氏又認為，「詩的境界」是人心靈對於生活、環境、事物的一種詩意的興會，是不會作詩的人也能夠體會的，是極為平常的一件事。

在創作論方面，何氏認為，學做詩須「多讀、多看、多做」，按照自己的興趣、不論古今地廣泛讀詩。「曲譜練熟了之後，再根據自己的嗓音架步，去專學鬚生，或大淨丑旦一樣的。」用典是一般人欣賞舊體詩的障礙，何氏則指出，典故只是「一些偶然用得着的材料」、「借用一現成的故事來作說明」；此外亦論到造句、章法等技巧上的原則，供初學者參考。文末更指出，舊詩的價值經得起時代考驗：

> 所謂時代，這裏也可以附帶說一說，在文學上，文言和文言詩，比方是畫古裝美人。時下的新文藝新詩，比方是月份牌廣告牌上的時粧美人圖，自住宅，園房，以至商店，工廠，都會張掛着。但經過二十年的攷驗；社會上活的美人的時粧改換了，二十年前的美人圖，已經因為不合時粧，而送入垃圾桶中去了，止有古粧美人，還有人繪，也還會有人欣賞。12

12　益智仁室：〈談談有韻律的詩〉，《人生》第四卷第二期，頁十至頁十一。

簡而言之，在正式撰寫詩話之先，何氏已嘗試將自己的經驗、體會分享，可見其推廣文學、發揚詩教的志向。

《益智仁室論詩隨筆》的劉太希序與遯翁自序，均於一九六三年二月刊登《人生》及《天文臺報》，其中清楚記述遯翁詩話的寫作緣起。太希序記道：

庚子辛丑（一九六〇—一九六一）之交，陳孝威兄馳書，約寫十家詩話。余時旅食星洲，暑期小暇，首為之倡，分期布諸天文臺。假期盡余詩話亦盡，遯翁繼之，則累旬月縱數萬言不能已。先後刊布於天文臺人生雜志，其說推陳出新，稽疑解惑，足為藝苑之金針。友朋交相賞歎，敦促印行，以惠來學，而翁屬序於余。[13]

翻查《天文臺報》，劉太希之「近代十家詩話」自一九六〇年九月二十日連載至十月十日，共分十一天連載。第十四則的「近代十家詩話」見於一九六一年一月六日，欄目名為「益智仁室詩話」。《天文臺報》缺十一、十二月的期數，第十二、十三則或許是刊於此期間。何氏詩話的標題起初沿用「近代十家詩話」，後來內容漸以古人為主，自第十七棄用。遯翁自序云：

四年前（即一九五八年），四年前，吾友陳君孝威索寫近代詩話。余以不慣記近人遺佚之文，謝不能。越二年，又以相督，因雜寫古人詩法二十餘事以塞責。孝威布之《天文臺》日刊。海內外讀者雖不以為惡札，然詩法至不易言，旋亦擱筆。去年秋，偶以稿就正於吾友王君貫之，則歎為於古今詩話中別具一格，鼓余竟其說。計十餘年來，余寄家大埔村墟，地近山僻，而當門海天一碧，當窗花竹一簾。每負手徜徉，至胸無渣滓之時，亦覺詩境悠然、詩意盎然，有不能自已之慨。又適於兩學院中分攝詩詞講座，時亦上下晉唐宋之世，出入蘇李杜韓之間，論其事而知其人，誦其詞而繹其意。故於與諸生講肄之餘，隨感之所及，信筆而成篇。忽忽半年，復得數十則，但取寄興而已，無條理之言也。貫之不嫌其蕪，盡用為《人生雜志》補白。[……]人生社彙其稿，為即專帙，請自序其緣由，因附述所感，以識歲月，亦志貫之孝威兩良友督勵之熱情云耳。

壬寅秋仲遯翁書於古媚川都之山居 14

13 劉太希：〈「益智仁室論詩隨筆」序〉，《天文臺報》第二版，一九六三年二月四日；何敬羣：〈「益智仁室論詩隨筆」自序〉，同前註，第三版，一九六三年二月六日。〈「益智仁室論詩隨筆」序〉，《人生》第二十五卷第五期（一九六三年五月），頁三二。

14 何敬羣：《益智仁室論詩隨筆》（香港：人生出版社，一九六二年），卷首。除非另列，以下引文均出於此刊行版本。

自一月六日至六月八日，益智仁室詩話在《天文臺報》不定期刊登，共分三十三期連載，有時數期為一完整篇章，因此實則為「二十餘事」。一九六一年九月一日，「益智仁室論詩隨筆」開始在《人生》連載，是時王貫之鼓勵何氏完成其說，何氏由是繼續發表，直到一九六二年八月十六日，共四十六則，分十八期連載。同年十二月，《益智仁室論詩隨筆》正式付梓，由人生出版社出版兼發行。

要言之，何氏詩話可分為三個版本，依次為《天文臺報》本、《人生》本、刊行本。《天文臺報》本約有刊行本一半的篇幅；《人生》本的內容大抵完整，接近刊行本；刊行本按主題重新編排，另加入少許內容。各版本的差異主要是在編排上，亦有文字上的修改。

四、寫作緣起

從上述詩話成書過程，可見除了作者自己的動機之外，背後的推動者與發表園地亦功不可沒。陳孝威出身軍旅，一九三六年來港創辦《天文臺報》，一九四一年香港淪陷後停刊，至一九四九年復辦。其內容雖以政治評論為主，每刊必有一版為文史掌故及詩詞作品，所載陳氏酬和之作甚多。《天文臺報》實促進了當時詩歌、詩話的創作風氣。

劉太希的序言對《論詩隨筆》的定位作出了評價：

嗟乎！天地之降才，與夫人之靈心妙智，生生不窮，新新相續，其必發而為奇葩異卉，非詩將何屬也。故有《三百篇》，則有《楚騷》，有漢魏建安，則必有六朝，有景隆開元，則必有中晚。而自宋元以降，世之言詩者，多從嚴羽卿劉辰翁高廷禮之說。阻隔時代，支離格律，如癡蠅穴牖，不見世界。浸淫至於今日，道喪文敝，異論沸騰；後生曲學，迷於瞽說，以獷俗粗鄙之口話，取代溫柔敦厚之正聲，則尤為可悲者。遯翁此編之出，庶幾廓清其昏瘴，端正其趨向乎！[15]

「嗟乎」至「不見世界」的部分出自錢謙益〈徐季白詩卷〉。[16] 劉太希認為，何氏詩論或能應對當時「後生曲學」言語「粗鄙」的問題。《論詩隨筆．風格》第九則云：

自五四以來，趨新之士既漠視詩教之要，亦誤解詩藝之文。乃以市井鄙獷之語入吟誦、捧苗猺踏月之詞為風騷，數十年來，隨風而靡，燎原成燄，因之色情頹放之聲、誨盜誨淫之作，瀰漫於大小刊物之中、蜩螗乎都邑播音之口。此不徒助長風俗

15　劉太希：〈序〉，載何敬羣：《益智仁論詩隨筆》，頁一。

16　【清】錢謙益：《絳雲樓題跋》（上海：上海古籍出版社，二〇〇五年），頁一三六至一三七。

之日偷，抑且促語文之日陋，雖其種因不一，而原始要終，即知濫觴之始，有自來矣！夫既不知所以為美，又不知所以為新，徒為低下趣味之迎合，於風人之旨、性情之正乎何有！（1.9）[17]

因此所謂「粗鄙」，同時指向詩語言與日常語言，何氏對五四以後的白話詩作評價頗差。此處認為，以粗鄙口語入詩，詩教不興，促進粗鄙的語言、資訊、價值觀流行，亦促使社會風俗變壞、語文水平下降。五、六十年代的香港亦有童黨犯案問題，為當時報刊大量報導。當然，何氏理解種種現象「種因不一」，但他認為詩語言、詩教，是社會風氣的源頭。正本清源，即何氏詩論之自任，他主張「詩之為藝，雖以工麗為優，而其要歸，則在能規風人之旨，得性情之正」（1.9），並續云：

> 惟能振敦厚溫柔之風，以為時代之椎輪，茲乃足以掣鯨魚於碧海、為風騷之羽翼，是所望於鐵肩能擔之君子，揚其游藝之方、明於六義之辨，立井陘之漢幟、樹藝苑之風聲，論詩以雅言為歸、裁詩以風教為本。庶幾為騏驥以先導、復麗則之遺徽，鄙人雖不敏，亦願執鞭蹬以從之矣！（1.9）[18]

蓋以「鐵肩」擔當道義，為當時港臺詩人的熟語，何氏於此申述其振興詩教、執鞭隨蹬志。不過，此處似乎是指着何氏教學的志向，多於撰寫詩話的目的。但《論詩隨筆》既然是講肆的記錄，我們不難從中窺見太希序末云：

十餘年來，余與遯翁，俱竄流海外。跼天蹐地之孤抱，無可與語，輒託歌詩以寄其壹鬱之思。山林乎！朝市乎！將何所持而免於今之世乎！其在《詩》曰：「誰生厲階，至今為梗。」又曰：「既明且哲，以保其身。」而吾儕僅能論詩於此晦瞑風雨之時，孤燈擲筆，轉使我四顧渺茫，而未知吾生之所在也。[19]

上引唱和之作，反映其流寓各地的苦悶、對當世的不安。當時詩人大都感懷身世、憂國憂時，晦瞑風雨是他們。《人生》之介紹語有云：「生此晦冥否塞之世，孰無載胥及溺之憂！以不安不忍之心，盡有生應盡之責，蓋為志士仁人情之不容或已。」[20] 王貫之序《遯翁詩詞輯》云：「丁

17　何敬羣：《益智仁論詩隨筆》，頁十一至十二。（按：第一篇第九則，本文即以1.9標示，後仝。）
18　同前註，頁十二。
19　劉太希：〈序〉，載何敬羣：《益智仁論詩隨筆》，頁二。
20　王道：《人生之嚮往（第一集）》（香港：人生出版社，一九六〇年），末頁。

此晦冥否塞之世，凡憂深慮遠之士，而手無斧柯者，蓋莫不思藉文字稍盡牖民匡俗、反本開新之責。」[21] 太希既道出《論詩隨筆》匡扶世道的意義，也提出了且以詩避世的可能。太世謂「跼天蹐地，無可與語」，在何氏則是「地近山僻」、「海天一碧」，乃至詩境悠然；太希之序，可能更大程度上是自抒其心境。

與友人評論相較，何氏的自述顯得輕描淡寫。於《人生》連載後，何氏以「益智仁室論詩隨筆」取代「益智仁室詩話」之名，或可以說他希望避免一種陳義過高的姿態，並且表明其隨意性，如其自序指出：

> 知交賞我者，與及門之愛我者，則相與訝我為絮〔緒〕引之不窮，亦勉我作巵言之日出。然余悚然於攘臂不已，漫衍無歸，將為識者所笑，觀者所厭也。亦自念貿然着筆，率爾成篇，原同烏合之眾，本無成軍之思。吾興既盡，即當適可而止耳，且詩本無定法可言，惟在性情所適。若人以紫為妍，而我謂朱為美，人取熊掌之腴，而我必誇羊棗之味，此而以為定法，則非傎即愚矣。然余僻性既耽於為詩，數十年以來，甘苦自嘗，冷暖自知之味，與興酣意適。縱筆馳騁於規矩繩墨之中，而有自得其吟嘯從心之得。自樂其揮灑任情之樂。於在人會心處，亦時相契於忘言忘義之境者，雖身入寶山，仍為空手而返，而於途中所涉，山中所見，或可出而與前行得

寶之人相印證，後行覓寶之人説經歷，則亦有可得而言存焉。顧雖有可言，而吾自檢，實無一法可得。茲即今之論詩，適於此而自止之意也。[22]

既是何氏自謙之詞，亦確實指出連載時期詩話脈絡未必連貫的情況。詩歌審美是主觀的，而且「詩本無定法」，「實無一法可得」，何氏惟有「吟嘯從心之得」，自己雖卑之而論，認為不過是分享個人作詩的經驗，但卻為知交所賞，為友朋眼中的「藝苑之金針」。

五、詩話體例

經過兩次連載後結集成書，《益智仁室論詩隨筆》凡八篇，即〈風格〉、〈法勢〉、〈聲韻〉、〈辭采〉、〈詩體〉、〈詩題〉、〈詩病〉、〈雜記〉，每篇起首均有一首四言贊語以概括主旨，似乎仿效《文心雕龍》及《二十四詩品》。

何氏雖云「人生社彙其稿，為即專帙」，但他當有親自重新編排、彙整了連載於兩份報刊

21 王貫之：〈王貫之序〉，《遯翁詩詞輯》（香港：人生出版社，一九六〇年），頁三。

22 何敬羣：〈自序〉，載《益智仁論詩隨筆》，不著頁碼。

的文稿。[23] 語句上有所增刪，自不在話下，較顯眼者，如《天文臺》一月十二日的「益智仁室詩話」內云：「律詩押韻，哉字乎字，乃最為難用者。〔……〕若不能運以呼應之筆，而率爾為用，則徒見窘急趁韻之態矣。雖以陳後山之深得老杜句法者，而『投卷吾衰矣，微吟子壯哉』之哉字，亦覺其茬弱也。」刊行本無「雖以」一句，即刪去對陳師道的批評。又如《天文臺》二月十日內云：「余昔流寓廣西昭平時，亦有句云：『殘葉戀秋猶舞蝶，凍蠅趨暖慣偎人。』蓋有所感而發者。」刊行本第7.8則，此句後加上一句：「然自病其刻畫，過於纖細。郎言中有物，亦嫌傷於忠厚，前年輯詩輯稿，此篇雖記憶尚新，仍自削去，或可少一病耳。」[24] 即添上對己作的反省。「嫌傷於忠厚」之語，也正反映了其增刪的一大旨趣。

此外，原本在期刊上篇幅較長的詩話，在刊行本或會分為連續兩則；在期刊上、同一則詩話中離題的段落，則調至另一篇。三種版本，各有獨見的文字，為其他可見版本所無，即終稿有幾則詩話的增刪。比如第1.6、7.4、7.5則等，僅見於刊行本；《人生》第三十四則亦未見於別處。

何氏詩話在連載階段的漫談性質較強，儘管刊行本按主題已大致重新編排，同一篇題之下，仍會些不太一致的部分。比如，解韓愈〈陸渾山火〉一則，與談詩歌中的火一則，在《天文臺報》在連續兩期先後刊登；在刊行本，前者編入〈法勢〉篇（2.7），後者則編入〈辭采〉篇（4.11），內容均與篇題不甚協調。

六、詩學探析

我們該如何看待刊行本的《論詩隨筆》的性質？是面向大眾的專欄、學院課堂的筆記，抑或信筆而成的遊戲之作？這會否影響何氏詩論的嚴謹性、系統性？《論詩隨筆》作為一部專著，其詩論的理論性仍是明顯的，只不過部分條目的閒談性較強。我們未必需要視每篇為一整體、或過於強調每則之間的關聯。如王貫之所以對之青眼有加，謂「於古今詩話中別具一格」，主要應該不是在於所載詩事的新奇，而很可能是指《人生》最初連載稿中、有關詩學理論的發明。以下嘗試探討何氏《論詩隨筆》中結構論、派別論、創作論的特色。

（一）詩之結構

何敬羣在一九五二年的〈談談有韻律的詩〉，已經提出作詩並不難。他以「有韻律的詩」的概念指涉古典格律詩，以白話文寫成此文，其內容亦較面向普羅大眾，意圖深入淺出地解釋「詩的意義、體裁、境界」。

23　每則詩話分別連載《天文臺》與《人生》的期號，參附錄表一。

24　何敬羣：《益智仁論詩隨筆》，頁八一。

《論詩隨筆》的開首先談到「詩的結構」。文章是如何構成的？詩人是與生俱來抑或後天培養？才學對作詩有何作用？才學、性情孰輕孰重？就此，歷代已作無數討論，何氏並未追溯這些話題的歷史脈絡。何氏提出其「結構論」的目的，似乎與其早前的文章相近，是提供一種便捷、簡明的理解古典詩的方法。

在「風格」篇第一則，何氏開宗明義討論詩的「結構」。他以人體喻詩，認為「詞采」為詩之面目，而「意境」為詩之骨幹。按何氏的定義，詞采即「運詞琢句」，「面目」由此而成，故或許有一種「直觀」的意味。正如面目「本於生初，唯能肅其容止，正其瞻視，而不能變更耳目之位置，膚色之媸妍」，詞采亦具有某些先天性的特質，不能作「面目全非」的改變。至於「意境」（又作「意志」）則可以變更，「以習染分善惡，學力為轉移」。（1.1）

詞采與意境之外，詩的構成包括「氣稟」與「氣」。氣稟亦不能變更，「即曹子桓所謂父兄不能移子弟之氣，亦即清濁之氣稟」；又「即劉彥和所謂陰陽之氣，姚姬傳所謂陽剛陰柔之分」。所謂陰陽、剛柔之分，就正如「歌者習唱」的嗓音，有「黃鐘大呂之聲」與「清角變徵之聲」，皆「生而為之」；前者不可「習旦貼」，後者不可「習生淨」。（1.1）這一點已見於〈談談有韻律的詩〉：「曲譜練熟了之後，再根據自己的嗓音架步，去專學鬚生，或大淨丑旦一樣的。」[25]氣稟則決定了「運詞琢句」，詞與句也就是詩的面目；而氣稟「只可以學力利導之」。

至於可以改變之「氣」，「即昌黎所云，言之短長，與聲之高下，莫不可養而皆宜之氣，亦即孟子『志壹則動氣，氣壹則動志』之氣；此氣可以學力培養之」。（1.1）韓愈〈答李翊書〉云：「氣，水也；言，浮物也。水大而物之浮者大小畢浮。氣之與言猶是也，氣盛則言之短長與聲之高下者皆宜。」[26]此「氣」對創作為使創作得宜的條件，即所謂「氣盛言宜」。「能就其聲之所近而精之，則莫不可以為善歌。」「歌」意思似乎接近「氣」的運用、度量，即歌者的歌喉、技藝。這些項目均為傳統文論所關注的話題。先天賦予的是氣稟——詞采；學力可以轉移的部分，則為氣與意志。

何氏此處關於詩的結構的討論，與《文心雕龍．體性》的才性論頗為相似，其中說明作家先天的才、氣，與後天的學、習，對風格的影響。但何氏之所以區分先天與後天因素，用意是提出一種先天的風格論。

在〈辭采〉第二則與〈詩題〉第一則，何氏論到詩的警句與詩題時，均以「眉目」作為比喻：

25　何敬羣：〈談談有韻律的詩〉，《人生》，頁十至十一。

26　【唐】韓愈著，劉真倫、岳珍校注：《韓愈文集彙校箋注》（北京：中華書局，二〇一〇年），頁十〇一。

詩固須有警句，然必如人之眉目，與五官肌色，配合自然，則新月標其媚，秋水傳其神矣。若支離無脹，甕㼜大癭，眼高於頂、眉隱於臍，雖染之以翠黛、益之以睞眄，亦何足以為美乎？故詩必渾成，然後顯眄〔顧盼〕生姿而有警句，否則是為無鹽畫眉、嫫母學顧而已。（4.2）[27]

詩之有題，猶人有眉目，必朗秀清明，乃見神采。若衣錦佩玉，而囚首垢面，則不惟佛頭着糞，抑且沐猴而冠矣。故詩題須精絜賅簡，毋取瑣碎冗長。（6.1）[28]

詩歌作為整體有其面目，而警句與詩題正是面目的構成。警句既為詩的內容，自然如生成的器官，如眼與眉；詩題則外生於詩句，故視作衣飾、儀表的整理。正如一望而知、作為「辭氣容色」之面目，警句與詩題亦予人直觀的感受。

（二）風格典型論——三家面譜作為藝術類型與派別

按照前述的結構論，詩歌有其外顯的面目；面目即何氏標舉李、杜、韓三家為「詩家面目之三譜」，是古典詩歌藝術風格的本源。「面目」此一概念是結構論的重點，為三種詩家面目的論點服務。劉太希謂何氏「以李杜韓三家，通豁紛紜複雜之流」，正指出其詩論的特點。第一篇〈風格〉即開宗明義地論道：

> 昔人謂杜子美之詩，凹入紙背；韓昌黎之詩，凸現紙面；李太白之詩，飛出紙上。此評最能得三家神髓。夫詩之結構，以意境為骨幹，以詞采為面目。（……）是以子美之凹入，不在其能為潛行曲江、低徊夔峽之吟，而在其詩句出鑪錘而無鍊之跡、工排比而泯組織之巧。昌黎之凸出，不在其閎識超超、孤懷卓卓，而在其盤空硬語，似屈　而實鏗鏘、似怪異而實雄偉。太白之飛動，不在其寄興杳冥、游情玄妙，而在其語句輕鬆、著詞清淑，若不着意，而有流水行雲之致。茲乃詩家面目之三譜，後來作者，惟能於三譜之中，為盈虛伸縮之變化，而無一能於此三譜之外，另樹一幟。斯亦顧亭林氏所謂天也，非人之所能為者也。（……）[29]

「凹入紙背」、「凸現紙面」、「飛出紙上」等，一方面指出三家風格各異，然造詣至深。另一面，紙與字所呈現的形態，直觀地一望可知，恰好說明詩家風格所成；紙背、紙面、紙上的層次，

27　何敬羣：《益智仁論詩隨筆》，頁四〇。

28　同前註，頁六五。

29　同前註，頁一至二。

似乎正包羅文字發展的方向，印證「三譜」之渾成與自足。既云「而無一能於此三譜之外，另樹一幟，斯亦顧亭林氏所謂天也，非人之所能為」，循此說法，如果我們追問中晚唐以降、乃至宋代詩家能否自成一譜，甚至上溯前代，答案是否定的。同篇第六則云：

> 故上溯其前代，則陳思、蘇、李之渾成，淵明、阮籍之清淑，魏武、漢高之莽蒼，已見三型之濫觴。旁稽其並時，則摩詰、浩然、高、岑、元、白，亦莫非出入參互於此三型之間，各成偏重稍異之面目。下觀中晚唐、兩宋，至於近代詩家，又無一能出此三型綜錯之外者！此非謂師承摹仿以成派，而實陽剛陰柔，與偏陽偏陰之互參，自然而有類型之同異。姚姬傳以此論文，吾人亦可藉之明詩者也。（1.6）30

這是很大的判斷，涉及為數極多的作品。一方面，這可能是與諸生講肆的判語、妙語，以化繁為簡；另一面，何氏着力自圓其說，將其提升為詩學的定律。細讀何氏對於三家的概括性描述，可見他集中於詩作的語句；「詞采為面目」，即三種語句產生三型。杜甫「詩句出鑪錘」、「工排比」、韓愈「盤空硬語」、李白「語句輕鬆」，即用字、用句的問題。誠然，三家的特點當是極為鮮明的，但必然涉及讀者的判斷。因此「無一能出此三型」，可視為何氏之發明、創見，提供一種解讀、切入歷代古典詩歌的方式。

〈風格〉篇第六則似乎未見於期刊，可能是成書時所增。其中，何氏提出了一種詩歌的「派別論」。他批評了按照詩歌內容區分詩派之舉：

> 自昭明太子以遊仙、招隱、行旅、軍戎之目分類編詩，而鍾嶸《詩品》亦謂淵明為古今隱逸詩人之宗，於是後代言詩派者，遂謂淵明、摩詰為田園派，高適、岑參為關塞派，太白為頹放派，工部為忠君派。下至近代，一般文學史家更本此為加厲之分別，至於不可究極！此皆以行為蹊徑，及所詠內容為言；若為事彙詞典之編則可已，若以辨詩家聲容與藝術之為派，則隔靴搔癢之論而已！（1.6）[31]

「行為蹊徑」、詩的內容，不過因作品而異，「隨環境為轉移」，正如「工部峽中諸作，何嘗非田園之吟」。何氏欲辨之派別，乃「詩家聲容與藝術之為派」：

> 詩為派別之分，自唐以來，實不外太白、工部、昌黎之三家。簡言之，亦即三個

30　同前註，頁七。
31　同前註。

類型而已！蓋詩家作品之區別，在辭氣容色，而不在行為與蹊徑。行為隨環境為轉移，惟聲容則半由秉賦、半出學養；既已成型，即難為中變者也。詩之聲容，其灼然可見者，惟在如何聯字成句、綴句成篇之技巧，與如何因題發意、借題發揮之藝術。譬之說辭，工部則言之真摯感人者也，昌黎則言之侃侃動人者也，太白則言之娓娓移人者也。此三者，皆可以使人望其背而知其面，聞其聲而知其人，是即三型之所以各異其致者也。古今詩人，括其辭氣所出，即皆可以此為識別。但至李、杜、韓三家，聲容之異始顯然，器宇之分，乃以具體耳！(1.6)[32]

派別所成，即「辭氣容色」之別。李、杜、韓三家所以自稱派別，不在於詩人性格或其作品主題，而在可見的「辭氣」，意近第一則所謂「詞采」。是故，詩之類型、派別，即生於詩之詞采、面目。言之「真摯感人」、「侃侃動人」、「娓娓移人」等語，固非嚴謹的定義，而類近印象式的批評。然而明確劃分出三種藝術派別，以此為討論框架。上溯前代可見「三型之濫觴」，自唐以下則「無一能出此三型綜錯」。

何氏對「派別」定義，與一般所言的「派別」、「流派」的差異，顯然是在於其分派的準則。古典文學上的「流派」一般指「詩學主張、藝術技巧、詩歌風格、審美觀點相近或相同的作家」所形成的團體、派別；流派之命名，主要以地域（茶陵派）、詩集（長慶體、西崑體）、人名（四靈詩派）、詩學主張（性靈派）、題材（邊塞派）、風格（中唐怪澀派）。[33] 流派不一定是作家自覺組成，有些是後人的觀察。

何氏言「以辨詩家聲容與藝術之為派」，此「派」大概可以理解為「風格」。他反對以「田園派」理解「淵明摩詰」、以「關塞派」理解「高適岑參」，即反對將詩人歸類為某種題材風格。他不反對「事彙詞典之編」，但他反對後世以題材編目命名「派別」，或者說，反對以題材分成的類別挪用「派別」之稱。

有趣的問題是，派別與風格的關係為何？派別能否形成獨特的文學風格？特定的題材有無自己的風格特色？何氏認為「行為蹊徑」不是「風格」，不是詩家根本的不同之處，不足以標舉派別；標舉派別乃需要指出詩家核心的差異。何氏標舉三家派別，不是為了考究文學史源流、整理文學史料，而是探求「辭氣」的本源——顯然的聲容之異、具體的器宇之分，就是藝術風格的譜系。按此處的用語，風格就是「聲容」、「面目」、「藝術」與「技巧」，屬於文學內部的問題。何氏為何不滿意於文學史家的分派方式？這或許是因為「流派」代表着「典範」，成派則易於為人摹仿。某一流派風格、題材風格，對閱讀與創作不應發揮指導作用，那並不屬

32　同前註。

33　林淑貞：《詩話論風格》（臺北：文津出版社，一九九九年），頁二六三。

於藝術的層面。

何氏提出的理論，類近「詩家風格典型論」。按今人林淑貞的分析，「詩家風格」是指藝術特色，指「詩家之才性，通過詩歌作品之形式與內容的有機統一，所表現出獨具的藝術特色，這種特色具有與眾不同的獨特性與大家公認的穩定性。」[34] 對詩家特殊用字、用句、篇章結構的討論，均是關涉詩家風格的問題。至於「詩家風格典型論」：

是指詩家的詩歌內容具有高度的獨特性與概括性的風格，成為詩史上學習仿效的對象。其藝術成就具高度的概括性，所以能成為學習的指標，具有獨特性是指能鮮明地表現自己的風格者。[35]

古代文論中的「詩家風格典型論」，嚴羽《滄浪詩話・辨體》為一重要例子：

以人而論，則有蘇李體、曹劉體、陶體、謝體、徐庾體、沈宋體、陳拾遺體、王楊盧駱體、張曲江體、少陵體、太白體、高達夫體、孟浩然體、岑嘉州體、王右丞體、韋蘇州體、韓昌黎體、柳子厚體、韋柳體、李長吉體、李商隱體、盧仝體、白樂天體、元白體、杜牧之體、張籍王建體、賈浪仙體、孟東野體、杜荀鶴體、東坡體、山谷體、後山體、王荊公體、邵康節體、陳簡齋體、楊誠齋體。[36]

此處的「體」具「風格」的意涵。此三十六體是「以人為論」，故代表獨有的風格特色，且莫商榷其獨特性與概括性是否充足。此三十六體具體而言具怎樣的風格？除三十六體之外，有無其他風格？嚴羽則未明言。何氏的論述則不完全是「詩家風格典型論」。他不僅指出李、杜、韓三家所呈現的面目，更是以此為古典詩歌所能呈現的三種基本面目，因此能以這三種面目為詩歌的派別。

就「風格」此一主題的意思，何氏並未作詳細論述。不過從篇首的小序，可知何氏使用「風格」一詞時的含意：「發自心聲，裁為風格。本之雅騷，揚其麗則。李杜光芒，昌黎劍戟。執柯伐柯，楷式斯得。」既云「裁為風格」，「風格」便非天成，而須經過詩人後天裁制。「執柯伐柯」語出《詩經．豳風．伐柯》及《中庸》。《詩》云：「伐柯伐柯，其則不遠」。「伐柯」意

34 同前註，頁二六三。

35 同前註，頁三三〇。

36 【宋】嚴羽，郭紹虞校釋：《滄浪詩話校釋》（北京：人民文學出版社，一九六一年），頁五四。

即伐樹以作斧頭的木柄，而伐樹乃須運斧頭，所求之物正在手中，所以謂「其則不遠」。[37]《中庸》云：「子曰：道不遠人；人之為道而遠人，不可以為道。《詩》云：『伐柯伐柯，其則不遠。』執柯以伐柯，睨而視之，猶以為遠。故君子以人治人，改而止。」[38]以斧頭砍樹作木柄，木柄與斧頭柄的形狀還差得遠。總之，「道不遠人」，所執之柯正作詩的楷式，所伐者，正是需要琢磨、規正的風格。這也肯定了後天學習對作詩的作用，也說明了「風格」對於創作的指導作用。

(三) 詩家與體裁風格

《論詩隨筆》一方面是按着詩法體裁、辭采聲韻等一一論述，另一面亦散見不少對各家的評價，包括分析詩家的特色、其不同詩歌體裁的優劣，透露了學習該詩家、以及不同詩體創作的要點與顧忌。在〈風格〉篇第八則，何氏引曾國藩〈聖哲畫像記〉，言學詩之立足點：

> 曾滌生先生〈聖哲畫像記〉，謂鈔古今詩，「自魏晉至國朝得十九家，余於十九家中，又篤好乎四家者焉；唐之李、杜，宋之蘇、黃」，「取足於是，終身焉已耳」。此既云十九家，又云篤守李、杜、蘇、黃四家者，蓋凡為學，必先定其立足點以為基礎，基礎既立，然後縱觀諸家，乃可與汩俱入，隨汩俱出；乃可以取其所長、以補

其所短，不致如入五都之市、目為五色所迷也。余謂此四家者，亦可以分為兩型：太白、東坡以才氣勝，子美、山谷以功力高。以才氣勝者，如李廣之用兵，無部曲行陣，就善水草頓舍，人人自便。以功力勝者，如程不識，正部曲行伍營陣，擊刁斗。李、程兩人均為漢名將，吏士雖樂李廣，然用兵者自以學程不識為易、效李廣為難也。(1.8)[39]

曾國藩於十九家中篤好四家，認為「取足於是，終身焉已」。由此，何氏帶出學詩需要立足點，然後才縱觀諸家。對於李杜蘇黃四家，何氏又分為「才氣」、「功力」兩型，並且以認為學習「功力」之型為易；似對《滄浪詩話．詩評》有所參考：「少陵詩法如孫、吳，太白詩法如李廣。少陵如節制之師。」[40]對於詩家的學詩者的啟發作用，〈詩病〉篇第四則有此妙語：

---

37 【漢】毛亨傳，【漢】鄭玄箋，【唐】孔穎達疏：《毛詩正義》，《十三經注疏》（北京：北京大學出版社，二〇〇〇年），頁六二一。

38 【宋】朱熹匯編，林松、劉俊田、禹克坤譯注：《四書》（臺北：臺灣古籍出版社，一九九六年），頁四一。

39 何敬羣：《益智仁論詩隨筆》，頁九。

40 【宋】嚴羽，郭紹虞校釋：《滄浪詩話校釋》，頁一五六至一五七。

曹子桓云：文以氣為主，此言亦可以論詩。詩之氣在清新，在俊逸。東坡云：腹有詩書氣自華，惟能融裁之，運化之，乃能華為清逸之氣。若腸胃不調，水穀不分，則將鬱為滯氣，為酸氣，為腐氣，為迂氣，是亦詩病矣！學詩如有此病，法當以消食導積，疎肝健脾，以復其轉運之功，利其樞機之發。故太白樂天，為順氣化瘀之劑，昌黎山谷，為廉頑立懦之方，而工部東坡，則養腸之菽粟也。（7.4）[41]

正結合了從何氏故業而來的識見，又可見詩歌之三型。何氏並未提出當以哪些詩家為立足點，惟在〈談談有韻律的詩〉提到：

怎樣做詩？有許多徒亂人意的神奇奧妙的理論。實則止須「卑之無甚高論」！多讀！多看！多做！多讀，只須選讀古近體詩，少自三百首，多至五百首，精讀至于爛熟，就够了。這等于伶工學唱，練熟曲譜拍子，將西皮，二簧，搖板，倒板的抑揚頓挫，快慢板眼練熟之後；隨便甚麼唱詞，均容易脱腔而出了。這種須精讀詩，止須一部《古詩源》，一冊《唐詩三百首》，就取之不盡，用之不竭了。然後再選自己喜歡的專集一二種，多讀一點。比方是曲譜練熟了之後，再根據自己的嗓音架步，去專學鬚生，或大淨丑旦一樣的。多看的範圍不妨廣；古人和近人成熟之作，都可以看來作增加其想像，和比較上的進益。尤其是看近人，或同時人的作品，容易得到觀摩上的進步。因為這些作者，去我們不遠，才氣功力，或者比我們高十倍，或者高一二倍，階梯可及；容易比較自己的寫作，容易改正自己的弱點。[42]

他認為以《古詩源》與《唐詩三百首》為本，便已「取之不盡，用之不竭」。這或許與何氏的兒時「母課讀唐詩三百首、千家詩」的經歷有關。[43] 以詩歌選本為立足點之說，未見於《論詩隨筆》。〈風格〉第八則大抵從曾國藩的經驗印證學詩須有基礎，而又從其四家，指出杜甫宜為學詩基礎。對於詩家與體裁風格的參涉，透露了學詩的方法與門徑，使學者不致冥行盲索。

〈風格〉篇第五則屬全書較罕有論學詩的一則，提到學習杜甫是學詩之正論：

《後山詩話》又云：「學詩當以子美為師，有規矩故可學。退之於詩，本無解處，以才高而好耳。淵明不為詩，寫胸中之妙爾！學杜不成，不失為工；無韓之才，與陶

41 何敬羣：《益智仁論詩隨筆》，頁七八。
42 何敬羣：〈談談有韻律的詩〉，《人生》，頁十至十一。
43 何敬羣：《益智仁室論詩隨筆》，頁九三。

之妙，而學其詩，終為白樂天爾。」此謂「學杜不失為工」，則所重者，亦仍在鍊字鍊句之工而已！茲亦唐人詩境與宋人詩境分野之一事也。夫謂詩當學杜，正如馬援戒子姪必效龍伯高，自為正論。至謂學韓者須先有其才，學陶者須先有其妙，然則無才無妙，乃可以學杜乎？抑何卑視杜詩至於如此也。凡詩古文詞，學某人者貴學其意，而非學其貌，貴從其氣稟所近而致力焉，乃能事半而功倍也。若膠執一家，亦步亦趨，則不為優孟之衣冠，即為壽陵餘子之學步於邯鄲矣。韓之才即由學力而來，陶之妙亦可體會而致，但效其顰笑以為工，則以學杜，亦幾何而不成東施之捧心也。(1.5)[44]

與前引第八則一致，何氏認同以杜甫為學習對象，然而可學者為詩意，不可模仿其貌（字句）。按此處的思路，韓愈詩、陶潛詩大概未必不可「學」；學習的對象，當按個人的氣稟（嗓音架步）而定。因此，《論詩隨筆》主要解說了三家之氣稟。論李白詩時，何氏即指出貴學其意。

壹、論李白詩

何氏形容，李白之為「仙人」，不僅「能為煙雲中語、為仙才」，而更是在其人其詩超脫的氣質：

夫仙人者，乃下與世俗之纏縛絕，上與洪濛之元氣遊，獨往獨來，無牽無掛之謂也；至於飛騰幻化，乃仙人之餘事耳。太白詩不拘形式、不事雕鏤，洸潢縱恣、脫略矩矱，其造語既衝口而出、不作爐錘，其用事亦信筆所之、不假意匠，而其句法則往往隨意短長、自為錯落。此在他人為之，即不成山歌，俚曲，亦將類鼓詞、道情。而太白則能運參差不齊之句，自叶宮商，以清奇豪宕之情，化其淺近。故雖若逸足繩墨之外，而實仍大德者不逾乎閑。(1.2)[45]

又引錄〈幽澗泉〉全詩，謂「此章短句三字，長句至十六字，其筆法，冶騷體散文之句於一爐」，「欲論李白詩，與欲學李白詩者，當於此等處求之，乃能得其高懷閎旨之所在也」。從別處求，徒然模仿其造語、句法，可能便失其要旨，成「山歌俚曲」、「鼓詞道情」。何氏對李白詩之高懷閎旨別有體會，亦深知學李白詩之不易。這一點顯然受《滄浪詩話》影響：「觀太白詩者，要識真太白處。太白天才豪逸，語多卒然而成者。學者於每篇中，要識其安身立命處可

44 同前註，頁六。
45 同前註，頁三。

也。」[46]

〈辭采〉篇第八則論李白律詩：

太白律詩，往往自為町畦，不拘繩墨，學者但賞其氣韻高華，不必盡步趨其律法。蓋太白作品，猶承初唐風徽，如〈宿巫山下〉一首云：「昨夜巫山下，猨聲夢裏長。桃花飛綠水，三月下瞿塘。雨色風吹去，南行拂楚王。高邱懷宋玉，訪古一霑裳。」嚴羽盛讚之曰：「律詩有徹首尾不對者，皆文從字順，音節鏗鏘，盛唐諸公有此體，此篇及〈長信宮〉〈牛渚懷古〉是也。」余謂此篇宮商雖叶，而語氣不暢，項、頸兩聯，既有頓挫之勢，讀之即使人覺風景雖不殊、而有山河盡異之感，強以為律詩佳構，反不如入之選體為佳。如嚴羽之讚此篇，亦蜀人之譽諸葛瞻耳。至如：「牛渚西江月〔夜〕，（下略）」其聲調悠洋〔揚〕，自為唐人之音律，其風裁句法，實仍魏晉之遺響。但其一氣直下，如三峽飛艭，使人不暇旁矚。（4.8）[47]

指出〈宿巫山下〉頷、頸兩聯並不對仗，固為可觀，但終究不是律詩正格，不如視之為五古之佳作，而非出格之律詩。又指出杜甫〈月夜〉、崔顥〈黃鶴樓〉頷聯同樣如此，雖然氣韻奪目，但「為僅有之例，可知究非正格，後人無其才力，而欲效其縱恣，則將為學季良不得，徒畫虎而類犬。」李白律詩之句法既為魏晉遺響，何氏提醒學李白詩者不必盡趨其律法，但賞其意韻。對於所李杜優劣，何氏並無判斷，而取各自所長。對於羅大經《鶴林玉露》、眉山蘇氏兄弟、胡仔《苕溪漁隱詩話》批評李白詩不過狂醉花月之間，不關心社稷蒼生、不知義理所在，〈風格〉篇第三則為李白辯護。其中引其古風組詩，指出其中的現實關懷：

「不見征戍兒，誰知關塞苦，李牧今不在，邊人飼豺虎」，「渡瀘及五月，將赴雲南征。如何舞干戚，一使有苗平」，即子美之「車轔轔，馬蕭蕭」也。「綠幘誰家子，賣珠輕薄兒。日暮醉酒歸，白馬驕且馳。意氣人所仰，冶遊方及時」，「鞍馬如飛龍，黃金絡馬頭。行人皆辟易，志氣橫嵩丘」，即子美之「三月三日天氣清［新］」也。［……］豈必篇篇慷慨悲歌、語語自比稷契，乃可以為賡頌工歌之詩也？(1.3)[48]

此論與《滄浪詩話》異曲同工，呼應之餘似有扞格：

46 【宋】嚴羽，郭紹虞校釋：《滄浪詩話校釋》，頁一五九。
47 何敬羣：《益智仁室論詩隨筆》，頁四八至四九。
48 同前註，頁四。

李、杜二公，正不當優劣。太白有一二妙處，子美不能道；子美有一二妙處，太白不能作。子美不能為太白之飄逸，太白不能為子美之沈鬱。太白〈夢遊天姥吟〉、〈遠離別〉等，子美不能道；子美〈北征〉、〈兵車行〉、〈垂老別〉等太白不能作。論詩以李、杜為準，挾天子以令諸侯也。[49]

何氏認為李白在詩法與人品道德上，均無弊病；嚴羽則認為李、杜在風格上各擅勝場。《論詩隨筆》可謂執行了《滄浪詩話》所謂「挾天子以令諸侯」，或許就是其三型之說的起源，亦因此對三家作剖析。

貳、論杜甫詩

在〈詩體〉篇，何氏就近體詩體裁的特點一一論述。他對杜甫排律與律詩評價極高，奉為圭臬。如第六則云：

工部遠承〈風〉〈雅〉，近駕曹、劉，故其五言，自排律長篇至於四韻八句，莫不篇篇警練、句句雄沉，宜其為古今詩家之圭臬矣。近體七言，則如五音之有變宮變徵，工部此體，自為雄健沉鬱，然與五言相較，則如魚與熊掌矣。(5.6)[50]

其中又推舉其五言排律，其以筆法之貫串與氣勢之屈伸，獨步古今：

工部近體，以五言排律最見工夫，於唐人中亦為獨步，後人更難望其項背矣。蓋排律之體，必須有運輪轉珠之筆法，以為之貫串，尤須有拔山移海之氣勢，以為之屈伸。否則七寶樓臺，不成片斷，非添蛇足，即續鳧脛矣。太白有其筆，昌黎有其氣，惟工部兼之，故能如齊桓之九合、晉悼之三駕耳。鍾嶸有言：「五言居文辭之要，是眾作之有滋味者也。」(5.6)[51]

［排律］難工，則與五絕正同。以其既須對仗之工整，又須平仄之調諧，而對仗工，則易流於故實之堆砌；平仄調，則不免於腔調之陳腐。兩者有一，即病平庸。尤要者，則氣不足以貫其勢，筆無以轉其圜，如此者，蓋可以不作矣！原夫排律雖為近體，而實胎息於古風，茲先言其面目，而後論其風骨。白魏晉以來，五言漸多對

49 【宋】嚴羽，郭紹虞校釋：《滄浪詩話校釋》，頁一五三至一五五。
50 何敬羣：《益智仁室論詩隨筆》，頁六一。
51 同前註，頁六一。

偶，茲即排律之濫觴。（5.7）52

自謝靈運〈登石門最高頂〉、〈入彭蠡湖口〉諸作，至梁陳的陰鏗、江總，排律體制已具雛型。陰鏗〈廣陵岸送北使〉除平仄不符近體格律以外，其對仗與近體排律已無區別。何氏認為杜甫對陰鏗、何遜的排律功力深有體會：

故杜工部絕句云：「頗學陰何苦用心。」此用心者何謂，要為學其鋪陳宛轉，能近排律之妙耳。又〈贈太白〉云：「李侯有佳句，往往似陰鏗。」此佳句者何謂？要為美其描繪之工耳。工部平生功力，即見於排律之中，觀其投贈每每數十百韻，而陰何所長，亦即在排比之妙，則其惺惺相惜之所在，自可見矣！（5.7）53

而又認為杜甫遜於絕句，學絕句者，應取法於李商隱。由此，又可見體裁高下與詩人個性的關係：

近體詩至工部而格律以全。然工部於絕句實非所長，五言如〈八陣圖〉、七言如〈江南逢李龜年〉及〈解悶〉十二首中數首外，餘則儘為備此一格而已。蓋律詩有如垂紳立朝、瑟入合樂，妙在鋪陳典雅、吐屬高華。而絕句則當如燕居清言、莊諧雜出，么弦低唱、妙趣橫生。比之於書，則為《山經》、雜俎；比之於文，則為小品、隨筆。蓋如秦箏羌笛之與大呂黃鐘，實各有所宜，而亦各異其風趣者也。〔……〕蓋絕句原為寥寥短章，要在音節和諧，唇調吻應，拗則全拗，順則全順；而於二十八字之中，既須風華，尤在雋永。〔……〕杜牧、李義山最為擅長，而義山驚才絕豔，尤為獨步。其集中七絕，二百四篇，清麗可誦之作逾半。〔……〕學七言絕句者，自當以義山為斧柯矣。（5.5）54

而李白絕句勝於風華、王維絕句勝於淡雅，韋應物、杜牧、李商山之絕句則「後來居上」，比起杜甫亦不為遜色。何氏認為，這是因杜詩的風格與絕句本身的特色不甚相容：

蓋工部之詩，既以大才桀桀，亦復小心翼翼；其遣詞造意，皆從大處落墨，不作狹

52 同前註，頁六三。
53 同前註。
54 同前註，頁五九至六〇。

獪技倆。而絕句則須清詞婉約，乃至巧言如流，不嫌滑稽突梯，不忌無中生有，然後能丸轉於四句之中，舒卷乎兩韻之變。工部大家，而不擅此者，蓋亦人有能有所不能；如梁麗不可以窒穴，騏驥不可以捕鼠，茲固不必為工部病也。（5.6）[55]

所以指出這一點，是因古今註家均震於杜甫「詩聖」之稱，甚至以其絕句為準繩；如此「實將惑悞後學，故不可不為正之者也。夫好而知其惡，惡而知其美，然後能得好惡之正，而知所取法；論人論世應如此，論詩亦應如此。」（4.6）[56] 因此，評鑑諸家，正是為論者、學者提供取法之正途。何氏列出〈贈花卿〉、〈漫興〉其中三首、〈江畔獨步尋花〉、〈絕句〉、〈解悶〉其中三首、〈江南逢李龜年〉諸作，以為「杜集七絕之佳者」，「未足盡工部宮室之美。然膾炙羊棗，嗜好不同，則不妨自紓一人之私見耳。」此外何氏有〈讀杜工部集〉五言排律，云其「磨礱謝斧鑿，瑰瑋非羅綺」、「言言直扣心，字字凹入紙」，正同前述對杜甫的鑑賞。

參、論韓愈詩

《論詩隨筆》論韓愈較論李、杜為少，主要集中論其詩題與用韻。比如〈詩題〉篇第一則：

按詩之命題，於李、杜、白、韓四公中，殆以昌黎，最為精絜可法。其集中題，大都無賸字，無贅文，但賅所以作詩之由，不作嫗煦喋囁之説。［……］而昌黎規制，殆尤高出二公［陸士衡、陶淵明］，蓋其以文為詩，故名篇命題，自得從禮從周，曲期成俗之要也。後人命題，往往不知此義。（6.1）[57]

「昌黎規制」指附小序於詩題之後的成規，其題言簡意賅，值得效法。何氏認為詩題宜簡潔，指出詩題與小序的分確分工，不宜在題中長篇交代事情始末。至於韓愈詩，〈聲韻〉篇第十一則論道：

> 大凡寬韻以化平易為神奇者工，險韻則以化生澀為調順者勝［……］。昌黎為長篇鉅製，得寬韻每每恣為通轉，得窄韻則常篤守其範，不復旁出，且往往特押生澀之字。此自為筆力雄健，足以舉重若輕；然亦距躍三百，故示其餘勇之可賈。故《六一

55 同前註，頁六一。

56 同前註，頁六二。

57 同前註，頁六六。

詩話》稱其巧於用韻，為天下之至工，亦議其為生性拗強而然。（3.1二）[58]此則指出，冷僻之韻若用得適宜，新奇之感「如食果之有橄欖也」，然入韻乃觸機而得，不必強求寬窄。《人生》載一則《論詩隨筆》未錄之詩話：

昌黎苦寒五古三十六韻，全用十四鹽韻，東坡入峽五言長律，東湖五言古風，各三十韻，則用覃韻。鹽韻全八十二字，覃韻全九十四字，生澀冷僻者，蓋十之七八。韓蘇兩公，均才雄氣盛，故就此窄韻險字為羈勒，以騁其騏驥之逸足耳。然按其馳驟之迹，卽皆不出於呼應對舉之功，故能險不為怪，巧而非纖。然此自為驃騎之絕漠北，鄧艾之渡陰平，突騎奇兵，非有飛將，卽未易程功，故諸葛行軍，不取魏延子午谷之策也。吾友劉太希與曾履川兩君，往嘗以東坡此韻，互為唱和，各能一線貫串，旗鼓相當。太希持兩人所作歸夢篇相示，屬為洛鐘之應，余和其韻。

〔……〕

余刊詩詞輯，故未以錄入，亦以無烏獲之力，而以扛鼎，恐將有絕筋折骨之虞也。今因論險韻，偶然憶及，遂重錄之於此，流離歌哭，聊記一時之慨而已。[59]

此則主要為何氏所作排律，未錄入刊行本，自與未錄入詩詞輯的理由一致。兩處以筆力雄健、騏驥逸足等語推許韓愈，刻劃其詩之獨特風格，同時不斷告戒其險，頗有提醒學詩者的意味。

（四）論詩法

討論古典詩的風格，以及詩人的氣稟與藝術特色的關係之後，第一篇為〈法勢〉。篇序云：「法如弓良，勢如矢激。為體為用，於焉中的。因題發意，製錦由織。大塊文章，恣我揮斥。」由此，「法勢」似可分為方法與效果。是篇從內容而言近乎創作論。第一則先指出傳統「情」、「景」兩端的表現手法：

昔人論詩法，括之以寫景、寫情之兩端。寫景者，體物以起興，雎鳩之詠好逑、楊

58　同前註，頁三七至三八。

59　何敬羣：〈益智仁室論詩隨筆〉，《人生》第二十四卷第四期（一九六二年六月），頁二一。

柳之憶昔往是也。寫情者，即事而陳意，屺岵之思父母、蕭艾之感三秋是也。此或觸景以生情，或因情而託景；即不外乎六義之為興、為比、為賦，為賦而比、賦而興，為興而比、比而興之交互為用。然其錯綜不一、條貫難分，說詩者強排某聯為言情、某句為寫景，則非黏滯，即病支離，學者既苦捉摩之無定，說者亦無規矩以自圓矣！蓋情景兩者於詩法，雖不失為軌儀，而實未盡其究竟。(2.1)[60]

「情」、「景」二者之間為賦、比、興交互作用。然而詩句不可強作「情」、「景」之分，而「必於渾然一體之中，盡其隱顯交映之用；如一室千燈，互相照攝，乃能圓通無礙，水乳交融」。「若強作區分，即將為法自窘，惟妙為運化，乃可無往不宜」。他用現代語言重新概括了傳統詩法的意涵：

若以現代語括之：則寫景者，切題之空間與時間也；言情者，作者之靈感與想像也。其為綜錯運化者，則借題發揮也。(2.1)[61]

然後何氏再作更具體的定義。「景」為「空間與時間」，即「題目所及之境」與「題目所當之候」，較容易理解。而「情」為「靈感與想像」，後文即謂「感想為作者之觀點，此觀點者，必為內美素蓄，中藏欲言，胸多勃鬱之思，心有待宣之義。」「顧及時空，而後不失題意」，「具有感想，而後不病空泛」，「然後乃有自己之面目，乃有眞氣，乃有靈魂」。「綜錯運化」即前述賦、比、興，與情、景之間，錯綜而不能強分的狀態；這種狀態是一種「借題發揮」。

何氏強調「空間與時間」須為「題目所及」，正是因為有不切題、白相矛盾的問題。〈詩病〉篇第三則正有一則指出時空前後相乖之病：

> 惟一篇之中，不可有前後相乖，自為矛盾之義；否則不惟語病，抑且亂行。此在詩篇，尤須縝密。蓋詩本以賦體為宗，更賴比興之用。即景，則須點染當前之山川草木，月露風雲；寄情，則有待於過眼之魚躍鳶飛，蟲吟鳥語。然當窗前抱膝，或燈下微吟之時，往往尋聲逐景，忽其實境；而有失明之詞非時之物，奔集筆端，貿然茫然而不自覺；雖古之名家，稍一大意，亦往往忽諸。遂致燕鴻當春而同群，冰簟深秋猶在御，是何異五月披裘，三冬捉扇，雖為小疵，亦傷大體矣。(7.3)[62]

60 何敬羣：《益智仁室論詩隨筆》，頁一一三。
61 同前註，頁十三至十四。
62 同前註，頁七七。

下舉名家為例說明。如温庭筠詩之「冰簟銀床夢不成」、「雁聲遠過瀟湘去」。鴻雁「乃在涼風至以後六七候」，此時「猶御夏簟，毋乃為氣節之失常乎？」又如蘇舜欽〈春日晚晴〉有云：「得泥初燕喜，避弋去鴻輕。」從物候而言，大雁北飛以後，還待「五候三十日」，燕子方至，兩者不應同見。故詩既已命題於前，「任情發揮」之餘，切題之景，則須詩人「細心熨貼」。

我們不妨以現代語境的「借題發揮」釋義：假借某事以表真正的意思。「借題發揮」一詞有時雖帶貶意，卻巧妙地含示了一主次的關係，即「題」為工具，而真氣、靈魂乃目的。具體而言，「借題發揮」是一種機制、過程：

> 凡此心胸所蘊，皆為襟抱之待開。譬如元氣出雲，迎曉日則為明霞，遇和風則為甘雨，隔之以層巒則如絮，鼓之以雷電則成霖矣！故寫情者，如為無中生有，即為無病之呻；必其中有所積，正須藉言以宣，然後境有所當，遂以一觸即發。此所藉所觸，則借題發揮之用也。故因事以見其意，即景而發其情，乃能舒卷自如於若即若離之境，取捨從心於不黏不脫之間，乃能言皆有物，如見其人矣！（2.1）[63]

景（空間時間）有所感應，而作者中有所積（感想）。觸景藉言而發其情，詩人在這個過程的活動，便是「借題發揮」。「不黏不脫」與「不即不離」等語，常出現於清代性靈詩學關於詠物詩的討論，袁枚《隨園詩話》使用尤多；此語一般指詩作的語言、主題與所詠之物的關聯程度，其意約為含蓄寄託之餘，與題境的關係恰如其分。[64] 又以杜甫秋興八首為例，其空間、時間，正夔府三秋之時，而景物與感想的綜錯，正為借題發揮之效用：

> 胸藏萬緒，借此杯酒為一澆；心所謂危，遂並秋風以齊發。是以蓬萊宮闕、昆明旌旗，雖遠在長安、時逾十稔，皆可縱往復低徊之筆，歸之白頭吟望之中。是即身在江湖之上，面對者自為煙水菰蒲；而心存魏闕之下，則感懷者儘可縱橫今古。[65]

(2.1)

63 同前註，頁一四。

64 蔣寅：〈「不粘不脱」與「不即不離」——乾隆間性靈詩學對詠物詩美學特徵之反思〉，《人文中國學報》第二十二期（二〇一六年五月），頁四九至七二。

65 何敬羣：《益智仁室論詩隨筆》，頁十四至十五。

（五）性情之正與詩教

第二則緊承前述，以比喻更具體地說明：

> 詩法不外空間、時間、感想與借題發揮四事之互為綜錯。知其意，固可以盡詩法之用，然不知其正變之分，則猶未足以盡詩法之美也。時、空兩者，為託意借題之由，為資我發揮感想，取材備物之範圍。能不誤取，則無詩病；能取得其要，則與我所欲發者，成相得益彰之訢合。至於感想與借題，乃為詩之精神與活力。譬之宮室然：時間、空間，則宮室、地境、穹蓋、墻壁也。感想，則居之之人。借題以發揮，則居人利用此宮室，為行為、為動作之事者也。宮室如無居人，則為塵封苔蝕之廢屋，有人而不能善居室，則將為火宅、為魔宮。何以使其屋巍然而潤？何以使其入居之而安？茲則有待於明乎感想發揮，有正變之兩面而盡之矣！（2.2）[66]

以宮室與居者喻詩，時間空間等要素的客觀設定，不過宮室的外在。而感想有正變之分，惟其正者，能使宮室不致空洞無物，甚至能巍然而潤、居之而安。續云：

> 感想之正者謂何？即舜之召夔「詩言志」是也。發揮之正者謂何？即孔子之繫《易》

「修辭立其誠」是也。志即感想之所蓄，修辭即發揮其情、表達其志之所尚。言志言誠，則此素蓄者，必得性情之正，乃能發而為和雅之音。（2.2）[67]

《詩經》之正變說，歷代討論不已。此處將「詩言志」與「修辭立其誠」互相發明，志與誠的蓄養，與性情、感想之正之間具有必然的關係。〈詩大序〉：「〈周南〉、〈召南〉，正始之道，王化之基。」[68]《詩集傳》序由此提出了性情之正的概念：「惟〈周南〉、〈召南〉，親被文王之化以成德，而人皆有以得其性情之正。故其發於言者，樂而不過於淫，哀而不及於傷。」[69]何氏的正變觀與此處比較相似，都是提倡一種恰度、不過份的情感表現。他提出「性情之正」的反面例證：

若誤以為感想可以任意，則縱其暴戾恣睢之氣、侈其淫靡荒怠之思，即將為桑間濮上之餘、詭異譸張之幻、卑猥淺薄之詞、〈下里〉〈巴人〉之曲，安可以云風人之旨

66 同前註，頁十五。
67 同前註，頁十五至十六。
68 【漢】毛亨傳，【漢】鄭玄箋，【唐】孔穎達疏：《毛詩正義》，《十三經注疏》，頁二〇。
69 【宋】朱熹集注：〈詩集傳序〉，《詩集傳》（上海：上海古籍出版社，一九八〇年），頁一。

> 乎！故必稽古而攷文、讀書以明理，蓄其溫柔敦厚之義、裁其暴慢鄙吝之情。然後感想之所出，皆為怛惻雅馴之聲；發揮之所及，乃能盡其體物盡情之致。（2.2）[70]

《禮記・樂記》：「桑間濮上之音，亡國之音也。」[71]此處反對暴戾、淫靡、詭異、卑猥等等的創作主題，雖不無主觀成份，但解釋了「不正」的意義，即前述的火宅、魔宮之狀。「縱」、「侈」與「蓄」、「裁」相對，可見詩宜蘊藉，且須遵照一定法度、限制。〈風格〉第九則又云：「詩之為藝，雖以工麗為優，而其要歸，則在能規風人之旨，得性情之正。」（1.9）[72]「能規風人之旨」即「得性情之正」，兩者密不可分。〈法勢〉第二則總結云：

> 原夫詩法：結體取境，雖隨其人之才性興會，而各有見地，與技巧之不同；若言其途徑，則寫情寫景，即不外乎斯之四事：善其綜合，明其正變，為之取捨，為之協調。子美有言：「文章千古事，得失寸心知。」此所謂寸心可知者，即感想之預儲與發揮，又皆為可循而得之，可學而致之之事也。（2.2）[73]

此四事的具體意涵，如何綜合、協調，遯翁並未再加申述。整體而言，遯翁之論詩法，以現代的說法提出了詩之構成的要素與機制，主張性情之正；詩法既可視為詩的創作方法、法門，也是詩的法度、準則。

此一法度，在詩人一面為性情之正，在作品一面則為和雅之音，而就社會作用而言，則為溫柔敦厚之詩教。詩藝的要歸在於「規風人之旨，得性情之正」。而後抨擊「趨新之士」漠視詩教，使詩語言、日常語言、社會風俗漸漸墮落，故末云「惟能振敦厚溫柔之風，以為時代之椎輪」、「論詩以雅言為歸，裁詩以風教為本」。何氏曾發表〈禮記溫柔敦厚之詩教〉一文，指出君子為學立身須本於詩教之溫柔敦厚，正與此論呼應。[74]

〈法勢〉篇第九則居篇末，未見於連載版本，應為刊行本所增，作為收結。其中論到，漢晉唐宋之詩不可強分優劣，宋詩亦有其沉着、深刻之妙。何氏認為一代有一代之時尚，而「溫厚」為兩漢之風尚，故論者以兩漢詩為高。何氏總結道：

> 夫詩為雅言之首，不失為雅，即得其正。此其要即具於《三百篇》溫柔敦厚之教，

---

70 何敬羣：《益智仁室論詩隨筆》，頁十六。
71 【漢】鄭玄注，【唐】孔穎達疏：《禮記正義》，《十三經注疏》，頁一二五八。
72 何敬羣：《益智仁室論詩隨筆》，頁九。
73 同前註，頁十六。
74 益智仁室：〈禮記溫柔敦厚之詩教〉，《人生》第二十六卷第九期（一九六四年九月），頁十。

與思無邪之一言而盡之矣！非必句皆幽奥，言必經典乃為雅，但得性情之正，能為文從字順，依永和聲茲可已！是即詩之體勢，明乎此，即無之而不可，固無間於漢、晉、唐、宋之孰為優劣者也。（2.2）[75]

（六）論聲韻

正如何氏在〈談談有韻律的詩〉所強調，音律之美存在着自然的規律，「雖無一定之譜，而仍有自然之應，茲即天籟之鳴，顧亭林所謂皆出於天者也」，即使是「村童牧豎所為山歌俚曲」亦有其音律。詩歌音韻自古以來有不同的規律、說法，然而總有其規律，「所謂依永之聲，和聲之律，即為每一字一句之宮商，而實即每一句一字之平仄也」。何氏批評新詩的一大原因，在於其「不知音律之用」，「近數十年以來，世人倣西洋詩之形貌為白話詩，指韻腳為桎梏，以韻譜為陳腐。」對此，就古典詩的押韻，何氏認為不必強復古音，從平水韻為今韻即可：「《平水韻》行之七八百年，習用已久，無人能為改作。且《平水韻》本為今韻，若強今人以復古音，則改之亦徒滋紛擾耳。」（3.9）[76]使用今韻相對於推求古音已較為自由、便捷，而格律不出四譜，究其實，「則簡而易知也如此」，因此不必以聲韻為作詩的障礙。要言之，何氏強調古典詩之詩律本於自然，學習並不困難，且不時以新詩為「假想敵」，意欲為現代人指出創作的古典詩的門徑。

七、結語

筆者先探討《論詩隨筆》之創作背景與成書過程，然後論述其詩學特色。與同時期的詩話著作不同，《論詩隨筆》以理論與評論為主，鮮論詩人與詩之本事，又不乏與古代詩論的對話。作為詩人而論詩，何氏行文喜化用詩句，亦多以史事為比喻論證，是其詩論的特色。此外，通篇均有「通豁紛紜複雜之流」的傾向，如〈風格〉篇提出詩人氣稟構成詩之面目，由此以李、杜、韓三家為原型，統攝詩歌風格與派別；〈法勢〉篇以現代概念重新理解傳統情、景與賦、比、興的理論，提出詩法四事，並須以溫柔敦厚之詩教為宗旨。其他篇章如〈辭采〉、〈詩體〉、〈詩病〉等，主要概括了古代文論就該主題的討論，既面向初學詩者，亦包括藝苑中人。作為著於六十年代的古典詩論，《論詩隨筆》關注現代讀者能否進入古典詩的世界，以及現代人創

75　何敬羣：《益智仁室論詩隨筆》，頁二一四。

76　同前註，頁三四。

作古典詩的途徑。夏志清認為錢鍾書《談藝錄》「眼光正確，範圍驚人，旁徵博引」，「卻沒有能替中國詩的急需重新估價立下基礎」。[77]《論詩隨筆》對新詩、趨新之風持保守立場，未免是因其自標以古典的對立；它有意識地發揚、堅持中國古典詩藝術美感與風教功能的價值：

> 中國詩詞，天然具有色聲味三者之美：色謂字句排比整齊之美，聲謂音律悠洋鏗鏘之美，味謂風韻温柔敦厚之美也。韻味存乎其人，乃詩家公有之境界，無論南夷北狄東洋西歐之詩家作者，皆能得之；惟色聲之美，則為中國語文所獨擅。（4.5）[78]

中國古典詩於世界詩歌文學中有獨擅之處，非時代所能淘汰。「徒望洋而咎難，是何異坐擁金穴，日嗟困窮，遂爾身懷寶珠，以乞於市肆」（4.5），大概揭示了何氏對文化興亡的憂患意識，以及重新估價的必要。《論詩隨筆》之出於道喪文弊之世，正體現一代文人的抱負與承擔。

77 夏志清著，劉紹銘等譯：《中國現代小說史》（香港：香港中文大學出版社，二〇〇一年），頁三七四。

78 何敬羣：《益智仁室論詩隨筆》，頁四五至四六。

乙編

詩學纂要

何敬羣遯翁 編

何敬羣自序

學詩學文，非一朝一夕之功可致，非眞積力久不能入。近代教制，小學中學僅課語文而不課詩，必大學文科，始有一年課程之詩選。其為講習之時間，不足百小時；僅能使修習者，略知某時代有某某詩家，某詩家有某名篇某佳句而已！至何以為名為佳，則大半茫然，以云寫作，自戛戛其難矣！論者於此，則以為學詩之時間過少，學者無法多取資，自無以宏其用，教者為所限，亦無所施其技也！余謂不然。

詩之所資，不外經史語文；今大學生徒，正當窮經繹史之年，止作經史語文之攻治，不可謂無資，但有資而不知用於為詩耳！若能發其蒙而導之前，則如棒喝而悟，破翳得明，一轉移之間，即可以悠然而逝，翼如以趨。故一年之時間，不可謂短，要在學者與教者之能得其要耳！

原夫詩為天籟，為心聲，學之而工自非易，學之而能則非難。能明於聲調格律而熟其規矩，則十得四五矣！能讀唐宋詩三、二百篇，紬繹其規矩運化之所在，則十得六七矣！能不斷嘗試為寫作，則十得八九，而能入言志永言之塗徑矣！再進而泛濫魏晉六朝之篇什以鍊其辭，再進而涵濡〈國風〉〈騷〉〈雅〉之韻味以厚其氣，則可以為言必己出，斐然成章矣！而此一年之講習，則為之開局啓顱以窺其秘，指路示途以助其行也！此自須學者之欲窺欲行，而亦在教者之善啓善指。故必究學之之方，與教之之術；所謂工欲善其事，必先利其器，而教材之選擇，與學習之疇範，尚矣！

近十年，余以詩詞曲，講授海上各學院，即以此旨編為課詞、課曲、課詩綱要三種，用為教與學之工具。要在易知易行，重在能讀能寫。雖未能使其器盡利，其事盡善；然使從學者，以最短之時間，能循宮墻而得門，能知堂奧之所在，雖若近於速成，而不無利於初階也。去年秋為浸會學院課詩，即用此本，易其名曰《課詩纂要》，油印發諸生為講習之範本。文系主任徐伯訏先生見而善之，謂不若排印成書，以廣其用為便。余惟此猶閉門所作之屨，我之所便，未必為人所同便。然既便於我矣，則付之手民也亦宜，因自序其顛末於此以為之引。本書體例，有須略作說明者，並約舉如後：

一、詩歌只用「，」、「。」斷句。凡韻句用「。」，非韻句用「，」，不用其他符號斷句。1

二、聲調符號，一示平聲，丨示仄聲，○示可平可仄，⊖示可仄，但宜平，⦶示可平，但宜仄。△示韻，」示本韻至此止，下句換他韻。

三、典故出處，儘前文作註釋，後文重見，即不作註。

一九七四年二月遯翁於九龍浸會學院中文系室

1 編者註：一九七四年遠東書局初印本（後文簡稱遠東本）諸編所列詩例，首句用韻處及古體換韻處、逐句押韻處，往往以逗號標示，茲悉改為句號，不復一一說明。

詩學纂要上編．詩學導論

詩為文藝美之昇華，研究詩學，必須能讀，尤須能寫。何由能寫讀：即在明瞭其體制與聲律。此乍言之，若甚繁難，而實極為簡單，乃易學易知易行者。體制不外齊言與雜言，古風與近體之別；聲律不外平仄韻法，章句與對仗之辨而已！茲分別略說其要如下。

一、詩之淵源及體制

詩之興，出於人聲之天籟，始於生民有文字以記載其語言之時。《孟子》，天下謳歌訟獄者，「不之堯之子而之舜」；《尚書》，舜命夔典樂，以詩言志，歌永言教胄子。則知詩歌在唐虞以前，即盛其作用，成為聲教。夏有〈五子之歌〉，殷有〈商頌〉及夷齊、箕子之歌，至周代更以詩為六教之首；〈國風〉〈雅〉〈頌〉，彬彬於春秋之世，雖夷狄之人，亦能諷詠之。孔子曰：「不學詩，無以言。」詩之成為文藝中心，則《三百篇》為其淵源矣！《三百篇》以四言為主，以言簡意賅，義正辭誠為美。至戰國而有荀子之〈成相〉，屈宋之《楚辭》，其體為雜言，其辭盛文藻，詩歌即從此而日趨於美化。兩漢於是有五言、七言之詩，如〈大風〉〈秋風〉〈鐃歌〉〈天馬〉〈四愁〉〈五噫〉，以及蘇李〈河梁〉〈古詩十九首〉之作，言情寫怨，上紹風騷；

然僅為賦之附庸，雖為後世所憲章，而未得為當時所重視。及東漢之末，乃見發皇：蔡邕父女，曹操父子，踵蘇李張五言之幟，以清剛爽朗作其氣，撫事感時發其情。建安七子：孔融、陳琳、王粲、徐幹、阮瑀、應瑒、劉楨等人，則以清麗交輝，華實並茂之辭羽翼之，而曹植為之首，於是五言之詩以盛。西晉統一中國，江南文學，與中原文學交流；則有：阮籍、張華、陸機、陸雲、潘岳、張載、張協、左思、郭璞之倫，其所作辭新語麗，秀潤流轉，謂之太康文學，而陸機為之首。詩至此時，已進而與辭賦，平分文學之領域矣。東晉南渡，文風稍替，至晉宋之際，乃再復甦，則有：謝瞻、謝混、謝靈運、謝惠連、鮑照、顏延年等人出，其所作皆風華掩映，組練精工，謂之元嘉文學，而謝靈運為之首。獨有一陶潛，於綺羅錦繡之中，自標縞衣綦巾之致，為詩壇樹一不待雕繪而美之大旆。於時：顏延年等人，創文筆之分，詩乃進而為文學之主流。自永明下至梁陳，百年之間，前有梁武父子、謝朓、王融、沈約、范雲、任昉、江淹、何遜，後有陰鏗、江總、徐陵、庾信，皆辭采富麗，錦繡交艷。而周顒、沈約，揭四聲之秘，發揮聲調音律之美，不徒為詩一新其面目，亦為漢語文運用文藝之美之一大發展；唐宋之各體詩，及宋元明清之詞曲戲劇，亦莫不於此孕毓之矣！然齊梁詩風，至陳隋之世，華艷過多，有桃李之春穠，欠稻粱之秋實，亦為後人所詬病。又其體制，雖包有吳歌西曲之雜言，然仍不出五言之疇範。唐承其後，乃自五言發展而盛於七言，自聲律發展而成近體，至盛唐而詩之體制乃大備。茲分述之如下。

（一）五言古風——古風者，漢魏風格之詩，別於齊梁近體而言，故謂之古風。漢魏六朝詩，均以五言為主，至齊梁時，乃側重辭藻之靡麗，聲調之諧協；其風格，溺於嘲風弄月，而日以軟熟婉孌。隋代及初唐，仍承其風。至王維、孟浩然，乃越徐庾而師淵明，然齊梁之餘韻，猶未盡淨。至太白、子美，乃上追蘇李，方駕曹劉，其風規乃高出六朝之上，而為漢魏之江河矣。

五言古風，為齊言詩，兩句一韻，其篇章長短，無限制，自三韻至數十百韻均可。

（二）七言古風——除五言古風外，凡雜言詩，樂府詩，均可歸入此門類。七言詩蓋本於樂府，如〈易水〉〈垓下〉〈柏梁〉〈薤露〉。魏晉以後，五言特盛，七言間見於樂府歌詞，大都風光旖旎，軟語纏綿之句。至盛唐，始脫出其範圍，至李杜，始從〈四愁〉〈五噫〉，上追屈宋，開闢七言古風之風格與領域。

（三）樂府——亦為古風之一體，有五言，有七言，有雜言。樂府之名，始於西漢，皆為合樂之歌謠，皆以曲名寫其情感。如漢人之〈薤露〉〈蒿里〉，為哀挽之歌，〈烏夜啼〉〈子夜歌〉，為思婦幽怨之吟，六朝之〈白苧〉〈采蓮〉，為寫美人妙曼之態。至唐人則被之管絃者，往往用近體律絕，其襲漢魏六朝樂府曲名之歌行，則為徒辭，故謂之古樂府。實則遠師〈國風〉刺譏懲創之意，但借樂府曲名為題。如杜甫、白居易，則自創曲名，謂之新樂府。此古樂府與新樂府，皆為借題發揮，譏切時事而作，其風格與作用，實高出齊梁吳謳西曲之上矣！

（四）五律——五言七言律詩、排律、絕句六體，為近體詩。近體云者，近出於齊梁體之謂也。此六體詩，均為齊言，均有一定之聲韻句法與對仗，蓋由齊梁聲律發明以後，進展而成者。

五言律詩，權輿於沈佺期、宋之問，而大成於王、孟、李、杜。齊梁時，如范雲之〈巫山高〉：

巫山高不極，白日隱光輝。靄靄朝雲去，冥冥暮雨歸。岩懸獸無跡，林暗鳥疑飛。枕席竟誰薦，相望徒依依。

此詩八句四韻。中兩聯對，即為五律濫觴。但當時只偶然有合，其平仄亦未盡調，亦無和應踵作者。至唐高宗武后時，以入聲樂，沈、宋起而推演之，遂成定式之五律矣！

（五）七言律詩——七律之風規格勢，自以至杜甫而大成。陳隋之際，庾信之〈烏夜啼〉：

促柱繁弦非子夜，歌聲舞態異前溪。御史府中何處宿，洛陽城頭那得棲。彈琴蜀郡卓家女，織錦秦川竇氏妻。詎不自驚長淚落，到頭啼烏恒夜啼。

右詩八句四韻，中兩聯對，儼然七律，然亦為偶合，未能成軍。初唐至盛唐，乃確然與五律，成為規制。然大家如王維、李白，於聲律猶多失粘，蓋至杜甫而後聲情並茂，格律均精；平韻仄韻，正體拗體，皆足為百代法式也。

（六）排律——唐代應進士試詩，以五言律詩十二句六韻，或十六句八韻為程式，於是有長律之一體。元代楊士宏編《唐音》，乃目之為排律。排如排比排列之排：謂重複連續八句四韻之聲律，排列之，成長篇之律詩也。有五言，有七言，唐人均謂之律詩。此體短章六韻，長篇可數十百韻，除起結句外，餘均對句。必平韻，必全篇一韻，唯可用通轉韻，如工部〈夔州詠懷〉，即先、元、刪韻通押。作法以鋪敍流美，對仗典雅，氣勢貫通，波瀾壯闊為勝，此亦以杜甫最為擅長。

（七）絕句——五七言絕句，蓋隨五七律之發展而成者。《玉臺新詠》有古絕句，則與劉昶慷慨悲吟之斷句同，乃樂府曲調之名，與唐人絕句之義異。陶弘景〈答齊高帝問山中何所有〉：

山中何所有，嶺上多白雲。只可自怡悅，不堪持贈君。

吳均〈山中雜詩〉：

山際見來煙，竹中窺落日。鳥向簷上飛，雲從窗裏出。

何遜〈相送〉：

客心已百念，孤遊重千里。江暗雨欲來，浪白風初起。

右雖可為絕句之權輿，然僅為偶見，且只五言無七言，則知絕句之體，是初唐五七律興起時之副產品。絕者，截取古近體為短章，以四句三韻或兩韻為定式，蓋律詩之一種也！李漢編《昌黎詩集》，五七絕即均入律詩。故《唐音癸籤》云：「唐人詩於聲律之叶者，不論長句絕句，均謂之律詩也。」

五言絕句，音節短促，不易迴旋，故作者多從拗體仄韻，以清峭冷雋為工，以偏師出奇制勝。七言語句紆徐，利於舒捲，故其體出不旋踵，即於近體之中，蔚成大國。蓋律詩有如垂紳立朝，瑟入合樂，要在舖陳典重，吐屬高華。而絕句則當如持塵引杯，清談戲論，么絃低唱，妙趣橫生，此其大較也。

五言絕當以平韻及二、四句押韻為正格，押三韻及仄韻者為別格。七言絕則當以平韻及一、二、四句押韻者為正格，押兩韻及仄韻者為別格。

二、詩之聲韻及律法

詩之構成，即在聲、韻、律之三者，此即漢語文聲容之美之發揮。聲謂平仄，韻謂叶韻，律則篇章句讀辭藻對仗之規律也！茲先說聲：

甲、辨平仄

平仄為詩之骨幹。近體詩有一定之平仄聲調，古風歌行，無定式之平仄，然亦須明平仄之聲，乃能致其音節之鏗鏘。平仄為何，即陰平陽平上去入之五聲是已！此五聲從淺近分別之。則為：

陰平：清、高、長
陽平：最清、最高、短於陰平
　右兩聲，詩法統謂之平。
上聲：濁、最低、短
去聲：次濁、高於上聲、長
入聲：介於清濁之間，最短
　右三聲，詩法統謂之仄。

類別	平之部		仄之部			韻部	聲母	國音注音	中原注音
音位	一	二	三	四	五				
五聲	噫	移	倚	意	翼	四支	煙	ㄧ	
	通	同	統	痛	獨	一東	他		T
	方	房	紡	放	霍	七陽	夫	ㄈㄤ	
	痴	持	齒	翅	赤	四支	抽	ㄔ	
	詩	時	始	市	室	四支	申	ㄕ	
	夫	扶	府	付	復	七虞	敷		F
	釵	柴	采	寨	柵	九佳	初		TS
	分	焚	粉	忿	佛	十二文	夫		F
	拖	駝	妥	舵	鐸	五歌	湯		T
	些	邪	寫	瀉	屑	六麻	先		SH
	憂	由	有	又	育	十一尤	於	ㄡ	
	音	霪	飲	蔭	揖	十一侵	於		Y
音等	清長	最清稍短	低濁	次濁平長	清濁之間短				
等於律呂	徵	羽	宮	商	角				
等於笛色	尺	工	合	四	上				
等於西樂	5	6	1	2	3				

漢字一字一聲，均統於此五聲之內。每字依此五聲清濁高低之聲調，以雙聲相轉讀之，即知此字為何聲。茲參合《中原音韻》，與粵音發音相同，可以同讀之字，為五音聲調腔譜，以資練習。

右譜任以普通語音及粵音讀之均可。粵音上聲清，陽平濁，惟此為稍異耳。練習平仄，只須以二小時之時間，將右譜熟讀成腔，則任何字，欲求其平仄，皆可依腔衝口而得之。詩之能抑揚宛轉，可歌可誦，即在句中平仄相間，上下句平仄相反為對，此即漢語文聲音之美之所在者也。

乙、明韻法與對仗

詩必叶韻，韻以《佩文韻府》之韻為正。此韻今通行本有《詩韻集成》《詩韻全璧》兩種。《詩韻全璧》，且附有檢韻，尤便初學。

初學詩者，每苦覓韻為難，此檢韻只須按部首，數筆畫，即可檢得之。於此尚有一簡約之法，只須體會字聲收音之類別，即可不煩檢韻，而知其字為某韻矣！漢字雖繁多，從其發音言，有喉牙舌齒唇之異，見溪群[2]疑三十六部之分；從其收音言，則只開口收音之三部與閉口收音之三部而已！

開口收音之三部為：

一、展輔之部：收音時，自然而展兩腮若微笑然，支微齊灰韻之字均是也。

二、歛唇之部：收音時，自然歛唇若吹噓然，魚虞蕭肴豪尤韻之字均是也。

三、直喉之部：收音時，張口銜喉而出，歌麻佳韻之字皆是也。

閉口收音之三部為：

一、穿鼻之部：收音時，舌本閉喉，氣從鼻出，如英語之NG收音；東冬江陽庚清蒸韻之字，皆是也！

二、抵顎之部：收音時，舌尖抵上顎。阻其氣，如英語之N收音。眞文元寒刪先韻之字，皆是也！

三、閉口之部：收音合其口，如英語之M收音。侵覃鹽咸之字皆是也。

仄韻上去聲字，即皆可以此求之。至入聲十七韻，則均為開口無尾音之字。大抵屋沃覺藥四韻之字，收音略如K，均歛唇。質物月曷黠屑陌錫職緝十韻之字，收音略如T，均展輔。合

2　編者註：群，遠東本作郡，茲改。

葉洽三韻之字，收音略如P，均直喉。

又陰陽平同為一韻。如通同風紅沖蟲同為東韻，詩時癡持披疲同為支韻。先賢千泉同為先韻。挑調超潮同為蕭韻。此熟五音聲調，即可信口而得之者。

古風可平韻，可仄韻，可平仄韻相間，可用通轉韻。五言古定式為兩句一韻。七言古，包括樂府雜言，押韻無定式，可兩句一韻，可句句押韻，可兩句三句錯雜參差押韻。五七古均可通篇一韻，或一篇數換韻。

近體律絕，通常俱平韻，俱全篇一韻；除排律外，俱不得用通轉韻。宋人王安石於七律起句，好用通轉韻，是乃破體，不足為法。五言絕句，多仄韻，五律無仄韻，有之即入古風。七絕七律，有用仄韻者即為拗體。非正格。

近體不得重韻，古體除疊句外，亦不得重韻。

以上明韻法，以下略說律法中之對仗。

對仗為詩之容色，亦為修辭之功。漢語文一字一型，一字一音，一字一義；其字型即天然而可以雙排並寫，無長短不齊之弊。其字音即天然而可以陰陽清濁，左右相應。其字義即天然而可以鴛鴦鶼鰈，比翼聯鑣。此為中國文字天然而特具之美質。近體律絕，既以齊言，盡其字型整齊之美，平仄盡其和聲之美；而對偶則盡其字義與色彩之美者也。故五七律，中兩聯必對為定式，排律全篇俱對，五七絕雖不必定對，然仍以前兩句，或後兩句對者為常式！即古風亦

常須用對句以作波瀾也。

對仗之道，不外分別單字，或雙辭字義之虛實。虛字與虛字，實字與實字對，再精之，則半虛實字可與實字對，亦可與虛字對是也，試表如下：

實字	即名詞、代名詞	自相對	亦可與	相對（實字與半虛實字）
半虛實字	即形容詞、動詞、嘆詞	自相對	亦可與	相對（與實字、虛字）
虛字	即副詞、介詞	自相對	亦可與	相對（虛字與半虛實字）

對有言對、事對、正對、反對、當句對、流水對、疊字疊句對。對句可用故事，而以白描為佳，故事則忌用僻典。凡此：皆為修詞造句之技巧，既明對法，即須多作而熟，熟自能生巧也。

三、詩之聲調

詞曲之聲調，均多至千餘，詩之聲調，則極為簡單。古風歌行，無定式之聲調；清代王士禛，[3]有《古風平仄論》，大抵須與近體相反，宜拗不宜順。此則寫讀稍多，自能通其意而得之，當於說古風時隨篇闡發之，此不先複。至近體則有定式之聲調，此聲調，即不外起句入韻與不入韻之兩體，平起仄起之兩調而已。起句第二字仄聲者，即為仄起調；起句第二字平聲者，即為平起調。只須各熟絕句一首，即能熟其調而因應無窮矣！茲舉例如下：

甲、五言絕律聲調

仄起調，起句不韻者，可以李白〈重憶賀監〉絕句為式：

○｜○—｜　⊖（宜平）—○｜—△
欲向江東去，將誰共舉杯。

○—⊖（宜平）｜｜　○｜｜（必仄）——△
稽山無賀老，卻棹酒船迴。

此式第二句第一字，第三句第三字宜平，如仄即啞。第四句第三字必仄、如平即失粘。

將右調重複，即翻成仄起句不入韻五律聲調。如杜甫〈旅夜書懷〉：

細○草｜微○風—岸｜，危⊖宜平檣—獨○夜｜舟—。△

星○垂—平⊖宜平野｜闊｜，月○湧｜大｜必仄江—流—。△

名○豈｜文○章—著｜，官⊖宜平因—老○病｜休—。△

飄○飄—何⊖宜平所｜似｜，天○地｜一｜必仄沙—鷗—。△

3 編者註：王士禛，遠東本作王士禎。後仝不贅。

右第二句第六句之第一字，第三句第七句之第三字宜平，第四句第八句之第三字必仄，與絕句同。詩法：五言平仄，一三字不論。但：

「仄仄仄平平」之句，第三字必仄，否則失黏。「平平平仄仄」之句，第三字宜平，否則音啞。「平平仄仄平」之句，第一字宜平，否則音啞。[4]

仄起調，起句入韻者，只須將李白第一句「欲向江東去」（仄仄平平仄），改為「欲去向江東」（仄仄仄平平）。即將下三字之「平平仄」，倒轉為「仄平平」即可。[5]茲更以盧綸〈塞下曲〉五絕一首為式：

林暗草驚風。將軍夜引弓。
○｜(必仄)｜——△⊖(宜平)—○｜—△

平明尋白羽，沒在石稜中。
○—⊖(宜平)｜｜○｜｜(必仄)——△

前用此調，後用李白調，即聯成仄起調，起句入韻之五言律詩調。如杜甫〈月夜憶舍弟〉：

戍○鼓｜斷｜(必仄)人—行—。△秋⊖(宜平)邊—一○雁｜聲—。△

露○從—今⊖(宜平)夜｜白｜，○月｜是｜故—(必仄)鄉—明△。

有○弟｜皆○分—散｜，無⊖(宜平)家—問○死｜生—。△

寄○書—長⊖(宜平)不｜達｜，況○乃｜未｜休—(必仄)兵—。△

平起調起句不韻者，可以李端〈聽箏〉絕句一首為式：

4 編者註：此處原以橫豎符號標示平仄，茲改為文字。

5 編者註：此處原以橫豎符號標示平仄，茲改為文字。

鳴○箏—金⊖宜平粟|柱|，素○手|玉|必仄房—前—。△

欲○得|周○郎—顧|，時⊖宜平時—誤○拂|絃—。△

重疊此首，即為：平起調，起句不韻之五言律詩調。如韋應物〈賦得暮雨送李曹〉：

楚○江—微⊖宜平雨|裏|，建○業|暮|必仄鐘—時—。△

漠○漠|來○帆—重|，冥⊖宜平冥—去○鳥|遲—。△

海○門—深⊖宜平不|見|，浦○樹|遠|必仄含—滋—。△

○｜○—｜，⊖（宜平）—○｜—△

相送情無限，霑襟比散絲。

平起調起句入韻者按此只須將李端詩第一句「鳴箏金粟柱」，改為「鳴箏綺席邊」，即將下三字之「平仄仄」倒轉為「仄仄平」即可。[6]茲更以皇甫冉〈婕妤怨〉絕句為式：

⊖（宜平）—○｜—△。○｜｜（必仄）——△。

花枝出建章。鳳管發昭陽。

○｜○—｜，⊖（宜平）—○｜—△。

借問承恩者，雙眉幾許長。

前用右調、後用李端調，即聯成平起調，起句入韻之五律調。如杜甫〈漫成〉（贈東山隱者）：

6　編者註：此處原以橫豎符號標示平仄，茲改為文字。

江⊖（宜平）皋—已○暮｜春—。△花○下｜復｜（必仄）清—晨—。△

仰○面｜貪○看—鳥｜，回⊖（宜平）頭—錯○應｜人—。△

讀⊖（宜平）書—難○字｜過—，△對○酒｜滿｜（必仄）壺—頻—。△

近○識｜峨○眉—老｜，知⊖（宜平）予—懶○是｜眞—。△

五言排律，仄起者，李白調，平起者李端調，可以賅之。

五言律絕，以仄起調起句不韻者為正格，平起調，及起句韻者為別格，自唐以來作五律者即以仄起起句不韻者為多也。

乙、七言律絕聲調

仄起調起句不韻者，可以李商隱〈送臻師〉為式：

○｜○—⊖（宜平）｜｜，○—○｜｜（必仄）——△

昔去靈山非拂席，今來滄海欲求珠。

○—○｜○—｜，○｜⊖（宜平）—○｜—△

楞伽頂上清涼地，善眼仙人識我無。

詩法：七言平仄，一三五不論。但：「平平仄仄仄平平」句，第五字必仄，否則失粘。「仄仄平平平仄仄」句，第五字宜平，否則音啞。「仄仄平平仄仄平」句，第三字宜平，否則音啞。[7]

凡七言絕律，仄起平起調，皆準此。

7　編者註：此處原以橫豎符號標示平仄，茲改為文字。

右李商隱絕句調，重疊之，即翻成仄起調起句不韻七言律詩調，如杜甫〈聞官軍收復河南北〉：

劍○外｜忽○傳—收⊖（宜平）薊｜北｜，[7]初○聞—涕○淚｜滿｜（必仄）衣—裳—。△
卻○看—妻○子｜愁○何—在｜，漫○捲｜詩⊖（宜平）書—喜○欲｜狂—。△
白○日｜放○歌—須⊖（宜平）縱｜酒｜，青○春—結○伴｜好｜（必仄）還—鄉—。△
即○從—巴○峽｜穿○巫—峽｜，更○下｜襄⊖（宜平）陽—向○洛｜陽—。△

仄起調，起句入韻者，只須將李商隱句「非拂席」，倒轉為「拂席非」即可。茲更以柳中庸〈征人怨〉絕句為式：

歲歲金河復玉關。朝朝馬策與刀環。

○｜⊖（宜平）—○｜—△　○—○｜｜（必仄）——△

三春白雪歸青塚，萬里黃河繞黑山。

○—○｜○—｜　○｜⊖（宜平）—○｜—△

前用柳中庸調，後用李商隱調，即聯成仄起調，起句入韻之七言律詩調，如杜甫〈登高〉：

風急天高猿嘯哀。渚清沙白鳥飛迴。

○｜⊖（宜平）—○｜—△　○—○｜｜（必仄）——△

無邊落木蕭蕭下，不盡長江滾滾來。

○—○｜○—｜　○｜⊖（宜平）—○｜—△

8　編者註：薊，遠東本作冀。

萬里悲秋常作客，百年多病獨登臺。
○｜○—⊖（宜平）｜｜，○—○｜｜（必仄）——△

艱難苦恨繁霜鬢，潦倒新停濁酒杯。
○—○｜○—｜，○｜⊖（宜平）—○｜—△

平起調起句不韻者，可以李商隱〈詠李衛公〉絕句為式：

絳紗弟子音塵絕，玉鏡佳人舊會稀。
○—○｜○—｜，○｜⊖（宜平）—○｜—△

今日致身歌舞地，木棉花發鷓鴣啼。
○｜○—⊖（宜平）｜｜，○—○｜｜（必仄）——△

重疊此調，即翻成平起，起句不韻之七律調，如杜甫〈野望〉：

西山白雪三城戍，南浦清江萬里橋。
○—○｜○—｜，○｜⊖（宜平）—○｜—△

海○內｜風○塵—諸⊖(宜平)弟｜隔｜，天○涯—涕○淚｜一｜(必仄)身—遙—。△

惟○將—遲○暮｜供○多—病｜，未○有｜涓⊖(宜平)埃—答○聖｜朝—。△

跨○馬｜出○郊—時⊖(宜平)極｜目｜，不○堪—人○事｜日｜(必仄)蕭—條—。△

平起調起句入韻者，只須將商隱第一句下三字「音塵絕」，倒轉為：「絕音塵」，即可。茲更以王昌齡〈長信宮詞〉絕句為式：

眞○成—薄○命｜久｜(必仄)尋—思—。△夢○見｜君⊖(宜平)王—覺○後｜疑—。△

火○照｜西○宮—知⊖(宜平)夜｜飲｜，○分—明○復｜道｜奉—(必仄)恩—時△。

前用王昌齡調，後用李商隱「絳紗弟子」調，即聯成平起，起句入韻七言律詩調。如白居易〈初到江州寄翰林張李杜三學士〉：

早攀霄漢上天衢。晚落風波委世途。
雨露施恩無厚薄，蓬蒿隨分有榮枯。
傷禽側翅驚弓箭，老婦低眉事舅姑。
碧落三山曾識面，年深記得姓名無。

右七言絕句律詩，不論平起調仄起調，均以起句韻者為正格，不入韻者為別格。

七言排律，平起仄起，聲調均與此同。

五七言絕句，七言律詩，有仄韻，有拗體，乃為變格，當於後講述時，隨篇發其義，此不具說。

詩學纂要中編．唐詩選讀

自六朝揭出中國語文聲容之美以為詩，則詩之進而為齊言雜言，古體近體，乃為文藝必然而有之發展。然必至唐代而備盛者，則以自三國以下四百年，中國分裂，至於江左偏安，人心不振，風化日偷。故雖發聲律之秘，而歧入浮泛靡漫，未能得聲律之正。至唐代統一，經貞觀至開元百餘年間，中國富盛而安定，雅正之文學興，而詩歌之風格以高，聲容以正。又以詩歌取士，故詩學遍於中國，外至四夷，莫不向風，而作者以多。清康熙時，編《全唐詩》，著錄者猶有二千三百餘家，載詩四萬八千九百餘首；則詩學之至唐而發達，亦時勢所使然也。宋人依其發展之時間，分為初、盛、中、晚四期。元代楊士宏作《唐音》，更析自高祖，歷太宗、高宗、中宗、武后，至睿宗，先天元年，約八十五年為初唐，自玄宗開元，歷肅宗，至代宗永泰元年，約五十五年為盛唐。自代宗大曆元年，歷德、順、憲、穆、敬五朝，至文宗太和元年，約七十一年為中唐。自文宗開成元年，歷武、宣、懿、僖，至昭宗天佑三年唐亡，約七十七年為晚唐。茲即依其次，研讀唐代三百年之詩。

一、初唐詩

初唐詩非高，但為唐詩之孕育時期。於時中國富盛，詩之寫作，半為歌詠昇平，其辭采襲徐、庾靡麗之舊，演間見之對偶為定式之對句，演浮聲切響之聲律為定式之聲律，而古近體以分，絕律之雛形以具。高宗時，王勃、楊炯、盧照鄰、駱賓王，始為名家，至武后時而盛。如沈佺期、宋之問、杜審言、蘇味道、李嶠、陳子昂，皆其著者。皆以雕繪為工，文勝於質，則宮體館閣之詩，藻飾多而氣格弱。獨一陳子昂，尚能振拔，而未能蔚為風氣也。

王勃（公元六四九—六七六）

龍門人，字子安。高宗初年對策高第，歷官朝散郎虢州參軍。年二十九，往交趾省父，渡海舟覆悸而卒。勃才思敏捷，為初唐四傑之首，有《王子安集》十卷。

山中（高步瀛云：此咸亨二年寓巴蜀時作。）

長江悲已滯，萬里念將歸。況屬高風晚，山山黃葉飛。

送杜少府之任蜀州

城闕輔三秦。風煙望五津。與君離別意，同是宦遊人。海內存知己，天涯若比鄰。無為在歧路，兒女共霑巾。

（一）《史記》：「項羽分秦地為三，曰：雍王、塞王、翟王。」故關中號為三秦。

（二）《華陽國志》：「大江自湔堰下至犍為有五津。」

宋之問（公元六五六—七一〇）

汾州人，字延清。武后時，官尚方監丞，後附武三思，官考工員外郎。三思敗，徙死欽州。詩律自沈約、庾信，以音韻相婉附，屬對精密，及宋之問、沈佺期，又加靡麗，回忌聲病，約句準篇，如錦繡成文，學者宗之，號沈宋體。見《唐書》本傳。按沈宋詩，都麗閑雅，後世所謂宮廷詩人之詩也，其格非高，然奠定近體詩之基，則沈、宋與杜審言三人也。

渡漢江

嶺外音書絕，經冬復歷春。近鄉情更怯，不敢問來人。

題大庾嶺北驛

陽月南飛雁，傳聞至此回。我行殊未已，何日復歸來。江靜潮初落，林昏瘴不開。明朝望鄉處，應見隴頭梅。

（一）《舊唐書．文苑傳》：之問配徙欽州，「經途江嶺，所有篇詠，傳佈遠近」。按此篇即其一也。

沈佺期（公元六五六—七一四）

內黃人，字雲卿。擢進士，官考功郎。與宋之問、杜審言俱坐交通張易之，流驩州。後起復為修文館直學士、中書舍人，開元初卒。

雜詩

聞道黃龍戍，頻年不解兵。可憐閨裏月，長在漢家營。少婦今春意，良人昨夜情。誰能將旗鼓，一為取龍城。

（一）《宋書》：「馮跋治黃龍城，謂之黃龍戍。」在今熱河朝陽縣。

（二）龍城：匈奴祭天處，在漠北，見《漢書》。

遙同杜員外審言過嶺

天長地闊嶺頭分。去國離家見白雲。洛浦風光何所似，崇山瘴癘不堪聞。南浮漲海人何處，北望衡陽雁幾群。兩地江山萬餘里，何時重謁聖明君。

（一）《尚書》：「放驩[9]兜於崇山。」《孔疏》：「在衡嶺之南。」

9 編者註：驩，遠東本作鑵。

（二）近體律絕，除疊字或連環句外，不宜重字。此重山字何字，則初唐律法猶未嚴密也。

杜審言（公元六四五？—七〇八）

襄陽人，字必簡。舉進士，累官洛陽丞，坐事免，武后召授著作佐郎。坐交通張易之，流峰州，後召還，終於修文館直學士。

渡湘江

遲日園林悲昔遊。今春花鳥作邊愁。獨憐京國人南竄，不似湘江水北流。

（一）七言絕句，全為截七律體式而成。其截項、頸兩聯者，如王維之〈靈寶池送從弟〉：

金杯緩酌清歌轉，畫舸輕移艷舞迴。自嘆鶺鴒臨水別，不同鴻雁向池來。

截頸聯、末聯者，如杜甫〈江南逢李龜年〉：

岐王宅裏尋常見，崔九堂前幾度聞。正是江南好風景，落花時節又逢君。

其截首、末兩聯者，如賀知章〈回鄉偶書〉：

少小離家老大回。鄉音無改鬢毛衰。兒童相見不相識，笑問客從何處來。

至審言此首，則為截首項兩聯為體者。

五言絕句為截五律而成，亦與此同。截首、末兩聯者，如宋之問「嶺外音書絕」一首。截首、項兩聯者，如祖詠〈終南山望積雪〉：

終南陰嶺秀，積雪浮雲端。林表明霽色，城中增暮寒。

截項、頸兩聯者，如王之渙〈登鸛鵲樓〉：

白日依山盡，黃河入海流。欲窮千里目，更上一層樓。

截頸、末兩聯者，如王勃「江曠春潮白」，是也。[10]

和晉陵陸丞早春遊望（按：晉陵，今常州。）

獨有宦遊人。偏驚物候新。雲霞出海曙，梅柳渡江春。淑氣催黃鳥，晴光轉綠蘋。忽聞歌古調，歸思欲霑巾。

---

10 編者註：曠，遠東本作暖。王勃〈早春野望〉：「江曠春潮白，山長曉岫青。他鄉臨睨極，花柳映邊亭。」

陳子昂（公元六六一—七〇二）

射洪人，字伯玉，高宗朝進士，武后時官右拾遺。初唐詩均承徐、庾餘風，子昂獨追漢魏，以雅正高古，自樹一幟。當時不為重，其後杜甫、韓愈盛推之，實可為盛唐詩風格之先導者也，有《陳拾遺集》十卷。

感遇 11

翡翠巢南海，雄雌珠樹林。何知美人意，驕愛比黃金。殺身炎州裏，委羽玉堂陰。旖旎光首飾，葳蕤爛錦衾。豈不在遐遠，虞羅忽見尋。多材信為累，歎息此珍禽。

（一）《交州記》：「翡翠出九眞。」〈招魂〉：「翡翠珠被，爛齊光些！」
（二）〈海外南經〉：珠樹「生赤水上，樹如柏，葉皆為珠」。

登幽州臺歌

前不見古人，後不見來者。念天地之悠悠，獨愴然而涕下。

二、盛唐詩

盛唐詩，至王維而歛穠麗為雅澹之辭句以出，至李白而脫出六朝俳體之古風以拓，至杜甫而興觀群怨之風規以正，近體之聲華格律以精。蓋歷開元、天寶治亂卂降之際，自然而發其比物感事之思，於是越齊梁而遠踪雅騷漢魏，詩之風華骨氣，亦自然而噫為大塊之鳴眾籟，靈氣之出山川矣。

張九齡（公元六七八—七四〇）

曲江人，字子壽。天寶初，拜中書侍郎同平章事。為李林甫所忌，貶荊州長史，卒謚文獻。開元時文章以張說、蘇頲為大手筆，然猶未盡脫陳隋及初唐風格。九齡與賀知章，挺拔而出，兩人位高名重，逐啟盛唐之詩風！其詩文有《曲江集》二十卷。

感遇 12

孤鴻海上來，池潢不敢顧。側見雙翠鳥，巢在三珠樹。矯矯珍木巔，
得無金丸懼。美服患人指，高明逼神惡。今我遊冥冥，弋者何所慕。

11 編者註：〈感遇〉三十八首，此處所選為其二十三。
12 編者註：〈感遇〉十二首，此處所選為其四、其七。

（一）揚雄〈解嘲〉：「高明之家，鬼瞰其室。」

（二）「鴻飛冥冥，弋人何慕。」亦見《法言》。

江南有丹橘，經冬猶綠林。豈伊地氣暖，自有歲寒心。可以薦嘉客，奈何阻重深。運命惟所遇，循環不可尋。徒言樹桃李，此木豈無陰。

（一）〈橘頌〉：「后皇嘉樹，〔……〕生南國兮！」

（二）曹植〈橘賦〉：「背江州之暖氣。」

（三）陳沆云：此罷相謫荊州長史後作。

王維（公元六九二—七六一）

河東人，字摩詰。開元九年進士。安祿山反，陷賊中，賊平，責授太子中允，旋拜尚書右丞。維性恬淡，於藍田營輞川別業，嘯詠其間。其詩風格澹遠，得淵明之趣，尤工於五言。與李白、杜甫，同為盛唐三大家。維遊心禪悅，故多靜定之趣，李寄興玄宗，故多飄逸之筆，杜乃心世宙，原本儒家，故多開濟之思；而時間則維為首出者。有趙松谷箋註《王摩詰集》二十八卷。

送綦毋潛落第還鄉

聖代無隱者，英靈盡來歸。遂令東山客，不得顧採薇。既至金門遠，孰云吾道非。江淮度寒食，京洛縫春衣。置酒長安道，同心與我違。行當浮桂棹，未幾拂荊扉。遠樹帶行客，孤城當落暉。吾謀適不用，勿謂知音稀。

（一）《隋書・李德林傳》：「陳江總目送之曰：此河岳之英也。」

（二）謝安屢違朝旨，高臥東山。見《晉書》本傳。

（三）金門，即金馬門，東方朔待詔金馬門。見《漢書》本傳。

渭川田家

斜陽照墟落，窮巷牛羊歸。野老念牧童，倚杖候荊扉。雉雊麥苗秀，蠶眠桑葉稀。田夫荷鋤至，相見語依依。即此羨閒逸，悵然吟式微。

（一）《詩・邶風・式微》：「式微，胡不歸。」此吟〈式微〉，即悵然於胡不歸也。

山居秋暝

空山新雨後，天氣晚來秋。明月松間照，清泉石上流。竹喧歸浣女，蓮動下漁舟。隨意春芳歇，王孫自可留。

（一）《楚辭・招隱士》：「王孫兮歸來，山中兮不可以久留。」此自可留，則反其意用之也。

終南山

太乙近天都。連山到海隅。白雲迴望合，青靄入看無。分野中峰變，陰晴眾壑殊。欲投人處宿，隔水問樵夫。

（一）太乙，一名終南山，在武功縣，見《五經要義》。天都，謂帝京長安。

過香積寺

不知香積寺，數里入雲峰。古木無人徑[13]，深山何處鐘。泉聲咽危石，日色冷青松。薄暮空潭曲，安禪制毒龍。

（一）《雍錄》：香積寺在子午谷正北。

（二）《法苑珠林》：西方山中有池，毒龍居之，常汎殺五百商人。槃陀王持婆羅門咒咒之，龍悔過向王，王乃捨之。

漢江臨眺

楚塞三湘接，荊門九派通。江流天地外，山色有無中。郡邑浮前浦，波瀾動遠空。襄陽好風日，留醉與山翁。

（一）荊門山在湖北宜都縣西北，夾長江與虎牙山相對。見《清一統志》。

（二）山簡鎮襄陽，出必之習氏池上，置酒輒醉曰：「此我高陽池也。」見《晉書》本傳。

歸嵩山作

清川帶長薄，車馬去閒閒。流水如有意，暮禽相與還。荒城臨古渡，落日滿秋山。迢遞嵩高下，歸來且閉關。

（一）嵩山東曰太室，西曰少室，總名嵩高，在河南登封縣，即中嶽也，見《元和郡縣志》。

（二）右詩第一第三句，平仄均拗。按五律可入拗句，此拗在第三、四字。如：

「平平平仄仄」之句，可拗為「平平仄平仄」。

「仄仄平平仄」之句，可拗為「仄仄平仄仄」。[14]

惟只能施於一、三、五、七句，不能施於二、四、六、八句。如：

第一句：「清川帶長薄。」第三句：「流水如有意。」

第五句：「泉聲咽危石。」第七句：「襄陽好風日。」

唐人作者，以第七句拗為多。又一首之中，只可拗一句或兩句。如「清川帶長薄」、「泉聲咽危石」[15]，不宜四句盡拗。

13 編者註：徑，遠東本作逕。

14 編者註：此處原以橫豎符號標示平仄，茲改為文字。

15 編者註：「泉聲咽危石」，疑為「流水如有意」之訛。

五律如「仄仄平平仄」[16]施於起句——即第一句，亦有用全仄者，如孟浩然「士有不得志[17]」、「寂寂竟何待」。但三、五、七句，則不宜耳。

鹿柴

空山不見人，但聞人語響。返景入深林，復照青苔上。

竹里館

獨坐幽篁裏，彈琴復長嘯。深林人不知，明月來相照。

雜詩

君自故鄉來，應知故鄉事。來日綺窗前，寒梅著花未。

送別

山中相送罷，日暮掩柴扉。春草年年綠，王孫歸不歸。

（一）《楚辭．招隱士》：「王孫遊兮不歸，春草生兮萋萋。」[18]

（二）五絕介乎古近之間，故仄韻之作為多，可拗句，亦可重字。平韻如右〈送別〉，平仄有定式；仄韻如右〈鹿柴〉等無定式，惟第三句宜為平句耳。

隴頭吟（古樂府題）

長城少年游俠客。夜上戍樓看太白。隴頭明月迴臨關，隴上行人夜吹笛。」關西老將不勝愁。駐馬聽之雙淚流。身經大小百餘戰，麾下偏裨萬户侯。蘇武纔為典屬國，節旄空盡海西頭。」

（一）太白，即金星，《漢書．天文志》：「太白，兵象也。」李廣嘗與望氣王朔燕語：「諸部校尉以下，才能不及中人，然〔……〕取侯者數十人，而廣〔……〕無尺寸功以得封邑者，何也？」見《史記》列傳。

（二）蘇武使匈奴，留單于庭，十九歲乃還，奉使全節，以武為典屬國。見《漢書．昭紀》。

（三）詩題有繫以歌、行、謠、吟、引、詠、曲等名者，大都襲古樂府之名而名之，大半用於古風，而以七言及雜言之篇為多，又以歌、行吟之名，最為普遍。至五七律題，則少用此等名者。

桃源行

漁舟逐水愛山春。兩岸桃花夾古[19]津。坐看紅樹不知遠，行盡青溪不

---

16 編者註：此處原以橫豎符號標示平仄，茲改為文字。
17 編者註：志，遠東本作意。
18 編者註：遠東本註文作：《楚辭．招隱》：「春草兮萋萋，王孫遊兮不歸。」茲改。
19 編者註：古，遠東本作去。

見人。」山口潛行始隈隩。山開曠望旋平陸。遙看一處攢雲樹，近入千家散花竹。樵客初傳漢姓名，居人未改秦衣服。」居人共住武陵源。還從物外起田園。月明松下房櫳靜，日出雲中雞犬喧。」驚聞俗客爭來集。競引還家問都邑。平明閭巷掃花開，薄暮漁樵乘水入。」初因避地去人間。及至成仙便不還。峽裏誰知有人事，世中遙望空雲山。」不疑靈境難聞見。塵心未盡思鄉縣。出洞無論隔山水，辭家終擬長游衍。自謂經過路不迷，安知峰壑今來變。」當時只記入山深。青溪幾曲到雲林。春來遍是桃花水，不辨仙源何處尋。」

（一）《神仙傳》：淮南王安仙去，雞犬舐啄藥器，盡得昇天。

（二）《漢書．溝洫志》：「來春桃華水盛。」

（三）七言古風，起句入韻，如換韻，則換韻之起句，亦宜入韻，此不惟美其音節，亦以明其部勒也。

右王維詩，可為示例矣！

九月九日憶山東兄弟

獨在異鄉為異客，每逢佳節倍思親。遙知兄弟登高處，遍插茱萸少一人。

（一）《風土記》：「俗於九月九日，折茱萸以插頭。言辟邪惡。」

送元二使西安

渭城朝雨浥輕塵。客舍青青柳色新。勸君更盡一杯酒，西出陽關無故人。

（一）此首唐人用作樂府名〈渭城曲〉，於絕句聲律則為失粘。按王維七言近體聲調，猶襲六朝之舊，故聲調未甚完密。如〈積雨輞川莊作〉，三四與一二同調，〈早朝大明宮〉「絳幘雞人」之作，七八與五六同調，即皆為失粘，不足為法；但以「漠漠水田」、「陰陰夏木」、「九天閶闔」、「萬國衣冠」為名句，故以流傳千古耳。

李白（公元七〇一—七六二）

成紀人，字太白。天寶初，以賀知章薦，官翰林供奉。旋被讒放還，漫遊江湖間；坐受永王璘辟，流夜郎，以郭子儀救，得釋，仍歸江南，歿於當塗。白少時喜縱橫術，故其詩豪宕縱恣，有叱吒風雲、揮斥八極之氣。壯年好道術，恥為鄭衛之音，故其詩興會淋漓，霞舉飈發。而才氣縱橫，如天馬騰驤，故其五七古及七絕，出入屈宋。杜甫讚其「清新庾開府，俊逸鮑參軍」，賀知章則讚其為天上謫仙人也。太白集傳本甚多，今通行者，王琦輯註《李太白全集》三十六卷。

子夜吳歌（樂府題）

長安一片月，萬户擣衣聲。秋風吹不盡，總是玉關情。何日平胡虜，良人罷遠征。

月下獨酌

花間一壺酒，獨酌無相親。舉杯邀明月，對影成三人。月既不解飲，影徒隨我身。暫伴月將影，行樂須及春。」我歌月徘徊，我舞影零亂。醒時同交歡，醉後各分散。永結無情遊，相期邈雲漢。」

古風（太白〈古風〉五十九首，均五言，今錄其第十四首。天寶初，國家富庶，玄宗貪邊功，罷九齡相，用李林甫、楊國忠，屢事吐蕃、契丹，此篇即詠其事。）

胡關饒風沙，蕭條竟終古。木落秋草黃，登高望戎虜。荒城空大漠，邊邑無遺堵。白骨橫千霜，嵯峨蔽榛莽。借問誰凌虐，天驕毒威武。赫怒我聖皇，勞師動鼙鼓。陽和變殺氣，發卒騷中土。三十六萬人，哀哀淚如雨。且悲就行役，安得營農圃。不見征戍兒，豈知關山苦。李牧今不在，邊人飼豺虎。

（一）《漢書．匈奴傳》：「單于遺漢書曰：『南有大漢，北有強胡，胡者天之驕子也。』」
（二）《史記》：李牧居代雁門，單于率眾，來入，收擊殺匈奴十餘萬騎，匈奴不敢近趙邊。

玉階怨（樂府楚調曲題）

玉階生白露，夜久侵羅襪。卻下水晶簾，玲瓏望秋月。

靜夜思（樂府題）

牀前明月光。疑是地上霜。舉頭望明月，低頭思故鄉。

勞勞亭（在江寧南十五里古送別之所）

天下傷心處，勞勞送客亭。春風知別苦，不遣柳條青。

塞下曲（樂府題）

駿馬似風飆。鳴鞭出渭橋。彎弓辭漢月，插羽破天驕。陣解星芒盡，營空海霧銷。功成畫麟閣，獨有霍嫖姚。

（一）插羽，羽檄也。急事加鳥羽插檄上，以示疾速也。見《漢書・高紀》註。
（二）昴曰髦頭，胡星也。動搖則胡兵大起，見《天官書》註。
（三）甘露三年，圖畫功臣十一人於麒麟閣。見《漢書・宣紀》。
（四）嫖姚將軍霍去病也。見《漢書》本傳。

渡荊門送別

渡遠荊門外，來從楚國遊。山隨平野盡，江入大荒流。月下飛天鏡，雲生結海樓。仍憐故鄉水，萬里送行舟。

（一）荊門山在湖北長楊東，宜都西，夾江與虎牙山對峙。
（二）楊齊賢註云，蜀之諸山，至荊門以下，不復見，故云「山隨平野盡」也。
（三）海樓，謂蜃樓海市。

送友人入蜀

見說蠶叢路，崎嶇不易行。山從人面起，雲傍馬頭生。芳樹連秦棧，春流繞蜀城。升沉應已定，不必問君平。

（一）蜀王之先，自蠶叢、柏濩、[20]魚凫、至開明，積三萬四千歲，無文字禮樂。見《文選·蜀都賦》註。
（二）嚴君平卜筮成都市，日得百錢足自養，即閉肆授《老子》。見《漢書·王貢傳》。

夜泊牛渚懷古

牛渚西江夜，青天無片雲。登舟望秋月，空憶謝將軍。余亦能高詠，茲人不可聞。明朝掛帆席[21]，楓葉落紛紛。

（一）牛渚山在當塗縣北，突出江中。晉左衛將軍謝尚鎮此，中秋夜聞袁宏詠史處。
（二）〈招魂〉：「湛湛江水兮上有楓。目極千里兮傷春心。魂兮歸來哀江南。」此「楓葉落紛紛」，則太白被放，流浪江南，故以致慨也。

（三）此首徹首尾不對，孟浩然亦有此體，皆聲調諧協而辭意則一氣流轉，使人讀之，不覺其為不對，故前人均盛推之，以為如羚羊掛角，無跡可求。然實是齊梁體格，非五律正格也。

烏夜啼（樂府題）

黃雲城邊烏欲棲。歸飛啞啞枝上啼。」機中織錦秦川女。碧紗如煙隔窗語。停梭悵然懷遠人，獨宿孤房淚如雨。」

（一）竇滔、苻堅時為秦州刺史，被徙流沙。妻蘇蕙字若蘭，思之，織錦為迴文旋圖詩贈滔，宛轉循環以讀之，詞甚悽惋。見《晉書．列女傳》。

白雲歌送劉十六

秦山楚山皆白雲。白雲處處長隨君。」長隨君，君入楚山裏。雲亦隨君渡湘水。」湘水上，女蘿衣。白雲堪臥君早歸。」

（一）〈九歌．山鬼〉：「若有人兮山之阿，被薜荔兮帶女蘿。」

（二）右疊句體，本師〈召南．江有汜〉：「之子歸，不我以。不我以。其後也悔」。〈王風〉：「終遠兄弟，請他人父。謂他人父，亦莫我顧。」太白樂府詩作此體者不下十篇，均圓轉流美，如珠走

20 編者註：柏灌，遠東本作拍藻。

21 編者註：席，遠東本作去。

盤。若配之管絃，即是宛轉之歌；故其〈憶秦娥〉〈菩薩蠻〉，唐人即用為詞調矣！

夢遊天姥吟留別

海客談瀛洲。煙濤微茫信難求。」越人語天姥。雲霓明滅或可睹。」天姥連天向天橫。勢拔五嶽掩赤城。天台四萬八千丈，對此欲倒東南傾。」我欲因之夢吳越。一夜飛渡鏡湖月。」湖月照我影，送我到剡溪。謝公宿處今尚在，綠水蕩漾青猿啼。腳著謝公屐，身登青雲梯。半壁見海日，空中聞天雞。」千巖萬壑路不定。迷花倚石忽已暝。」熊咆龍吟殷巖泉。慄深林兮驚層巔。雲青青兮欲雨，水澹澹兮生煙。」列缺霹靂，丘巒崩摧。洞天石扉，訇然中開。青冥浩蕩不見底，日月照耀金銀臺。」霓為衣兮風為馬。雲之君兮，紛紛而來下。」虎鼓瑟兮鸞迴車。仙之人兮列如麻。忽魂悸以魄動，怳驚起而長嗟。惟覺時之枕席，失向來之煙霞。」世間行樂亦如此。古來萬事東流水。」別君去兮何時還。且放白鹿青崖間。須行即騎訪名山。安能摧眉折腰事權貴，使我不得開心顏。」

（一）此篇彷彿〈遠遊〉，其辭句亦出入屈宋之間。

（二）天姥山在天台縣西北，與天台山相對。赤城，天台山峰名。

（三）鏡湖在山陰，一名鑑湖。曹娥江上流日剡溪。

（四）謝靈運好尋山陟嶺，常着木屐，上山去前齒，下山去後齒。見《宋書》本傳。

（五）匏瓜，一名天雞，在河鼓東。見《天官書・索隱》。

（六）郭璞〈遊仙詩〉：「神仙排雲出，但見金銀臺。」

（七）〈九歌．雲中君〉，王逸〔註〕曰：「雲神，豐隆也。」

（八）張衡〈西京賦〉：「白虎鼓瑟，蒼龍吹篪。」

（九）《楚辭》：「騎白鹿而容與。」按：謂遊仙也。

（十）五七言古風換韻，平換平，仄換仄，本無限制。然以平仄互換為佳。平仄互換，則聲調抑揚有致，辭氣亦為之低昂應節也。此篇如「洲」、「求」平，「姥」、「睹」仄，「横」、「城」、「傾」平，「越」、「月」仄，「溪」、「啼」、「梯」、「雞」平，「定」、「暝」仄，「泉」、「巔」、「煙」、「摧」、「開」、「臺」平，「馬」、「下」仄，「車」、「麻」、「嗟」、「霞」平，「此」、「水」仄，「還」、「間」、「山」、「顏」平，是其例矣！

把酒問月

青天有月來幾時。我今停杯一問之。人攀明月不可得，月行卻與人相隨。」皎如飛鏡臨丹闕。綠煙滅盡清輝發。但見宵從海上來，寧知曉向雲間沒。」白兔搗藥秋復春。姮娥孤棲與誰鄰。今人不見古時月，今月曾經照古人。」古人今人若流水。共看明月皆如此。惟願當歌對酒時，月光長照金樽裏。」

江上吟（樂府題）

木蘭之枻沙棠舟。玉簫金管坐兩頭。美酒樽中置千斛，載妓隨波任去留。仙人有待乘黃鶴，海客無心隨白鷗。屈平詞賦懸日月，楚王臺榭空山丘。興酣落筆搖五嶽，詩成嘯傲凌滄洲。功名富貴若長在，漢水亦應西北流。

（一）郭璞《山海經圖贊》：「安得沙棠，製為龍舟。」
（二）《穆天子傳》：天子西征，赤烏之人，獻酒千斛。
（三）黃鶴樓在武昌城西，《齊諧記》：「仙人子安乘黃鶴過此，故名。」
（四）《列子．黃帝篇》：「海上有好漚鳥者，其父曰：『聞漚皆從爾遊，爾取來，吾玩之！』明日之海上，漚鳥舞而不下也。」
（五）《離騷》之文，「與日月爭光」，見淮南王敘文。
（六）《南史．袁粲傳》：「嘗作詩云：『訪跡雖中宇，循寄乃滄洲。』」蓋其志也。

送孟浩然之廣陵

故人西辭黃鶴樓。煙花三月下揚州。孤帆遠影碧空盡，惟見長江天際流。

下江陵

朝辭白帝彩雲間。千里江陵一日還。兩岸猿聲啼不住，輕舟已過萬重山。

（一）白帝城在四川奉節縣東。江陵在湖北省。

（二）《水經註》：「三峽七百里中，〔……〕常有高猿長嘯，屬引淒異，空谷傳響，哀轉久絕。」

望天門山

天門中斷楚江開。碧水東流至北迴。兩岸青山相對出，孤帆一片日邊來。

（一）《圖經》：「山在安徽當塗西南，兩山夾江對峙。」按：今名東、西梁山。

秋下荊門

霜落荊門江樹空。布帆無恙掛西風。此行不為鱸魚膾，自愛青山入剡中。

（一）張翰，字季鷹，因秋風起，思吳中蓴菜鱸魚膾，遂罷官歸。見《晉書》。

春夜洛城聞笛

誰家玉笛暗飛聲。散入春風滿洛城。此夜曲中聞折柳，何人不起故園情。

（一）〈折楊柳〉，漢橫吹曲名，亦即笛曲，見《樂府詩集》。

山中問答

問余何意[22]棲碧山。笑而不答心自閒。桃花流水窅然去，別有天地非人間。

（二）七絕有作拗聲或仄韻之一體。仄韻如高適〈贈別王七十管記〉：

可憐薄暮宦遊子。獨臥虛[23]齋思無已。去家百里不得歸，到官數日秋風起。

又如岑參〈春夢〉：

洞房昨夜春風起。遙憶美人湘江水。枕上片時春夢中，行盡江南數千里。

拗聲者如杜甫〈江畔獨步尋花〉：

黃四娘家花滿蹊。[24]千朵萬朵壓枝低。留連戲蝶時時舞，自在嬌鶯恰恰啼。[25]

右舉及李白此首，即可為例。此為絕句變格。拗之音節，仄之語氣，亦自具一種清疏雋永之韻味。然須熟乃能生此巧，否則將入謇澀濫惡之途，是又學者所不可不知者。

杜甫（公元七一二—七七〇）

襄陽人，字子美，杜審言之孫。天寶末獻賦，授京兆參軍。肅宗即位，拜右拾遺，以疏救房琯出為華州參軍。時關輔亂離饑饉，棄官入劍南，結廬成都浣花溪。上元二年，嚴武鎮蜀，奏為參謀，工部員外郎。永泰元年，嚴武卒，去蜀，擬歸東都，留滯夔州。大曆三年出峽，欲往郴州，依舅氏崔偉，五年，卒於耒陽，年五十九。杜詩雄渾博大，沉鬱深厚，言皆有物，句無虛設。不故為豪語而健，不乞靈羅綺而麗，不事雕琢而巧，不矜奇詭而新。古體渾渾淪淪，近體簫韶應節，尤以五七言格律，至甫而完成；故後人推之為詩史、為詩聖也。杜詩集本甚多，以仇兆鼇之《杜少陵集詳註》最為詳盡，楊倫《杜詩鏡銓》最精簡。

九日藍田崔氏莊

老去悲秋強自寬。興來今日盡君歡。羞將短髮還吹帽，笑倩旁人為正冠。藍水遠從千澗落，玉山高並兩峰寒。明年此會知誰健，醉把茱萸仔細看。

（一）孟嘉為桓溫參軍，九月九日，溫遊龍山，參佐畢集。有風吹嘉帽墮落，溫目左右勿言，以觀其舉止。嘉初不自覺，溫命取以還之。見《陶淵明集．孟府君傳》。

（二）藍水玉山，均藍田山水。

22 編者註：意，遠東本作事。

23 編者註：虛，遠東本作西。

24 編者註：蹊，遠東本作溪。

25 編者註：嬌，遠東本作黃。

（三）按：按詩不以使事多為富，然能借故事烘托，可省許多筆墨，可使意境深入而顯豁，則自宜利用之。但勿用僻詭之典，又在能反用之則佳也。此落帽用孟嘉故事：嘉落帽不以為意，杜則唯恐其落；嘉不屑意於奉侍長官，杜則自嘲老大，彌見出語風趣，是即反用故事之例也。

蜀相

丞相祠堂何處尋。錦官城外柏森森。映階碧草自春色，隔葉黃鸝空好音。三顧頻煩天下計，兩朝開濟老臣心。出師未捷身先死，長使英雄淚滿襟。

野老

野老籬前26江岸迴。柴門不正逐江開。漁人網集澄潭下，賈客船隨反照來。長路關心悲劍閣，片雲何意傍琴臺。王師未報收東郡，城闕秋生畫角哀。

（一）詩為上元元年秋作。
（二）《玉壘記》：司馬相如琴臺，在浣花溪北。
（三）東郡，指東京，時為史思明所陷。
（四）此詩以首句首兩字為題，杜詩題多此式。如「江上日多雨」，即以〈江上〉為題，如「孟氏好兄弟」，即以〈孟氏〉為題。此本《詩經》之以〈羔羊〉〈燕燕〉〈簡兮〉〈靜女〉名篇，若同一例。然《詩經》如〈燕燕〉〈簡兮〉，與全篇主旨，毫無關係，純為傳者取首兩字名篇。杜詩則此兩字能統攝全篇意義，實即是此篇題目，即等於起句即揭題目為揮灑，非無可命題，姑以首兩字充數者。學者不明此義，而效其題式，則將為以鼠名璞，指鹿說馬矣。

暮歸

霜黃碧梧白鶴棲。城上擊柝復烏啼。客子入門月皎皎，誰家擣練風淒淒。南渡桂水闕舟楫，北歸秦川多鼓鼙。年過半百不稱意，明日看雲還杖藜。

（一）右〈暮歸〉為拗體七律。自第一至第七句，平仄均拗，為七律變格，亦自有其鏗鏘之聲調。宋之黃山谷即多此體。此體平仄既拗，必須上下能相救應，尤須字句圓轉流利，始能如跳丸走索者，故為驚險，而實履險如夷也。故必正格之聲律章法熟練之後，乃能出入繩墨之中，而為佚宕不羈之揮灑。初學者若利其無規矩，貿然效之，以為易率，則將為窒澀，為粗惡矣！

（二）詩法：七言句中一、三、五字不論平仄，故正格之七律，亦往往有拗聲之句。惟只可在一、三、五、七句之第五、六字拗，不能施之二、四、六、八句。如：

「蜀主窺吳幸三峽。」杜甫〈詠懷古跡〉27第四首第一句。

「竹葉於人更無分。」杜甫〈重陽獨酌杯中酒〉第三句。

「伯仲之間見伊呂。」杜甫「諸葛大名垂宇宙」第五句。

26 編者註：前，遠東本作邊。

27 編者註：遠東本奪懷字，茲補。

「已忍伶傳十年事。」杜甫〈宿府〉第七句。

此拗聲句有一簡單之例範圍，即凡「仄仄平平平仄仄」之句，可拗為「仄仄平平仄平仄」是已，[28] 七律以第七句用拗聲者為多，蓋琴瑟相和之後，轉一變徵之音，則全調均為振起也。

秋興

（初唐無七律，五律亦未超卓。至景龍時始刱七律，諸學士如沈、宋等人所製，大都鋪陳景物，宣翊燕遊，以富麗競工（本《唐音癸籤》說），此體蓋至杜甫而盡其致。此八首興象無窮，法門廣開，分之則各成雄長，合之則一氣呵成，尤為一題連作數首者之規矩也。）

玉露凋傷楓樹林。巫山巫峽氣蕭森。江間波浪兼天湧，塞上風雲接地陰。叢菊兩開他日淚，孤舟一繫故園心。寒衣處處催刀尺，白帝城高急暮砧。

（一）阮籍詩：「湛湛長江水，上有楓樹林。」按：阮語本〈招魂〉：「湛湛江水兮上有楓。（……）魂兮歸來哀江南。」此云「楓樹林」，隱有傷感江湖之意者。

夔府孤城落日斜。每依北斗望京華。聽猿實下三聲淚，奉使虛隨八月槎。畫省香爐違伏枕，山樓粉堞隱悲笳。請看石上藤蘿月，已映州前蘆荻花。

（一）〈漁者歌〉：「巴東三峽巫峽長。猿鳴三聲淚霑裳。」（見）《水經・江水註》。

（二）「有人居海上，每年八月見浮槎，來不失期，乃齎糧乘之。奄至一處，見婦人織，丈夫飲牛，問是何處？答曰：『君訪嚴君平則知之！』還問君平，君平曰：『某月日客星犯牽牛宿。』計其日，正此人到天河時也。」見《博物志》。《荊楚歲時記》則謂為張騫奉使窮河源事。

千家山郭靜朝暉。日日江樓坐翠微。信宿漁人還泛泛，清秋燕子故飛飛。匡衡抗疏功名薄，劉向傳經心事微。同學少年皆不賤，五陵衣馬自輕肥。

（一）元帝初，有日食地震之變，匡衡官給事中，數上疏陳便宜，上悅其言。劉向講論六經於石渠，成帝即位，詔向領校中五經秘書。均見《漢書》本傳。工部嘗為左拾遺，故引以自慨也。

聞道長安似弈棋。百年世事不勝悲。王侯第宅皆新主，文武衣冠異昔時。直北關山金鼓震，征西車馬羽書遲。魚龍寂寞秋江冷，故國平居有所思。

蓬萊宮闕對南山。承露金莖霄漢間。西望瑤池降王母，東來紫氣滿函關。雲移雉尾開宮扇，日繞龍鱗識聖顏。一臥滄江驚歲晚，幾回青瑣點朝班。

28 編者註：遠東本此處以橫豎符號標示平仄，茲改為文字。

（一）金莖，漢武帝建承露臺銅柱也。班固〈西都賦〉：「抗仙掌以承露，擢雙立之金莖。」

（二）《漢武內傳》：有青鳥來集承華殿前，上問東方朔，朔曰：「此西王母欲來也。」須臾，王母果至。

（三）《關尹內傳》：尹喜登樓，見有紫氣西邁，曰：「應有聖人經過。」其曰，老子乘青牛來過。

瞿塘峽口曲江頭。萬里烽煙接素秋。花萼夾城通御氣，芙蓉小苑入邊愁。珠簾綉柱圍黃鵠，錦纜牙檣起白鷗。回首可憐歌舞地，秦中自古帝王州。

（一）花萼樓在南內，開元二十年，築夾城至曲江芙蓉園。祿山反，上登樓置酒悽愴。見《唐書》。

昆明池水漢時功。武帝旌旗在眼中。織女機絲虛夜月，石鯨鱗甲動秋風。波漂菰米沉雲黑，露冷蓮房墜粉紅。關塞極天唯鳥道，江湖滿地一漁翁。

（一）漢武帝欲伐昆明，故作昆明池以習水戰。池上石人二，象牽牛織女，刻玉石為鯨魚，每雷雨，嘗鳴吼，首尾皆動。見《長安志》及《西京雜記》。

（二）菰，即茭白，菰米即彫胡米，見《本草圖經》。庾肩吾詩：「黑米生菰葑。」

昆吾御宿自逶迤。紫閣峰陰入渼陂。香稻啄餘鸚鵡粒，碧梧棲老鳳凰枝。佳人拾翠春相問，仙侶同舟晚更移。綵筆昔曾干氣象，白頭吟望苦低垂。

（一）武帝開上林，東南至宜春鼎湖御宿，見〈羽獵賦序〉。

（二）紫閣峰在終南山寺之西。渼陂在峰下，環抱山麓，方廣數里，見錢謙益箋。

（三）李膺與郭泰同舟，眾賓望之，以為神仙，見《後漢書》。

（四）凡詩必須顧及時間空間，然後不失題意。必須具有感想，然後不病空泛。必知如何借題發揮或因題發意，然後不致為題所縛束，成為試帖之詩，亦不致失其馳範，而有猖狂不知所往之失。然後乃有自己之面目，乃有眞氣，乃有靈魂，今試以此〈秋興〉八首畧明之。空間為題目所及之境：以秋在夔州，故江間峽口、山郭孤城、鳥道極天、猿聲下淚，則皆夔州所有，不可移之他處者也。時間為題目所當之候：以興為秋發，故蓮露菰波、荻花楓葉、清秋飛燕、八月隨槎，則皆三秋之時，不可移之春冬者也。感想為作者之觀點：此觀點，必為內美素蓄，中藏欲言，胸多勃鬱之思，心有待宣之義。或殷憂家國，結其危疑怛惻之懷，或誼切交親，早蓄傷離念別之感。或慨髀裏之復生，或嘆蜉蝣之易逝，或哀貝錦之成文，或傷黍離之行役。或掉臂於塵垢之外，或樂志乎泌水之旁，凡此心胸之所蘊，皆為襟抱之待開。譬如元氣出雲，迎曉日則為明霞，遇和風則為甘雨，隔之以層巒則如絮，鼓之以雷霆則成霖矣！故寫情者，如為無中生有，即為無病呻吟，必其中有所積，必須藉言以宣，然後境有所當，遂以一觸即發，此所藉所觸，則借題發揮，與因題發意之用也。故因事以見意，即景而抒情，自能舒卷自如於若即若離之境，取捨從心於不黏不脫之間，乃能言皆有物，如見其人矣！故此八首，如孤舟之繫、畫省之違、抗疏傳經、同舟拾翠；長安似弈，傷文武之衣冠，曲江昔遊，憐歌舞而回首。則皆胸藏萬緒，借此杯酒為一澆；心所謂危，遂並秋風以齊發。是以蓬萊宮闕，昆明旌旗，雖遠在長安，時逾十稔，皆可縱往復低徊之筆，歸之白頭吟望之中。是即身在江湖之上，面對者自為煙水菰蒲，而心存魏闕之下，其感懷者，儘可縱橫今古。乃可詩為我作，義不空陳，使讀之者如歷其境，如聞其聲，不能以移之異地，亦不能以易之他人。茲則感想之先具，尤有重於時空，而借題因題之為用，即所以成其為超妙者也。此之為用，若不易言，而其為事與法，則平實無奇，人人可學而至之。紬繹工部此八章，即可見其意矣！

漫興

腸斷春江欲盡頭。杖藜徐步立芳洲。顛狂柳絮隨風舞，輕薄桃花逐水流。

望嶽

岱宗夫如何，齊魯青未了。造化鍾神秀，陰陽割昏曉。盪胸生層雲，決眥入歸鳥。會當凌絕頂，一覽眾山小。

（一）岱宗，即泰山，在山東泰安縣。《孟子》：「孔子登東山而小魯，登泰山而小天下。」

玄都壇歌寄元逸人

故人昔隱東蒙峰。已佩含景蒼精龍。」故人今居子午谷。獨在陰崖結茅屋。」屋前太古玄都壇。青石漠漠常風寒。子規夜啼山竹裂，王母晝下雲旗翻。」知君此計成長往。芝草琅玕日應長。鐵鎖高垂不可攀，致身福地何蕭爽。」

（一）玄都壇，在子午谷中，漢武帝築。

（二）含景，劍名。含景吐商。見公孫瑞〈劍銘〉。
（三）劍之在左，蒼龍象也。見《繁露》。
（四）齊郡函山有鳥，素羽絳顙，名王母使者，見《酉陽雜俎》。
（五）《漢武內傳》：「王母曰：『太上之藥，有廣庭芝草，碧海琅玕。』」
（六）《道藏經》：晉時有戍卒，入子午谷西澗，見鐵鎖下垂百丈；欲挽引而上，有虎蹲踞焉。

哀江頭

少陵野老吞聲哭。春日潛行曲江曲。江頭宮殿鎖千門，細柳新蒲為誰綠。」憶昔霓旌下南苑，苑中萬物生顏色。昭陽殿裏第一人，同輦隨君侍君側。輦前才人帶弓箭，白馬嚼嚙黃金勒。翻身向天仰射雲，一箭正墜雙飛翼。明眸皓齒今何在，血污遊魂歸不得。清渭東流劍閣深，去住彼此無消息。人生有情淚霑臆。江水江花豈終極。黃昏胡騎塵滿城，欲往城南望城北。」

（一）曲江，在長安。此安祿山反，公陷賊中時作。
（二）才人，內官也。見《唐書・百官志》。
（三）潘岳〈射雉賦〉：「昔賈氏之如皋，始解顏於一矢。」
（四）劍閣在四川，此謂明皇幸蜀也。

夢李白二首

死別已吞聲，生別常惻惻。江南瘴癘地，逐客無消息。故人入我夢，明我長相憶。恐非平生魂，路遠不可測。魂來楓林青，魂返關塞黑。君今在羅網，何以有羽翼。落月滿屋梁，猶疑照顏色。水深波浪闊，無使蛟龍得。

浮雲終日行，游子久不至。三夜頻夢君，情親見君意。告歸常局促，苦道來不易。江湖多風波，舟楫恐失墜。出門搔白首，若負平生志。冠蓋滿京華，茲人獨憔悴。孰云網恢恢，將老身反累。千秋萬歲名，寂寞身後事。

（一）「楓林青」兩句用〈招魂〉語，見李白〈牛渚〉詩註。

（二）屋梁落月，仇註引〈神女賦〉：「其始來也，耀乎若白日初出照屋梁。其少進也，皎若明月舒其光。」按：工部乃寫夢醒時見落月斜照屋梁，彷彿如見其人之實在情景；若僅為引宋賦，反覺膚淺矣！

丹青引贈曹將軍霸

將軍魏武之子孫。於今為庶為清門。英雄割據今已矣，文采風流今尚存。學書初學衛夫人。但恨無過王右軍。丹青不知老將至，富貴於我如浮雲。」開元之中常引見。承恩數上南薰殿。凌煙功臣少顏色，將軍筆下開生面。良相頭上進賢冠。猛將腰間大羽箭。褒公鄂公毛髮動，英姿颯爽來酣戰。」先帝天馬玉花驄。畫工如山貌不同。是日牽來赤墀下，迥立閶闔生長風。詔謂將軍拂絹素，意匠慘澹經營中。斯須九重眞龍出，一洗萬古凡馬空。」玉花卻在御榻上。榻上庭前屹相向。至尊含笑催賜金，圉人太僕皆惆悵。弟子韓幹早入室，亦能畫馬窮殊相。幹惟畫肉不畫骨，忍使驊騮氣凋喪。」將軍善畫蓋有神。每逢佳士亦寫眞。即今飄泊干戈際，屢貌尋常行路人。途窮反遭俗眼白，世上未有如公貧。但看古來盛名下，終日坎壈纏其身。」

（一）詩為廣德二年成都作。英雄割據，不以魏為正統，具見落筆有分寸。

（二）衛夫人名鑠，汝陰太守李矩妻，隸書規矩鍾傳，右軍嘗師之。

（三）《唐書》：「貞觀十七年，圖功臣於淩煙閣。」褒公段志元。鄂公尉遲敬德也。

（四）五七古無一定聲調，但以多用拗句，別於近體為合。其押仄韻者，基本即與律詩異，句雖不拗，亦能自成清勁之音節。惟平韻而盡用調順之平仄，即失去古風之氣息，而病油滑矣！王士禛、翁方綱論古詩平仄，以為七言平韻，落句第五六字宜平，第四字宜仄。如「於今為庶為清門」、「富貴於我如浮雲」是其例，謂之為古風之正調。然非謂句句當如此，但能一篇之中，錯雜用之，即能振委靡為豪宕，救頑懦為廉立，此在全篇平韻者尤當留意及之。此篇換韻，平仄相間，實為古風正調。

桃竹杖引贈章留後

江心蟠石生桃竹。蒼波噴浸尺度足。斬根削皮如紫玉。江妃水仙惜不得。梓潼使君開一束。滿堂賓客皆歎息。」憐我老病贈兩莖。出入爪甲鏗有聲。老夫復欲東南征。乘濤鼓枻白帝城。路幽必為鬼神奪，拔劍或與蛟龍爭。」重為告曰：杖兮杖兮！爾之生也甚正直，慎勿見水踴躍學變化為龍。使我不得爾之扶持，滅跡於君山湖上之青峰。噫！風塵澒洞兮豺虎咬人，忽失雙杖兮吾將曷從。」

（一）右廣德元年梓州作，章即梓州留後也。

（二）《豫章記》：雷煥得豐城龍泉太阿劍，一自佩、一予張華。華遇害，其劍飛入襄城水中。煥死，其子佩劍過延平津，劍忽躍入水中。使人求之，見兩龍相隨而逝，恐怖而返。

短歌行送王郎司直（樂府題）

王郎酒酣拔劍斫地歌莫哀。[29]我能拔爾抑塞磊落之奇才。豫章翻風白日動，鯨魚跋浪[30]滄溟開。且脫佩劍休徘徊。」西得諸侯棹錦水。欲向何門趿珠履。仲宣樓頭春色深，青眼高歌望吾子。眼中之人吾老矣。」

（一）豫章，大樹也。《漢書正義》，豫，枕木；章，樟木。

（二）錦水，一名錦江，即岷江分流過成都城外之一段，今俗名內江。

（三）春申君上客皆躡珠履。見《史記》本傳。
（四）仲宣樓，當陽縣城樓，王粲作〈登樓賦〉處。見《荊州記》。
（五）阮籍見俗客，以白眼對之；見雅士，乃作青眼，見《晉書》本傳。
（六）中行宣子謂趙文子：「惜也！吾老矣！」見〈晉語〉。
（七）右詩大曆三年江陵作。沈確士云：「此篇上下各五句，具用單句相間，亦獨創之格。」

登兗州城樓

東郡趨庭日，南樓縱目初。浮雲連海岱，平野入青徐。孤嶂秦碑在，荒城魯殿餘。從來多古意，臨眺獨躊躇。

（一）東郡，秦置，屬兗州。見《漢書・地志》。
（二）秦碑，即嶧山刻石，秦始皇東巡，上鄒嶧山所刻，見〈秦本紀〉。
（三）魯殿，西漢魯恭王靈光殿，見王延壽〈靈光殿賦〉。

春望

國破山河在，城春草木深。感時花濺淚，恨別鳥驚心。烽火連三月，

29 編者註：遠東本此句奪「酒酣」二字，茲補。
30 編者註：浪，遠東本作海。

家書抵萬金。白頭搔更短，渾欲不勝簪。

（一）此詩至德二載陷賊營中所作。紀曉嵐、吳摯父均云：「此詩字字沉著，無一毫做作，而自然深至。」

（二）按：律詩四韻，宜陰陽平相間，乃見聲調之抑揚，此篇四韻均陰平，微有聲病。

春宿左省

花隱掖垣暮，啾啾棲鳥過。星臨萬户動，月傍九霄多。不寢聽金鑰，因風想玉珂。明朝有封事，數問夜如何。

（一）封事，奏章也。《正字通》：「漢制。群下奏事，皂囊封版，以防宣泄，謂之封事。」

別房太尉墓

他鄉復行役，駐馬別孤墳。近淚無乾土，低空有斷雲。對碁陪謝傅，把劍覓徐君。惟見林花落，鶯啼送客聞。

（一）房琯墓在閬州。

（二）謝玄破苻堅，檄書至，謝安方對客圍碁，了無喜色。見《晉書》本傳。

（三）《說苑》：季札過徐，知徐君心愛其寶劍，及還，徐君已歿，途解劍繫其冢樹而去。

登岳陽樓

昔聞洞庭水，今上岳陽樓。吳楚東南坼，乾坤日夜浮。親朋無一字，老病有孤舟。戎馬關山北，憑軒涕泗流。

（一）岳陽在洞庭入江處。《岳陽風土記》：「岳陽樓，城西門樓也，下瞰洞庭，景物寬潤。」
（二）《素問》：「天不足西北，地不滿東南。」

奉送嚴公入朝十韻

鼎湖瞻望遠，象闕憲章新。四海猶多難，中原憶舊臣。與時安反側，自昔有經綸。感激張天步，從容靜塞塵。南圖回羽翮，北極捧星辰。漏鼓還思書[31]，宮鶯罷囀春。空留玉帳術，愁殺錦城人。閣道通丹地，江潭隱白蘋。此生那老蜀，不死會歸秦。公若登臺鼎，臨危莫愛身。

（一）《唐書．藝文志．兵家》有《玉帳經》一卷。
（二）白樂天〈白蘋州五亭記〉：湖州城東南靈溪，有汀州名白蘋，梁吳興守柳惲於此賦詩云「汀州采白蘋」，因以為名。按惲詩本〈九歌．湘夫人〉：「登白蘋兮騁望。」[32]此可登之白蘋即汀洲矣。

31 編者註：書，遠東本作旦。
32 編者註：〈湘夫人〉此句本作「登白薠兮騁望」。

柳詩意在棲隱煙水蘋藻之間，故唐人詩常引用之。

（三）臺鼎，宰輔之位。唐代尚書省為中臺，門下為東臺，中書為西臺。

絕句

江碧鳥逾白，山青花欲燃。今春看又過，何日是歸年。

孟浩然（公元六八九—七四〇）

襄陽人，隱鹿鳴山，年四十始遊長安，張九齡、王維推之，遂知名。其詩澹遠清妙，五律尤精，圓轉超絕，與王維齊名，世號王孟。有《孟浩然詩集》四卷。

宿業師山房期丁大不至

夕陽度西嶺。群壑倏已瞑。松月生夜涼，風泉滿清聽。樵人歸欲盡，
煙鳥棲初定。之子期宿來，孤琴候蘿徑[33]。

秋登蘭山寄張五

北山白雲裏，隱者自怡悅。相望試登高，心隨雁飛滅。愁因薄暮起，
興是清秋發。時見歸村人，沙行渡頭歇。天邊樹若薺，江畔洲如月。
何當載酒來，共醉重陽節。

望洞庭湖贈張丞相（按：九齡鎮荊州，辟浩然佐幕府。此張丞相，即張九齡。）

八月湖水平。涵虛混太清。氣蒸雲夢澤，波撼岳陽城。欲濟無舟楫，端居耻聖明。坐觀垂釣者，徒有羡魚情。

（一）太清，天也。《鶡冠子》：「其德上及太清，下及泰寧。」

（二）《爾雅．釋地》：「楚有雲夢。」今湖北蘄春以西，枝江以東湖泊地帶，皆古之雲夢澤也。

廣陵別薛八

士有不得志，栖栖吳楚間。廣陵相遇罷，彭蠡泛舟還。檣出江中樹，波連海上山。風帆明日遠，何處更追攀。

（一）玩詩意，當是贈別薛八。

（二）廣陵，今江都縣。

（三）彭蠡，今鄱陽湖。

歲暮歸南山

北闕休上書。南山歸敝廬。不才明主棄，多病故人疏。白髮催年老，

33 編者註：徑，遠東本作逕。

青陽逼歲除。永懷愁不寐，松月夜窗虛。

留別王維

寂寂竟何待，朝朝空自歸。欲尋芳草去，惜與故人違。當路誰相假，知音世所稀。只應守寂寞，還掩故園扉。

春曉

春眠不覺曉。處處聞啼鳥。夜來風雨聲，花落知多少。

宿建德江（按《一統志》：嚴州建德縣有新安江，東陽江。）

移舟泊煙渚，日暮客愁新。野曠天低樹，江清月近人。

儲光羲（公元七〇七—七六〇）

兗州人，開元十五年，與綦毋潛、常建、王昌齡同登進士第，歷官御史。其詩格調高逸，不假雕飾，亦淵明之一脈也。有《儲光羲詩集》五卷。

田家雜興

種桑百餘樹，種黍三十畝。衣食既有餘，時時會親友。夏來菰米飯，秋至菊花酒。孺人喜逢迎，稚子解趨走。日暮閒園裏，團團蔭榆柳。酩酊乘夜歸，涼風吹戶牖。清淺望河漢，低昂看北斗。數甕猶未開，明朝能飲否。

江南曲（樂府題）

日暮長江裏，相邀歸渡頭。落花如有意，來去逐船流。

王昌齡（公元六九八—七六五）

江寧人，字少伯，官龍標尉。其詩清拔雄健，一改初唐輕倩之風，尤擅七言絕句。

同從弟南齋翫月憶山陰崔少府

高臥南齋時，開帷月初吐。清輝澹水木，演漾在窗戶。荏苒幾盈虛，澄澄變今古。美人清江畔，是夜越吟苦。千里共如何，微風吹蘭杜。

（一）〈登樓賦〉：「莊舄顯而越吟。」莊，越人，仕楚雖顯，然仍思越也。

（二）謝莊〈月賦〉：「美人邁兮音塵絕。隔千里兮共明月。」

出塞（樂府題）

秦時明月漢時關。萬里長征人未還。但使龍城飛將在，不教胡馬度陰山。

長信秋詞（樂府題）

金井梧桐秋葉黃。珠簾不捲夜來霜。熏籠玉枕無顏色，卧聽南宮清[34]漏長。

寄穆待御出幽州

一從恩譴度瀟湘。塞北[35]江南萬里長。莫道薊門書信少，雁飛猶得到衡陽。

聽流人水調子

孤舟微月對楓林。分付鳴箏與客心。嶺色千重萬重雨，斷弦收與淚痕深。

芙蓉樓送辛漸

寒雨連江夜入吳。平明送客楚山孤。洛陽親友如相問，一片冰心在玉壺。

（一）《元和郡縣志》：晉王恭刺潤州（今鎮江），改西北樓為芙蓉樓。

（二）鮑照〈白頭吟〉：「直如朱絲繩。清如玉壺冰。」

李頎（公元六九〇—七五一）

東川人，家於潁陽。開元十三年進士，官新鄉尉。其詩字字洗鍊，筆調舒捲自如，其風格蓋在王維、李白之間。

從軍行

白日登山望烽火，黃昏飲馬傍交河。行人刁斗風沙暗，公主琵琶幽怨多。」野雲萬里無城郭。雨雪紛紛連大漠。胡雁哀鳴夜夜飛，胡兒眼淚雙雙落。」聞道玉門猶被遮。應得性命逐輕車。年年戰骨埋荒外，空見

34　編者註：清，遠東本作秋。

35　編者註：北，遠東本作外。

蒲桃[36]入漢家。」

（一）交河，車師前王城，去長安八千百五十里，見《漢書・西域傳》。
（二）漢遣烏孫公主嫁昆莫，念其行道思慕，於馬上作琵琶。見晉傅玄〈琵琶賦序〉。

送魏萬之京

朝聞遊子唱驪歌。昨夜微霜初渡河。鴻雁不堪愁裏聽，雲山況是客中過。關城曙[37]色催寒近，御苑砧聲向晚多。莫是長安行樂處，空令歲月易蹉跎。

岑參（公元七一五—七七〇）

南陽人。天寶三載進士，充西安節度判官。入為右補闕，以論斥權佞，出為虢州長史，肅宗時轉嘉州刺史，遂終於蜀。其詩才氣縱橫，同於李白；格調雅正，亞於杜甫。所為塞外七古，波瀾壯闊，聲情悲壯，後人以與李頎、高適，並目之為關塞詩人，有《岑嘉州詩集》七卷。

輪臺歌奉送封大夫出師西征[38]

輪臺城頭夜吹角。輪臺城北旄頭落。」羽書昨夜過渠犁。單于已在金山西。」戍樓西望煙塵黑。漢兵屯在輪臺北。」上將擁旄西出征。平明吹笛大軍行。」四邊伐鼓雪海湧。三軍大呼陰山動。」虜塞兵氣連雲屯。

戰場白骨纏草根。」劍河風急雲片闊。沙口石凍馬蹄脫。」亞相勤王甘辛苦，誓將報主靜邊塵。古來青史誰不見，今見功名勝古人。」

（一）《唐書》：天寶十年，令封常清持節知安西四鎮節度事。

（二）輪臺，今新疆輪臺縣。渠犂在今塔里木河北。

（三）金山，即今阿爾泰山。

（四）陰山，在山西五原縣北。此借用以形容軍聲之盛耳。

（五）《新〔唐〕書．回鶻傳》：「青山之東，有水曰劍河」，北流入海。

走馬川奉送封大夫西征

君不見走馬川行雪海邊。平沙莽莽黃入天。」輪臺九月風夜吼。一川碎石大如斗。隨風滿地石亂走。」匈奴草黃馬正肥，金山西見煙塵飛，漢家大將西出師。」將軍金甲夜不脫，半夜行軍戈相撥，風頭如刀面如割。」馬毛帶雪汗氣蒸，五花連錢旋作冰。幕中草檄硯水凝。」虜騎聞之應膽懾。料知短兵不敢接。軍師西門佇獻捷。」

---

36 編者註：桃，遠東本作陶。

37 編者註：曙，遠東本作樹。

38 編者註：遠東本奪奉字，茲補。

（一）右兩首均句句韻，可覘七古韻法，前一首兩韻一轉，後一首，三韻一轉，平韻仄韻相間，詩家謂之岑參體。

逢入京使

故園東望路漫漫。雙袖龍鍾淚不乾。馬上相逢無紙筆，憑君傳語報平安。

韋應物（公元七三七—七九二）

長安人，玄宗、肅宗、代宗時，歷任滁州、江州、蘇州刺史。白居易謂其詩高雅閒澹，朱熹謂其詩無一字造作。紀昀謂其詩眞而不朴，華而不綺，蓋出於陶云。有《韋江州詩集》十卷，亦名《韋蘇州集》。

寄全椒山中道士（按：全椒屬滁州，今安徽縣仍舊。）

今朝郡齋冷，忽念山中客。澗底束荊薪，歸來煮白石。欲持一瓢酒，遠慰風雨夕。落葉滿空山，何處尋行跡。

（一）白石先生，黃道人弟子。嘗煮白石為糧，因以為號。見《神仙傳》。

淮上喜會梁州故人

江漢曾為客，相逢每醉還。浮雲一別後，流水十年間。歡笑情如舊，蕭疏鬢已斑。何因不歸去，淮上有秋山。

寄李儋元錫（按：詩在滁州作）

去年花裏逢君別，今日花開又一年。世事茫茫難自料，春愁黯黯獨成眠。身多疾病思田里，邑有流亡愧俸錢。聞道欲來相問訊，西樓望月幾回圓。

寒食寄京師諸弟

雨中禁火空齋冷，江上流鶯獨坐聽。把酒看花想諸弟，杜陵寒食草青青。

答鄭騎曹青橘絕句

憐君臥病思新橘，試摘猶酸亦未黃。書後欲題二百顆，洞庭須待滿林霜。

（一）羲之〈送橘帖〉：「奉橘三百枚，霜未降未可多得。」

休暇日訪王侍御不遇

九日驅馳一日閒。尋君不遇又空還。怪來詩思清人骨，門對寒流雪滿山。

滁州西澗

獨憐幽草澗邊生。上有黃鸝深樹鳴。春潮帶雨晚來急，野渡無人舟自橫。

按：自開元至大曆，與王維、李白、杜甫同時以詩名者，有張說、蘇頲、崔顥、賀知章、李邕、張旭、劉方平、王之渙、高適、孟雲卿、元結、丘為、常建諸家。蘇、張在開元時，世推為燕、許大筆手。李白即以賀知章之推獎成名。崔顥〈黃鶴樓〉詩，李白亦為歛手。王之渙為旗亭畫壁之魁。元結不作近體，為五七古之名家。即皆為盛唐詩之鼓吹者，亦皆各有其勝場處。此不能一一論及，但舉其名於此，學者自為肄業及之可也。

三、中唐詩

中唐詩，由涵渾而至揮灑，轉沉鬱而入新奇，前有大曆十子，後有韓、柳、元、白，各能推陳出新，分鑣並駕。比之盛唐：以氣格言，則有若樸散為器；以風致言，則正為文藝必然而有之進展。蓋世道雖日以阢隉，而初盛唐民風士氣之涵濡未泯，故其流派雖新，而混混之源泉，猶始達也。昌黎以文為詩，句奇語奥，其雄桀突過盛唐。元、白以輕靈為詩，而意新語淺，後世目為長慶體。故中唐詩，仍足與盛唐相亞也。

劉長卿（公元七二六？—七八六）

河間人，開元二十一年進士。官鄂岳轉運留後，終隨州刺史。以詩馳譽上元、寶應間，其詩研鍊深穩，盛唐、中唐之際，號為名手。有《劉隨州集》十卷。

餞別王十一南遊

望君煙水闊，揮手淚霑巾。飛鳥沒何處，青山空向人。長江一帆遠，落日五湖春。誰[39]見汀洲上，相思愁白蘋。

（一）詩為在宣州時作。五湖，即太湖，見《史記．河渠書》「三江五湖」集解註。白菊，見杜甫詩「江潭隱白蘋」註。

39 編者註：誰，遠東本作惟。

江州重別薛六柳八員外

生涯豈料承優詔，世事空知學醉歌。江上月明胡雁過，淮南木落楚山多。寄身且喜滄洲近，顧影無如白髮何。今日龍鍾人共棄[40]，愧君猶遣慎風波。

盧綸（公元七四三—八〇〇）

蒲人，字允言。大曆中，數舉進士不第，以元載薦，屢遷至戶部郎中。歿於建中初年。《唐書・藝文傳》：「綸與吉中孚、韓翃、錢起、司空曙、苗發、崔峒、耿偉、夏侯審、李端，皆以能詩齊名，號大曆十子。」按：大曆詩繼盛唐之後，以意新語雋為勝。從文藝之美言，則為能踵事增華；從詩之風格言，則辭句新巧，人籟漸多於天籟，故大曆詩多工於近體。與十二子同時，尚有郎士元、李益、皇甫冉、李嘉祐、戴叔倫、戎昱、張繼、王建諸家，王建樂府宮詞，尤有名於世。

晚次鄂州（至德中作）

雲開遠見漢陽城。猶是孤帆一日程。估客晝眠知浪靜，舟人夜語覺潮生。三湘愁鬢逢秋色，萬里歸心對月明。舊業已隨征戰盡，更堪江上鼓鼙聲。

過鄭山人所居

寂寂孤鶯啼杏園。寥寥一犬吠桃源。落花芳草無尋處，萬壑千峰獨閉門。

韓翃（生卒年不詳）

南陽人，字君平。德宗建中初，辟為知制誥，終中書舍人。

同題仙遊觀

仙臺初見五城樓。風物淒淒宿雨收。山色遙連秦樹晚，砧聲近報漢宮秋。疏松影落空壇靜，細草香生小洞幽。何用別尋方外去，人間亦自有丹丘。

（一）方士言：黃帝為五城樓以候仙人。見《史記．封禪書》。

（二）方外，俗世之外也。《莊子》：「彼遊方之外者也。」

（三）丹丘，神仙所居之地。《楚辭．遠遊》：「仍羽人於丹丘兮，留不死之舊鄉。」

40 編者註：棄，遠東本作老。

宿石邑山中（按《一統志》：「眞定獲鹿縣，本戰國趙之石邑縣。」）

浮雲不共此山齊。山靄蒼蒼望轉迷。曉月暫飛高樹裏[41]，秋河隔在數峰西。

錢起（公元七一〇？—七八〇）

吳興人，字仲文，天寶十年進士第一人，終考功員外郎。高仲武[42]論其詩：「清奇雅澹，右丞後，員外為雄。」可以見其標格矣！有《錢仲文集》十卷。

省試湘靈鼓瑟

善鼓雲和瑟，嘗聞帝子靈。馮夷空自舞，楚客不堪聽。苦[43]調淒金石，清音入杳冥。蒼梧來怨慕，白芷動芳馨。流水傳湘浦，悲風過洞庭。曲終人不見，江上數峰青。

（一）右為錢起殿試作。以末兩句得雋，見《南部新書》。

（二）湘靈，湘水之神。《楚辭．遠遊》：「張咸池奏承雲兮，二女御九韶歌。使湘靈鼓瑟兮，令海若舞馮夷。」題即本此。二女、堯女舜妃娥皇女英也。馮夷，水仙河伯也。

（三）蒼梧，今廣西境。舜南巡，崩於蒼梧，二妃從不得，歿於湘水之濱，因祀之洞庭君山，為湘君湘夫人，均雜見《楚辭．九歌》註。

（四）白芷，香草。〈離騷〉：「畦留夷與揭車兮，雜杜蘅與芳芷。〔……〕雖萎絕其何傷兮，哀眾芳之蕪穢。」

暮春歸故山草堂

谷口春殘黃鳥稀。辛夷花盡杏花飛。始憐幽竹山窗下，不改清陰待我歸。

（一）唐汝詢曰：「此仲文罷官後感交道而作者。」

（二）杜甫詩：「谷口舊相得。」谷口，漢鄭子眞隱居處也。

司空曙（公元七二〇—七九〇）

廣平人，字文明，與盧綸為中表。貞元進士，從韋皋於劍南，終虞部郎中。

雲陽館與韓紳宿別

故人江海別，幾度隔山川。乍見翻疑夢，相悲各問年。孤燈寒照雨，深竹暗浮煙。更有明朝恨，離杯惜共傳。

41 編者註：裏，遠東本作杪。

42 編者註：高仲武，遠東本誤作高仲文。

43 編者註：苦，遠東本作古。

江村即事

釣罷歸來不繫船。江村月落正堪眠。縱然一夜風吹去，只在蘆花淺水邊。

別盧秦卿

知有前期在，難分此夜中。無將故人酒，不及石尤風。

（一）石氏女，嫁為尤郎婦，情好甚篤。尤出不歸，妻臨亡嘆曰：「吾恨不能阻其行。」今凡商買發船，值打頭風，則曰：「此石尤風也。」見《江湘紀聞》。

韓愈（公元七六八—八二四）

南陽人，字退之，貞元八年進士。官御史，以言事貶陽山令，元和元年召還，拜國子博士。從裴度平淮西，遷刑部侍郎。十四年諫迎佛骨，貶潮州刺史。明年召還，轉吏部侍郎，兼京兆尹御史大夫。長慶四年卒，諡文公。

韓公文起八代之衰，詩亦為唐音作異軍特起之氣。大曆詩：氣韻句法，漸近荏弱，韓則以古文之氣勢筆力為詩。其氣韻飛動排奡，其辭句硬語盤空；而能運奇險如轉丸，舉萬鈞若鴻毛，於古今詩家之常軌中，特創一權奇俶儻之境界與面目。按：唐詩即不外王維、李白、杜甫、韓愈之四型：王詩淡雅，妥貼紙上；李詩飄逸，飛出紙外；杜詩沉鬱，凹入紙背，韓詩則雄桀，凸出紙面。此四型，不惟雄視百代，亦衣被百代矣！韓詩文集註本甚多，今通行本有東雅堂本校刊《昌黎先生集》、顧嗣立刪補《昌黎先生詩集註》。

薦士

周詩三百篇，雅麗理訓誥。曾經聖人手，議論安敢[44]到。五言出漢時，蘇李首更號。東都漸瀰漫，派別百川導。建安能者七，卓犖變風操。逶迤抵晉宋，氣象日凋耗。中間數鮑謝，比近最清奧。齊梁及陳隋，眾作等蟬噪。搜春摘花卉，沿襲傷剽盜。國朝盛文章，子昂始高蹈。勃興得李杜，萬類困陵暴。後來相繼生，亦各臻閫[45]隩。有窮者孟郊，受才實雄驁。冥觀洞古今，象外逐幽好。橫空盤硬語，妥貼力排奡。敷柔事紆徐，奮猛捲海潦。榮華肖天秀，捷疾逾響報。行身踐規矩，甘辱耻媚竈。孟軻分邪正，眸子看瞭眊。杳然粹而清，可以鎮浮躁[46]。酸寒溧陽尉，五十幾何耄。孜孜營甘旨，辛苦久所冒。俗流知者誰，指注競嘲傲。聖皇索遺逸，髦士日登造。廟堂有賢相，愛遇均覆幬。況承歸與張，二公迭嗟悼。青冥[47]送吹噓，強箭射魯縞。胡為久無成，使以歸期告。霜風破佳菊，嘉節迫吹帽。念茲決然去，感

44　編者註：敢，遠東本作可。
45　編者註：閫，遠東本作困。
46　編者註：躁，遠東本作燥。
47　編者註：冥，遠東本作雲。

物增戀嫪。彼微水中荇，尚煩左右芼。魯侯國至小，廟鼎猶納郜。幸當擇珉玉，寧有棄圭瑁。悠悠我之思，擾擾風中纛。上言愧無路，日夜惟心禱。鶴翎不天生，變化在啄菢。通波非難圖，尺地易可漕。善善不汲汲，移時徒悔懊。救死具八珍，不如一簞犒。微詩公勿誚，愷悌神所勞。

（一）鮑謝：鮑照、謝脁也。
（二）媚竈，《論語》：「與其媚於奧，寧媚於竈。」謂干乞權貴之門也。
（三）眸子，《孟子》：「胸中正，則眸子瞭焉。胸中不正，則眸子眊焉。」
（四）賢相，謂鄭餘慶。郊嘗為歸登、張建封所知。
（五）水荇，《詩》：「參差荇菜，左右芼之。」
（六）《左傳．桓二年》，魯取郜大鼎於宋，納於太廟。
（七）《詩》：「豈弟君子，神所勞矣！」

贈鄭兵曹

鑮酒相逢十載前。君為壯夫我少年。」鑮酒相逢十載後，我為壯夫君白首。」我材與世不相當，戢鱗委翅無復望。當今賢俊皆周行，君何為乎亦遑遑。」杯行到君莫停手，破除萬事無過酒。」

短燈檠歌

長檠八尺空自長。短檠二尺便且光。黃簾綠幕朱户閉，風露氣入秋堂涼。裁衣寄遠淚眼暗，搔頭頻挑移近牀。」大學儒生東魯客，二十辭家來射策。夜書細字綴語言，兩目眵昏頭雪白。」此時提攜當案前，看書到曉那能眠。」一朝富貴還自恣，長檠高張照珠翠。吁嗟世事無不然，墻角君看短檠棄。」

（一）昌黎五言古風，以〈南山詩〉最為排奡，〈縣齋有懷〉〈答張徹〉〈縣齋讀書〉最為精鍊。七言則〈八月十五夜贈張功曹〉〈宿嶽寺題門樓〉〈石鼓歌〉最為雄渾精悍。〈陸渾山火〉〈月蝕詩〉則最為奇偉者。此選雄桀明快之作，章法則免起鶻落，句法則陣馬風檣，足救纖弱之弊，而又無粗豪之失者。

送李員外院長分司東都

去年秋露下，羈旅逐東征。今歲春光動，驅馳別上京。飲中相顧色，送後獨歸情。兩地無千里，因風數寄聲。

（一）右為五言律詩，一二句與三四句對。嚴羽謂為扇對體，唐人多有之，然非律詩正格。

答張十一功曹

山淨江空水見沙。哀猿啼處兩三家。篔簹競長纖纖筍，躑躅閒開艷艷花。未報恩波知死所，莫令炎瘴送生涯。吟君詩罷看雙鬢，斗覺霜毛一半加。

（一）按：貞元十九年，公謫陽山，張署謫臨武，兩人同行，詩為到謫所後作。篔簹，大竹也。躑躅，杜鵑花。

春雪

新年都未有芳華。二月初驚見草芽。白雪卻嫌春色晚，故穿庭樹作飛花。

晚次宣溪

韶州南去接宣溪。雲水蒼茫日向西。客淚數行先自落，鷓鴣休傍[48]耳邊啼。

（一）按：詩為元和十四年貶潮州時作。

（二）《異物志》：鷓鴣鳴云「但南不北」。《本草》：今俗謂鷓鴣啼曰「行不得也哥哥」。

柳宗元（公元七六三—八一九）

河東人，字子厚。貞元九年進士。坐王叔文黨，貶永州司戶。徙柳州刺史，卒於官，柳人以神祀之至今。其文與韓愈並稱，其詩平實精潔，「發纖禮於簡古，寄至味於澹泊」（東坡評語）。蓋在摩詰與工部之間，大曆諸子不及也。有《柳河東集》，有世綵堂註本《河東先生集》。

溪居

久為簪組累，幸此南夷謫。閒依農圃鄰，偶似山林客。曉耕翻露草，夜榜[49]響溪石。來往不逢人，長歌楚天碧。

（一）按：詩為貶永州作，故云「南夷謫」。簪組，謂仕宦也。溪即愚溪也。

漁翁

漁翁夜傍[50]西岩宿。曉汲清湘燃[51]楚竹。煙銷日出不見人，欸乃一聲山水綠。迴看天際下中流，岩上無心雲相逐。

48 編者註：傍，遠東本作向。
49 編者註：榜，遠東本作讀。
50 編者註：傍，遠東本作旁。
51 編者註：燃，遠東本作然。

（一）欸乃，讀如矮靄，櫓聲。

（二）〈歸去來辭〉：「雲無心以出岫。」

別舍弟宗一

零落殘紅信黯然。雙垂別淚越江邊。一身去國六千里，萬死投荒十二年。桂嶺瘴來雲似墨，洞庭春盡水如天。欲知此後相思夢，長在荊門郢樹煙。

（一）按：詩為刺柳川時作。簡古澹泊，此詩可見之。

酬曹侍御過象縣見寄

破額山前碧玉流。騷人遙駐木蘭舟。春風無限瀟湘意，欲採蘋花不自由。

江雪

千山鳥飛絕。萬徑人蹤滅。煙波簑笠翁，獨釣寒江雪。

劉禹錫（公元七七二—八四二）

中山無極人，字夢得。貞元九年進士。坐王叔文黨，貶朗州司馬。歷連州、蘇州刺史，太子賓客。卒於會昌二年。其詩豪宕雋爽，東坡兄弟初學詩，即從禹錫入，有《劉賓客集》。

西塞山懷古

王濬樓船下益州。金陵王氣黯然收。千尋鐵鎖沉江底，一片降旛出石頭。人世幾回傷往事，山形依舊枕寒流。從今四海為家日，故壘蕭蕭蘆荻秋。

（一）西塞山在湖北大冶。三國時，吳人於江磧要害處，以鐵鎖橫截之以拒晉舟艦，卒為王濬所破，詩即詠王濬平吳事。

（二）石頭，即石頭城。又名石城。《三國志》：諸葛亮語孫權，「鍾山龍蟠，石城虎踞」者是也。即今南京城。

石頭城

山圍故國周遭在，潮打空城寂寞回。淮水東邊舊時月，夜深還過女墻來。

（一）淮水，即秦淮河。

（二）城上垣加射孔曰女墻，見《釋名》及《說文通訓》。

烏衣巷

朱雀橋邊野草花。烏衣巷口夕陽斜。舊時王謝堂前燕，飛入尋常百姓家。

（一）烏衣巷在今南京秦淮河，與朱雀橋近。晉王導、謝安皆居此。

白居易（公元七七二—八四六）

下邽人，字樂天。貞元十六年進士。歷官左拾遺，貶江州司馬，移忠州、蘇州刺史。文宗時，擢刑部侍郎太子少傅，致仕居東都，自稱香山居士。其詩意深而語淺，自言「文章合為時而著，歌詩合為事而作」，故所為樂府歌行，脫去嘲風弄月之窠臼，而得風人之意。與元稹友善，兩人詩風格相若，世謂之長慶體。有《白香山詩前後集》。

夢上嵩山　時足疾未平 52

夜夢上嵩山，獨攜藜杖出。千岩與萬壑，遊覽皆周畢。夢中足不病，健似少年日。既悟 53 神返初，依然舊形質。始知形神內，形病神無疾。形神兩是幻，夢寐俱非實。晝行雖蹇澀，夜步頗安逸。晝夜既平分，其間何得失。

折臂翁　戒邊功也

新豐老翁[54]八十八。頭鬢眉鬚[55]皆白雪。玄孫扶向店前行，左臂憑肩右臂折。[56]」問翁臂折來幾年。兼問致折因何緣。」翁云貫屬新豐縣。生逢聖代無征戰。慣聽梨[57]園歌管聲，不識旗槍與弓箭。」無何天寶大徵兵。户有三丁點一丁。點得驅將何處去，五月萬里雲南行。」聞道雲南有瀘水。椒花落時瘴煙起。大軍徒涉水如湯，未過十人二三死。」村南村北哭聲哀。兒別爺娘夫別妻。皆云前後征蠻者，千萬人行無一回。」是時翁年二十四。兵部牒中有名字。夜深不敢使人知，偷將大石捶折[58]臂。」張弓簸旗俱不堪。從茲便免征雲南。」骨碎筋傷非不苦。且圖揀退歸鄉土。」此臂折來六十年。一肢雖廢一身全。至今風雨陰寒夜，直到天明痛不眠。」痛不眠，終不悔。且喜老身今獨在。」不然當時瀘水頭。身死魂孤骨不收。應作雲南望鄉鬼，萬人冢上哭呦

52 編者註：平，遠東本作愈。
53 編者註：悟，遠東本作寤。
54 編者註：翁，遠東本作人。
55 編者註：眉鬚，遠東本作鬚眉。
56 編者註：遠東本左、右二字顛倒。
57 編者註：梨，遠東本作黎。
58 編者註：捶折，遠東本作折斷。

呦。」（萬人冢：鮮于仲通、李密覆軍之所，今猶存。——自註。）老人言，君聽取。不聞開元宰相宋開府。不賞邊功防黷武。」（開元初，天武軍牙將郝靈筌，斬突厥默啜，自謂不世功。宋璟以天子年少好武，恐徼功者生心，抑其賞。——自註。）又不聞天寶宰相楊國忠。欲求恩倖立邊功。邊功未立生人怨，請問新豐折臂翁。」

（一）楊國忠重構閣羅鳳之役，前後發二十萬眾，去無還者。又捉人連枷赴役，民不聊生，故祿山得乘人心而盜天下。元和初，折臂翁猶存，因備歌之。——自註。

（二）按《香山集》，新樂府五十篇，元和四年為左拾遺時作。其自言：「僕詩為人所愛者，不過雜律詩與〈長恨歌〉以下耳！時之所重，僕之所輕。」（見〈與元稹書〉）如此篇，即歌詩合為事而作，意深入而辭淺出，洗鍊常語，自然流利。故其辭不易而不俚，最可見香山詩之眞面目者矣！

賦得古原草送別 59

離離原上草，一歲一枯榮。野火燒不盡，春風吹又生。遠芳侵古道，晴翠接荒城，又送王孫去，萋萋滿別情。

（一）唐人送別詩，往往拈一詠物或詠他事題為詠。如高適有〈賦得還山吟送沈四山人〉，韋應物有〈賦得春雨送李曹〉；香山此篇即此式。〈邶風〉：莊姜送戴嬀而詠〈燕燕〉，即唐人此類詩體之本也。

香爐峰下新築山居草堂初成偶題東壁

五架三間新草堂。石階桂[60]柱竹編墻。南簷納日冬天暖，北户迎風夏月[61]涼。灑砌飛泉纔有點，拂窗斜竹不成行。來春更葺東廂屋，紙閣蘆簾著孟光。

（一）香爐峰在廬山，香山草堂，今仍是廬山名勝。

自河南經亂，關內阻饑，兄弟離散，各在一處。因望月有感，即書所懷，寄上浮梁大兄、於潛七兄、烏江十五兄，兼示符離下邽弟妹。

時難年荒世業空。弟兄羈旅各西東。田園寥落干戈後，骨肉流離道路中。弔影分為千里雁，辭根散作九秋蓬。共看明月應垂淚，一夜鄉心五[62]處同。

（一）五七律詩出句末一字，宜上、去、入三聲間錯，聲調乃響。此篇：「後」、「雁」、「淚」三字均去

59 編者註：遠東本奪古字，茲補入。
60 編者註：桂，遠東本作挂。
61 編者註：月，遠東本作日。
62 編者註：五，遠東本作九。

聲，微犯聲病。又平頭、雁足、合掌，亦為律詩小疵。合掌：如「桃紅」與「柳綠」對，「明月」與「清風」對，一語分為二是也。雁足：亦謂之疊足上尾，工部〈秋興〉第五首，仇兆鼇即指其下六句，俱用一虛字，二實字於句尾，如「降王母」、「滿函關」、「開宮扇」、「識聖顏」、「驚歲晚」、「點朝班」。句法相似，未免犯上尾疊足之病。又如祖詠〈望薊門〉：

燕臺一去客心驚。笳鼓喧喧漢將營。萬里寒光生積雪，三邊曙色動危旌。沙場烽火侵胡月，海畔雲山擁薊城。少小雖非投筆吏，論功還欲請長纓。

「生積雪」、「動危旌」、「侵胡月」、「擁薊城」，均在二三聯上下句五六七字，如雁足之全同也。平頭如杜甫〈螢火〉：

巫山秋夜螢火飛。簾疏[63]巧入坐[64]人衣。忽驚屋裏琴書冷，復亂簷邊[65]星宿稀。卻繞井欄添箇箇，偶經花蕊弄輝輝。滄江白髮愁看汝[66]，來歲如今歸未歸。

此「忽驚」、「復亂」、「卻繞」、「偶經」，均在二三聯上下句第一二字，猶草木之齊頭是也。合掌病在平庸油滑，雁足、平頭，病在板滯。知其為病，避之如反掌矣！

問劉十九

綠螘新醅酒，紅泥小火爐。晚來天欲雪，能飲一杯無。

（一）綠螘，張協〈七命〉：「浮蟻星沸。」蟻同螘，謂酒面浮沫也。駱賓王詩：「別路青驄遠，離樽綠蟻傾。」

閨怨[67]

珠箔籠寒月，紗窓背燒燈。夜來巾上淚，一半是春冰。

竹枝詞

瞿塘峽口水煙低。白帝城頭月向西。唱到竹枝聲咽處，寒猿闇鳥一時啼。

三月二十八日贈周判官

一春惆悵殘三日，醉問周郎憶得無。柳絮送人鶯勸酒，去年今日別東都。

63 編者註：簾疏，遠東本作疏簾。

64 編者註：坐，遠東本作照。

65 編者註：邊，遠東本作前。

66 編者註：汝，遠東本作爾。

67 編者註：〈閨怨〉三首，此處所選為其二。

按：元和、長慶間，尚有李賀、孟郊、賈島、盧仝、張籍、姚合諸家。李賀詩奇詭，極雕繪之工。張籍長於樂府，姚合倡言格律。張姚兩人詩，則晚唐、江湖詩人之所宗者。

四、晚唐詩

晚唐詩，作者之多，不減盛、中唐。然論者皆訾晚唐詩為輕薄、為纖細，為「局促於一題，拘攣於輕巧，風容色澤，輕淺纖微，無復涵渾氣數」（語本《吹劍錄》）。此則一由唐之局勢紊亂，已無發揚蹈厲之氣；一則士風日弊，乃各惟小慧自足，而以幽遠險隘為捷徑，以一字一句為新巧，以對偶之工細，典實之附麗為精奇。故惟於近體律絕中討生活，而古體非荏弱，即膚淺麤疏。然如杜牧之、李義山、温飛卿、韋端己、韓致堯諸家，其近體詩在體物抒情之風華辭采，能以動搖人心之一面，實較中唐為進一步，茲故選此五家，用資觀摩也。

杜牧（公元八〇三—八五二）

京兆萬年人，字牧之。太和二年進士。歷仕監察御史，黃、池、睦、湖四州刺史，終中書舍人。其人剛直有風節，敢言。其詩風華瑋麗，而以豪邁之氣行之，故不覺其靡曼，蓋為反元輕白俗，而復張李杜韓柳之作風者。其詩有馮集梧《樊川詩集註》四卷。

旅宿

旅館無良伴，凝情自悄然。[68]寒燈思舊事，斷雁警愁眠。遠夢歸侵曉，家書到隔年。滄江好煙月，門繫釣魚船。

宣州送裴坦判官往舒州時牧欲赴官歸京

日暖泥融雪半消。行人芳草馬聲驕。九華山路雲遮寺，清弋江村柳拂橋。君意如鴻高的的，我心懸旆正搖搖。同來不得同歸去，故國逢春一寂寥。

（一）宣州，今安徽宣城縣，牧時自宣州判官拜侍御史，故云赴官歸京。
（二）九華山在池州，青弋江在宣城。
（三）「的的者獲」，見《淮南子》。
（四）「心搖搖然如懸旌，而無所終薄。」見《史記·蘇秦傳》。

68 編者註：凝，遠東本作吟。

題宣州開元寺閣閣下宛溪夾溪居人

六朝文物草連空。天澹雲閒[69]今古同。鳥去鳥來山色裏，人歌人哭水聲中。深秋[70]簾幕千家雨，落日樓臺一笛風。惆悵無因見范蠡，參差煙樹五湖東。

（一）開元寺東晉時置，見收集自註。
（二）薛道衡詩：「願作王母三青鳥，風去風來傳消息。」
（三）《拾遺記》：日南涇泉浦，其水激石之聲，似人之歌笑。[71]

江樓

獨酌芳春酒，登樓已半醺。誰驚一行雁，衝斷過江雲。

赤壁

折戟沉沙鐵未銷。自將磨洗認前朝。東風不與周郎便，銅雀春深鎖二喬。

（一）銅雀臺在河南臨漳縣，建安十五年冬曹操作。見《魏志》。
（二）周瑜從孫策攻皖，拔之，得喬公二女，皆國色。策納大喬，瑜納小喬，見《吳志》。

泊秦淮

煙籠寒水月籠沙。夜泊秦淮近酒家。商女不知亡國恨，隔江猶唱後庭花。

（一）〈玉樹後庭花〉，陳後主歌曲也。

寄揚州韓綽判官[72]

青山隱隱水迢迢。秋盡江南草未凋。二十四橋明月夜，玉人何處教吹簫。

（一）二十四橋，一名紅藥橋，有二十四美人，吹簫於此，故名。見《揚州畫舫錄》。

69 編者註：閒，遠東本作開。
70 編者註：秋，遠東本作林。
71 編者註：笑，遠東本作哭。
72 編者註：綽，遠東本訛作紳。

贈別

多情卻似總無情。唯覺尊前笑不成。蠟炬有心還惜別，替人流淚到天明。

金谷園

繁華事散逐香塵。流水無情草自春。日暮東風怨啼鳥，落花猶似墜樓人。

（一）金谷園在河南（今洛陽）縣界，石崇別墅。崇有妓曰綠珠，孫秀求之，不予。秀怒收崇，綠珠自投樓下而死。見《晉書·石崇傳》。

李商隱（公元八一三—八五八）

河內人，字義山，號玉谿生。開成二年進士。少受知於令狐楚，既而楚父子與李德裕交惡，而義山娶德裕黨王茂元之女；令狐綯怨之，遂致終身坎壈，僅數任桂管、劍南節度判官以終。義山博學強記，辭采富贍，所為駢文，冠絕當代。其詩源出少陵，沉鬱清壯，而以美人香草出之，外極穠麗，內實蘊藉。溫庭筠、韋莊等人，以綺羅香澤和應之，義山遂被目為香奩之祖矣。其詩集有馮浩《玉谿生詩箋註》，合其文集又名《義山詩文集註》。有汪晦翁箋註《玉溪生詩意》。

錦瑟

錦瑟無端五十弦。一弦一柱思華年。莊生曉夢迷蝴蝶，望帝春心托杜鵑。滄海月明珠有淚，藍田日暖玉生煙。此情可待成追憶，只是當時已惘然。

（一）「莊周夢為蝴蝶，栩栩然蝴蝶也！」「俄而覺，則蘧蘧然周也。」見《莊子・齊物論》。

（二）蜀王望帝，被放逐，死而化為杜鵑，見《華陽國志》。

（三）「蜯蛤龜珠，與月盛虛。」見《大戴禮》。

（四）藍田在長安東南三十里，其山產玉，亦名玉山。見《長安志》。

（五）王士禛論詩絕句：「獺祭曾經博奧彈。一篇錦瑟解人難。」即指此詩辭意隱晦，自唐以來此詩即有人以為詠令狐楚之青衣，謂錦瑟即此青衣之名。亦有人指此為義山悼亡之作，馮浩即主其說，謂莊周妻死，鼓盆而歌，義山用古法，頗有旁射者。五句美其明眸，六句美其容色，乃所謂追憶也。按：悼亡不追憶其伉儷之德，僅追憶其動人之容色，則悼倡樓之妓耳。此詩為義山自傷坎壈，悼惜華年之作。感於四十五十，而無聞焉，乃假五十絃之錦瑟而自訴也。五十華年，迷惘如莊生之夢。此心不死，則如望帝之化鵑。月滿之時，珠當見盛，而反為鮫人之淚，日麗之時，玉當見寶，而反委之於蒼煙，則淪落之可悲也。此之所訴，為我為物，孰是孰非，當時已是惘然，今日亦徒成追憶而已！

深宮

金殿銷香閉綺櫳。玉壺傳響咽銅龍。狂飆不惜蘿陰薄，清露偏知桂葉濃。斑竹嶺邊無限淚，景陽宮裏及時鐘。豈知為雨為雲處，只有高唐十二峰。

（一）詩為義山桂管書記還京感懷之作，借宮詞以寄概也。馮浩註以為令狐綯適拜翰林學士，義山不免有所冀望，故賦此見意云。

（二）齊帝數遊幸諸苑囿，載宮人從後車，宮內深隱，不聞端門鼓漏聲，乃置鐘於景陽樓上，宮人聞鐘聲，早起粧飾，見《齊書·裴后傳》。

（三）「舜崩，二妃啼，以涕揮竹，竹盡斑」，謂之斑竹，見《博物志》。

（四）楚襄王宿高唐，夢神女曰：妾「旦為朝雲，暮為行雨；朝朝暮暮，陽臺之下」，見宋玉〈神女賦〉。

哭劉蕡

73

74

上帝深宮閉九閽。巫咸不下問含冤。黃陵別後春濤隔，湓浦書來秋雨翻。只有安仁能作誄，何曾宋玉解招魂。平生風義兼師友，不敢同君哭寢門。

（一）劉蕡以對策指斥宦官，為仇士良所忌，誣以罪，貶死柳州司戶，見《唐書·列傳》。

（二）巫咸，當是巫陽。上帝憫屈原之冤，使巫陽下招其魂，見宋玉〈招魂〉。

（三）黃陵在岳州洞庭湖口，湓浦即江州。

（四）潘岳善為哀誄之文，見《晉書·岳傳》。

（五）〈檀弓〉：伯高死，赴於孔子，孔子曰：「師！吾哭諸寢，朋友！吾哭諸寢門之外。」

淚

永巷長年怨綺羅。離情終日思風波。湘江竹上痕無限，峴首碑前灑幾多。人去紫臺秋入塞，兵殘楚帳夜聞歌。朝來壩水橋邊問，未抵青袍送玉珂。

（一）馮浩云：[75]「此必為李衛公——德裕疊貶時作，《唐摭言》有『八百孤寒齊下淚，一時南望李崖州』之句，與此同情。」

（二）永巷，宮中幽閉有罪宮女之處，見《三輔黃圖》。

（三）晉羊祜鎮襄陽，[76]常觴詠峴首山。祜卒，後人立碑其上，見者悲泣，謂之墮淚碑，見《晉書》本傳。

（四）江淹〈恨賦〉：「若夫明妃去時，仰天太息。紫臺稍遠，關山無極。」

（五）項王聞四面楚歌，乃起舞帳中，泣數行下，見《史記·項羽本紀》。

（六）灞橋在長安東，唐人送別處。

73 編者註：旦為朝雲，遠東本作朝為行雲。

74 編者註：蕢，遠東本訛作賁。下仝不贅。

75 編者註：馮浩，遠東本訛作洪浩。

76 編者註：羊祜，遠東本訛作羊祐。

寫意

燕雁迢迢隔上林。高秋望斷正長吟。人間路有潼江險，天外山惟玉壘深。日向花間留返照，雲從城上結[77]層陰。三年已制思鄉淚，更入新年恐不禁。

（一）詩為大中八年佐柳仲郢東川時作。
（二）潼江在梓桐縣，玉壘山在成都。

安定城樓

迢遞高城百尺樓。綠楊枝外盡汀洲[78]。賈生年少虛垂涕，王粲春來更遠遊。永憶江湖歸白髮，欲迴天地入扁舟。不知腐鼠成滋味，猜意鵷雛竟未休。

（一）安定，今涇原縣。
（二）《莊子》：「鴟得腐鼠，鵷雛過之，仰而視之曰：『嚇！』」

無題

來是空言去絕蹤。月斜樓上五更鐘。夢為遠別啼難喚，書被催成墨未濃。蠟炬半籠金翡翠，麝熏微度繡芙蓉。劉郎已恨蓬山遠，更隔蓬山一萬重。

（一）金翡翠謂圍屏，繡芙蓉謂帳幔也。

（二）蓬山，謂漢武帝事，武帝遣方士入海求蓬萊山，見《史記》。

（三）李賀詩：「茂陵劉郎秋風客。」故稱武帝為劉郎。

（四）此詩馮浩以為恨令狐綯不省其陳情之作。按：義山詩驚才絕艷，其鑄辭纏綿哀麗，其使事如珠走盤，而以沉潛之氣運之，故能纏綿而不靡膩，富麗而非堆垛，此於七律尤具見之也。

樂遊原

向晚意不適[79]，驅車登古原。夕陽無限好，只是近黃昏。

（一）樂遊原，本漢宣帝樂遊廟，基地最高，四面寬敞，見《兩京新記》。按：其地在長安附近。

77 編者註：結，遠東本作接。

78 編者註：洲，遠東本作州。

79 編者註：適，遠東本作盡。

滯雨

滯雨長安道，殘燈獨客愁。故鄉雲水地，歸夢不宜秋。

寄令狐郎中

嵩雲秦樹久離居。雙鯉迢迢一紙書。休問梁園舊賓客，茂陵秋雨病相如。

（一）《史記》：司馬相如遊梁，為孝王客。後為孝文園令，病免，家居茂陵。

嫦娥

雲母屏風燭影深。長河漸落曉星沉。嫦娥應悔偷靈藥，碧海青天夜夜心。

（一）羿請無死之藥於西王母，姮娥竊之以奔月，見《後漢書・天文志上》註。

憶往一師

無事經年別遠公。帝城鐘曉憶西峰。爐煙銷盡寒燈晦，童子開門雪滿松。

（一）遠公，即慧遠，東晉高僧，住廬山東林寺，結白蓮社，為蓮宗初祖。見《高僧傳》。

昨夜

不辭鶗鴂[80]妬年芳。但惜流塵暗燭房。昨夜西池涼露滿，桂花吹斷月中香。

（一）鶗鴂，〈離騷〉：「恐鶗鴂之先鳴兮，使夫百草為之不芳。」謝莊〈月賦〉：「去燭房，即月殿。」

柳

柳映江潭底有情。望[81]中頻遣客心驚。巴雷隱隱千山外，更作章臺走馬聲。

（一）末句合張敞章臺街中走馬、韓翃章臺柳故事。

（二）義山長於七言，尤擅為七絕。晚唐諸家承其風，亦莫不工於此體。蓋古近各體，勝在凝重，而七絕則有如王謝弟子，輕靈巧慧，正所以為風度翩翩也。

80 編者註：鶗鴂，遠東本作鶗鴃。

81 編者註：望，遠東本作眼。

温庭筠（西元八一二—八七〇）

太原人，字飛卿。以不修邊幅，逐管絃之音，為側艷之辭，致屢應進士不第。懿宗咸通中，舉為國子助教，遷方城尉，終於隋縣尉。其詩才思艷麗敏捷，世以與李商隱、韓偓並稱，謂之溫李冬郎。溫有李之風華，而遜其沉著，故失於輕艷。然其才氣流美，珠圓玉潤，筆調清新，亦足啟發人之性靈也。有顧嗣立本《溫飛卿集箋註》。

過陳琳墓

曾於青史見遺文。今日飄蓬過此墳。詞客有靈應識我，霸才無主始憐君。石麟埋沒藏春草，銅雀荒涼對暮雲。莫怪臨風獨惆悵，欲將書劍學從軍。

（一）陳琳墓在下邳。霸才指曹操，琳猶得為操知，而我無之，故云「始憐君」也。

蘇武廟

蘇武魂銷漢使前。古祠高樹兩茫然。雲邊雁斷胡天月，隴上羊歸塞草煙。迴日樓臺非甲帳，去時冠劍是丁年。茂陵不見封侯印，空向秋波哭逝川。

（一）孝武興造甲乙之帳，見《漢書．西域傳．贊》，此謂歸時，已非居甲帳之武帝也。

嘲三月十八日雪

三月雪連夜，未應傷物華。只緣春欲盡，留着伴梨花。

瑤瑟怨

冰簟銀床夢不成。碧天如水夜雲輕。雁聲遠過瀟湘去，十二樓中月自明。

（一）崑崙閬風苑，有玉樓十二，見《神仙傳》。此詩宮怨之類，十二樓指皇宮。

韓偓（公元八四二—九二三）

萬年人，字致堯，小字冬郎，李義山僚婿之子，昭宗元年進士。官至兵部侍郎，以不附朱全忠，乃南走依閩王王審知。致堯忠亮，亡國悲憤，一見於詩。雖局於當時風氣，不免浮艷，而性情風骨，繼武義山，於溫韋之間，為能獨樹一幟者。有《韓內翰別集》。82

82 編者註：《韓內翰別集》，遠東本訛為《韓內翰詩集》。

安貧

手風慵展八行書。眼暗休尋九局圖。窗裏日光飛野馬[83]，案頭筠管長蒲盧。謀身拙為安蛇足，報國危曾捋虎鬚。舉世可能無默識，未知誰擬試齊竽。

（一）手風，手病風痺也。
（二）「野馬也，塵埃也，生物之以息相吹」者，見《莊子》。
（三）齊竽，南郭先生棄竽事。

惜花

皺白離情高處切，膩紅愁態靜中深。眼隨片片沿流去，恨滿枝枝被雨淋。總得苔遮猶慰意，若教泥污更傷心。臨軒一盞悲春酒，明日池塘是綠陰。

（一）此詩後四句有寄托有骨氣，前四句則稍病油滑，是可覘唐纖細之風貌。

韋莊（公元八三六—九一〇）

杜陵人，字端己，昭宗乾寧九年進士。隨李詢宣慰西川，朱溫篡唐，途留事王建。其詩輕艷，與飛卿同；兩人並為詞家之大宗。有《浣花集》，見毛晉汲古閣刻本。

長安清明

早是傷春夢雨天。可堪芳草更[84]芊芊。內官初賜清明火，上相閒分白打錢。紫陌亂嘶紅叱撥，綠楊高映畫鞦韆。游人記得承[85]平事，暗喜風光似昔年。

（一）唐制，清明取榆柳之火以賜近臣，順陽氣。見《唐詩鼓吹》郝註。

（二）白打，蹋球也。兩人對蹋球名白打，勝者得采曰白打錢。王仲初〈宮詞〉：「寒食內人長白打，庫中先散與[86]金錢。」

（三）紅叱撥，天寶中大宛進汗血馬名，見李石《續博物志》。

古離別（樂府題）

晴煙漠漠柳毿毿。不那離情酒半酣。更把[87]玉鞭雲外指，斷腸春色在江南。

83 編者註：飛，遠東本作吹。
84 編者註：更，遠東本作正。
85 編者註：承，遠東本作昇。
86 編者註：以，遠東本作與。
87 編者註：把，遠東本作抱。

臺城

江雨霏霏江草齊。六朝如夢鳥空啼。無情最是臺城柳，依舊煙籠十里堤。

（一）臺城，晉成帝時建，《清〔一〕統志》：臺城在江寧上元縣北玄武湖側，按即六朝時之宮城。

按：晚唐詩人，大都工於七絕。牧之、義山，均風華絕世，不讓太白、龍標，即溫韋同時諸家，亦綽約多姿，過於元白。蓋律詩有如垂紳立朝，瑟入合樂，妙在鋪陳典雅，吐屬高華；而絕句則當如燕居清言，莊諧雜出，么絃低唱，妙趣橫生。晚唐詩巧慧纖細，以為古體及律詩，則病骨氣之不足，以為七絕，則正如猿狙之得茂林，跳浪輕捷，自然而曲盡其妙矣！

晚唐詩家向有皮日休、陸龜蒙、李紳、李群玉、張祜、[88]趙嘏、許渾、鄭谷，及效張籍之朱餘慶、司空圖、項斯，效姚合之杜荀鶴、李頻、方干。江湖詩之羅隱、羅鄴、羅虬、李山甫。宋人俞文豹《吹劍錄》論晚唐諸家云：「沿樂天而為淺俗，沿牧之而為粗豪，沿義山而為偏僻，沿賈島、姚合而為瑣屑。」求如李杜元白之瑰奇，長篇大章之雄偉，或歌或行之豪放，無此力量矣！按俞氏云云，自為指李紳以下諸家而言。蓋會昌以前，文學集中於京師，相觀而善，故能一路向上。大中以下，方鎮割據，儼同列國，文士皆江湖流浪，旅食諸侯；遂各走旁門，失諸正鵠，茲則時勢使然，習尚所趨之過也。

88 編者註：張祜，遠東本訛作張祐。

詩學纂要下編・宋詩選讀

宋詩與唐詩，型制同而風格則各異，有如黃河長江，俱西源崑崙，東注於海，而各自成流域。故為學詩者，必兼資而並研習之者也。唐詩如〈國風〉，宋詩如〈大、小雅〉。〈國風〉之辭，多覽物抒情，故流連光景，而妙造自然；唐人詩得其意，是以風華掩映而以情韻勝。〈大、小雅〉之辭，多陳義序事，故鈎深抉微，而能笙鏞應律；宋人詩得其意，是以氣格森張，而以理致勝。以情韻勝者，故其詩境，蘊藉空靈，其詩句則閑雅圓潤。以理致勝者，故其詩境深刻沉著，其詩句則警拔生動，茲即宋詩與唐詩之為不同者。或謂宋人以文為詩，以事入詩，以議論入詩，非詩之正；不知此正〈豳風〉〈大、小雅〉之風規。宋人詩能文而彬彬，能爐冶事理議論，揮灑自如於一唱三嘆之中，此正宋詩之所以秀出中唐以後之特色。原夫風華情韻，半出才思，有如芝蘭之自發幽香，而理致氣韻，則半由功力，有如璞玉之琢為圭璧。此兩者出於唐宋人詩，雖有畸重畸輕之分，而於詩學，則實有相長相成之必要。詩由唐人之抒情韻，而至宋人之寫理致，又正為詩歌自然而有之演進。明人侈言學盛唐，低視宋詩，至指熙寧、元豐諸家為不足法（明人貝瓊語）。歐陽修反楊劉之靡靡，矯枉過正，遂使宋一代無詩（王夫之語）。然明人之學唐，即不過優孟衣冠，毫無氣象。清代康乾諸老，自漁洋、竹垞、覃溪、太鴻，下至海藏、散原，均從宋詩入，反能歷唐人堂奧，而成有清一代之詩。則以功力可勉而至，才思不可僅以撫摩而成。學者從宋詩入，有階級繩墨可循，功力既至，則才思目沛，即熟能生巧也。亦可從唐詩入，以才思之發揮，增進其功力，則得心亦能應手也。故詩必唐宋兼資，然後能以沉著為風華，而不致失於浮靡，然後能以流美盡理致，而不致失於枯澀，此又論詩與學詩者，所不可不知者也。

一、北宋詩

北宋自仁宗以前，可謂無詩。非眞無詩也，無宋人自己之詩也。宋初六十餘年之間，詩皆襲晚唐五代之餘，以泛濫典故為富，以排比字句為工。撏撦義山之衣冠，攘臂於皮陸溫韋之間，謂之西崑。如楊億、劉筠、錢惟演、晏殊之所作，非不富麗華贍，可為廟廊館閣之詩；然纖巧繁碎，僅足以為晚唐之尾聲而已耳。至仁宗慶曆伊始，歐陽修乃起為變革，以氣格風骨之開拓，一掃西崑靡靡之風，上與盛唐爭衡。於是梅堯臣、蘇舜欽為之羽翼，王安石、蘇東坡為之發揚，遂卓然樹立有宋一代之詩風。於是作者並出：如劉原父、孔武仲兄弟，如秦觀、張耒，晁无咎、黃庭堅、陳師道諸家，莫不乘風興起，大聲鏘鏗，小聲鏜鞳。自慶曆以後六十餘年之間，遂為宋詩鼎盛時期，而黃庭堅影響後來詩家者尤大，世且謂之為江西詩派矣！

歐陽修廓清空泛靡曼之西崑詩，而為清健雅潔、言必有物之宋代詩，然於晚唐詩法，亦未全被唾棄。如鍛鍊字句之功，即仍為吸取，用作新製之針綫；但從大處落墨，而非以纖細矜奇。此錘鍊之功，即見於七言之中，故宋人詩莫不近體佳於古體，七言工於五言。五言律絕，不能超越唐人，至七言律詩，則除杜甫外，雖王、孟、元、白，亦當讓歐、蘇、黃、王、陸，出一頭地矣。

歐陽修（公元一〇〇七—一〇七二）

廬陵人，字永叔，號醉翁，晚號六一居士，仁宗天聖進士。外任：歷知滁州、揚州、潁州、河北轉運使。內任：歷知諫院、翰林學士、樞密副使、參知政事。王安石用事，乃罷知亳州、青州、蔡州，卒謚文忠。宋建國至仁宗時，詩文猶承晚唐之舊，無自己之風格，歐公出始為壁壘一新，而有宋代之文與詩。歐詩聲色辭氣如太白，骨力風格如昌黎，其才華氣魄，不惟足以轉變既靡之頹風，亦足以領袖群倫，冠冕一世。故一時同輩如梅聖俞、蘇舜欽，莫不為之羽翼。晚一輩如王安石、蘇氏父子兄弟，以及山谷、少游、後山，更莫不訢然向風；故歐公實可謂為宋文宋詩之創建與完成之人也。歐詩文傳本甚多，其《歐陽文忠集》，詩分見於《居士集》《居士外集》中。

啼鳥

窮山候至陽氣生。百物如與時節爭。官居荒涼草樹密，撩亂紅紫開繁英。花深葉暗耀[89]朝日，日[90]暖衆鳥皆嚶鳴。鳥言我豈解爾意，綿蠻但愛聲可聽。南窗睡多春正美，百舌未曉催天明。黃鸝顏色已可愛，舌端啞咤如嬌嬰。竹葉靜啼青竹笋，深處不見惟聞聲。陂田邊郭白水滿，戴勝穀穀催春耕。誰謂鳴鳩拙無用，雌雄各自知晴陰。雨聲蕭蕭泥滑滑，草深苔綠無人行。獨有花上提葫蘆，勸我沽酒花前傾。其餘百種各嘲哳，異鄉殊俗難知名。我遭讒口身落此，每聞巧言宜可憎。春到山城苦寂寞，把盞常恨無娉婷。花開鳥語輒自醉，醉與花鳥為交[91]朋。花能嫣然顧我笑，鳥勸我飲非無情。身閒酒美惜光景，惟恐鳥散花飄零。可笑靈均楚澤畔，離騷憔悴愁獨醒。

（一）按：右詩慶曆六年歐公四十歲時作，時被讒出知滁州，自號醉翁。
（二）竹林靜啼，謂竹雞，一名泥滑滑。李時珍曰：「多居竹林，形比鷓鴣差小。」
（三）催耕，布穀鳥。陳慥〈布穀吟〉序：「人以布穀為催耕。」
（四）提葫蘆，一名提壺，王禹偁[92]有〈初入山聞提壺鳥〉詩。
（五）《楚辭．漁父》：「衆人皆醉我獨醒。」

89 編者註：耀，遠東本作輝。
90 編者註：日，遠東本作一。
91 編者註：交，遠東本作友。
92 編者註：偁，遠東本訛作倆。

答聖俞白鸚鵡雜言

憶昨滁山[93]之人贈我玉[94]兔子。粤明年春玉兔死。「日陽晝出月夜明。世言兔子望月生。謂此瑩然而白者，譬夫水之為雪而為冰。皆得一陰凝結之純精。常恨處非大荒窮北極寒之曠野，養違其性夭厥齡。」豈知火維地荒絕。漲海連天沸天熱。黃冠黑距人言語，有鳥玉衣尤皎潔。」乃知物生天地中。萬殊難以一理通。」海中洲島窮人跡。來市廣州纔八國。其間注輦來最稀[95]，此鳥何年隨海舶。誰能遍歷海上峰，萬怪千奇安可極。」兔生明月月在天。玉兔不能久人間。況爾來從炎瘴地，豈識中州霜雪寒。」渴雖有飲飢[96]有啄。羈紲終知非爾樂。天高海闊路茫茫，嗟爾身微羽毛[97]弱。」爾能識路知所歸。吾欲開籠縱爾飛。俾爾歸託[98]宛陵詩。此老詩名聞四夷。」

（一）右詩嘉祐四年，五十三歲，知開封府時作。

（二）韓愈〈衡岳廟〉詩：「火維地荒足妖怪。」南方主火，故謂火維。要服之外為荒服，見〈禹貢〉。

（三）注輦國，東距海五里，西至天竺一千五百里，產檳榔、豆蔻、山雞、鸚鵡。見《宋史．外國傳五》。

讀書

吾生本寒儒，老尚把書卷。眼力雖已疲，心意殊未倦。正經首唐虞，偽說起秦漢。篇章異句讀，解詁及箋傳。是非自相攻，去取在勇斷。

初如兩軍交，乘勝方酣戰。當其旗鼓催，不覺人馬汗。至哉天下樂，終日在几案。念昔始從師，力學希仕宦。豈敢取聲名，惟期脫貧賤。忘食日已晡，燃[99]薪夜侵旦。謂言得志後，便可焚筆硯。少償辛苦時，惟事寢與飯。歲月不可留，一生今過半。中間嘗忝竊，內外職文翰。官榮日清近，廩給亦豐羨。人情慎所習，酖毒比安晏。漸追時俗流，稍稍學營辦。杯盤窮水陸，賓客羅俊彥。自從中年來，人事攻百箭。非惟職有憂，亦自老可歎。形骸若衰病，心志亦退懦。（同偄，怒玩切）前時可喜事，閉眼不欲見。惟尋舊讀書，簡編多朽斷。古人重溫故，官事幸有間。乃知讀書勤，其樂固無限。少而干祿利，老用忘憂患。又知物貴久，至寶見百鍊。紛華暫時好，俛仰浮雲散。淡泊味愈長，始終殊不變。何時乞殘骸，萬一免罪譴。買書載舟歸，築室潁水岸。平生頗論述，詮次加點竄。庶幾垂後世，不默死芻豢。信哉蠹書魚，韓子語非訕。

93 編者註：遠東本奪山字，茲補。
94 編者註：玉，遠東本作白。
95 編者註：稀，遠東本作遠。
96 編者註：飢，遠東本作饑。
97 編者註：羽毛，遠東本作毛羽。
98 編者註：託，遠東本作詫。
99 編者註：燃，遠東本作然。

按：歐論韓詩，謂其工於用韻，因難見巧，愈險愈奇。蓋韻穩則詩自精鍊也。歐亦工於用韻，此篇韻雖非險。然「斷」、「戰」、「汗」、「旦」、「飯」、「辦」、「箭」、「懦」、「譴」、「豢」、「訕」等字，乍觀之，皆與題無關連，猶欲食而得瓦礫，無所用之者。而乃運思巧合，使此等字，反若為此題而設者，茲則韓信用兵。能驅市人，使人自為戰之兵法矣！「簡編多朽斷」，「斷」字重，疑是「爛」字之誤。

黃溪夜泊

楚人自古登臨恨，暫到愁腸已九回。萬樹蒼煙三峽暗，滿川明月一猿哀。非鄉況復驚殘歲，慰客偏宜把酒杯。行見江山且吟詠，不因遷謫豈能來。

（一）黃溪，在夷陵峽中，公景祐三年貶夷陵令，時年三十歲。

初至潁州西湖，種瑞蓮、黃楊，寄淮南轉運使呂度支、發運許主客

平湖十頃碧琉璃。四面清陰乍合時。柳絮已將春遠去，海棠應恨我來遲。啼禽似與遊人語，明月閒撐小艇隨。每到最佳堪樂處，卻思君共把芳卮。

（一）按：潁州，今安徽阜陽，公於皇祐元年自揚州移至潁州，時年四十三。

憶滁州幽谷

滁州幽谷抱千峰。高下山花遠近紅。當日辛勤皆手植，而今開落任春風。主人不覺悲華髮，野老猶能說醉翁。誰與援琴親寫取，夜泉聲在翠微中。

（一）右至和元年遷翰林學士，在汴京時作。蘇東坡〈醉翁操〉序[100]：琅琊幽谷，泉鳴空澗，醉翁喜之，既去十餘年，沈遵聞之往遊，以琴寫其聲曰〈醉翁操〉。

寄張至秘校

關山一里一重愁。念遠傷離兩未[101]休。南陌望窮雲似帳，西樓吟斷月如鉤。柳綿飛後春應減，蘭徑荒時客倦遊。擬寄東風問溝水，亦應溝水更東流。

---

100 編者註：按蘇序原文云：琅琊幽谷，山水奇麗，泉鳴空澗，若中音會，醉翁喜之，把酒臨聽，輒欣然忘歸。既去十餘年，而好奇之士沈遵聞之往遊，以琴寫其聲，曰〈醉翁操〉。

101 編者註：未，遠東本作不。

秋懷

節物豈不好，秋懷何黯然。西風酒旗市，細雨菊花天。感事悲雙鬢，包羞食萬錢。鹿車終自102駕，歸去潁東田。

（一）右治平二年作，時官參知政事。是秋八月，以大雨水，再乞避位，不允，故有此作。

（二）《易・否・六三》象曰：「包羞，位不當也。」

豐樂亭遊春

紅樹青山日欲斜。長郊草色綠無涯。遊人不管春將老103，來往亭前踏落花。

別滁

花光濃爛柳輕明。酌酒花前送我行。我亦且104如常日醉，莫教弦管作離聲。

梅堯臣（公元一〇〇二—一〇六〇）

宣城人，字聖俞，人稱宛陵先生。仁宗時進士。其詩以深遠古淡為意，間出奇巧。嘗言：「凡詩意新語工，得前人所未道者，斯為善矣！必能狀難寫之景，如在目前，含不盡之意，見於言外，然後為至也。」聖俞長歐陽修五歲，同參錢惟演幕，故甚相得。歐陽修於詩文，力主革除晚唐五代習氣，而羽翼之者，則聖俞也，故當時詩家，以歐梅並稱。有《宛陵集》。

魯山山行（按：魯山，今河南魯山縣）

適與野情愜，千山高復低。好峰隨處改，幽徑獨行迷。霜落熊升樹，林空鹿飲溪。人家在何許，雲外一聲雞。

春寒

春盡自陰陰。雲容薄更深。蝶寒方斂翅，花冷不開心。亞樹青簾動，依山片雨臨。未嘗牽景物，多病不能尋。

送趙諫議及知徐州

鹿車幾兩馬幾匹，軫建朱幡騎彀弓。雨過短亭雲斷續，鶯啼高柳路西東。呂梁水注千尋險，大澤龍歸萬古空。莫問前朝張僕射，球場細草綠茸茸。

---

102 編者註：終自，一本作何日。

103 編者註：老，遠東本作盡。

104 編者註：且，遠東本作只。

（一）呂梁洪，在銅山縣東南，巨石齒列，波流洶湧，見《清（一）統志》。

（二）大澤，漢高祖故里。張建封鎮徐州，韓愈上書，諫其擊球，見昌黎文。

王安石（公元一〇二一—一〇八六）

臨川人，字介甫，晚號半山。以歐陽公之延譽，擢進士第。其後相神宗二十年，封荊國公。以行新政變法失敗，退居金陵以終。安石經學詩文，均為宋代大家。其詩精悍凌厲近昌黎，警鍊沉雄近工部。尤長於七言近體，字斟句酌，理致情韻，互相輝映，嚴滄浪稱其七絕為宋人第一，其集中詩，亦以七絕為最多也。王詩有《臨川集》，有《王荊公詩》。

北山

北山輸105綠漲橫陂。直塹回塘灩灩時。細數落花因坐久，緩尋芳草得歸遲。

（一）北山，又名落山、紫金山、鍾山。諸葛亮謂孫權曰「鍾山龍蟠」者是也，在南京今中山門外。

招揚德逢

山林投老倦紛紛。獨臥看雲卻憶君。雲尚無心能出岫，不應君更懶於雲。

書湖陰先生壁

茅簷長掃靜無苔。花木成畦[106]手自栽。一水護田將綠遶，兩山排闥送青來。

戲城中故人

城郭山林路半分。君家塵土我家雲。莫吹塵土來污我，我自有雲持寄君。

松間（被召將行作）

偶向松間覓舊題。野人休誦北山移。丈夫出處非無意，猿鶴從來自不知。

（一）孔稚圭〈北山移文〉：「蕙帳空兮夜鶴怨，山人去兮曉猿驚。」以譏周顒之干祿。見《文選》。

105 編者註：輸，遠東本作舒。
106 編者註：畦，遠東本作陰。

春日席上

十年流落負歸期。臨水登山各有思。今日樽前千萬恨，不堪頻唱鷓鴣辭。

即事

徑暖草如積，山晴花更繁。縱橫一川水，高下數家村。靜聽雞鳴午，荒尋犬吠昏。歸來向人說，疑是武陵源。

次韻楊樂道述懷之作

素心非不慕前修。自怪因循欲白頭。獵較趣時終瑣瑣，畫墁營職信悠悠。濠梁最憶知魚樂，牢策翻慚為彘謀。尚有故人能慰我，詩成珠玉每相投。

（一）《孟子》：「魯人獵較，孔子亦獵較。」

（二）莊子與惠子，遊於濠梁之上，莊子曰：儵107魚出游，是魚樂也。見〈秋水篇〉。

（三）「祝宗人玄端，以臨牢策，說彘曰：『汝奚惡死！吾將三月豢爾，十日戒，三日齋，藉白茅，加爾肩尻乎雕俎之上，則爾為之乎！』」見〈達生篇〉。

葛溪驛

缺月昏昏漏未央。一燈明滅照秋牀。病身最覺風露早，歸夢不知山水長。坐感歲時歌慷慨，起看天地色淒涼。鳴蟬更亂行人耳，正抱疏桐葉半黃。

次韻平甫金山會宿寄親友

天末海門橫北固，煙中沙岸似西興。已無船舫猶聞笛，遠有樓臺只見燈。山月入松金破碎，江風吹水雪崩騰。飄然欲作乘桴計，一到扶桑恨未能。

（一）平甫，名安國，介甫之弟。
（二）金山、北固山，均在鎮江城外長江邊。

寄友人

飄然羈旅尚無涯。一望西南百嘆嗟。江擁涕洟108流入海，風吹魂夢去還家。平生積慘應銷骨，今日殊鄉又見花。安得此身如草樹，根株相守盡年華。

107 編者註：儵，遠東本作條。
108 編者註：洟，遠東本作涎。

（一）宋人詩風，頗以鍊字鍊句之工相尚，故七言近體，特見精彩。其對句勝在融理致於興會之中，以深刻發其情韻，荊公即為倡導此風格之一人，其詩即多精鍊奇警之句。寫景者如「淮岑日對朱欄出，江岫雲齊碧瓦流」；「江月轉空為白晝，嶺雲分暝與黃昏」；「砌水亂流穿石底，檻雲高出蔽山層」。寫情者如「箭落皐雕龜兔避，句傳炎海鱷魚驚」；「論心未忍遺橫目，干世還憂近逆鱗」；「年光斷送朱顏去，世事栽培白髮生」。其超妙者如「空花根蔕難尋摘，夢境煙塵費掃除」；「握手百憂空往事，還家一笑即芳時」；「委質山林如許國，寄懷魚鳥欲忘形」。其講求對仗，至以經對經、史對史、佛家語對佛家語、道家語對道家語，亦倡於荊公，如「周顒宅作阿蘭若，婁約身歸窣堵波」、「中分香積如來缽，對現毗耶長者身」，即以佛語對佛語也。或稱荊公詩「每苦交遊尋五柳，最嫌尸祝擾庚桑」為的對。荊公曰：「此但知柳對桑為的對，不知庚對五亦的對也！」蓋庚於十干之數為第七也。宋人盛稱之，遂以成詩家之風氣矣！按此對句，隨手拈得之，自為巧妙。若刻意為之，即將傷氣傷格，其末流之弊，即將但求櫝美，不計珠贋，故明人訾宋詩不及唐詩，則此一風尚之弊，有以來人之口實也。

示元度（營居半山園作）

今年鍾山南，隨分作園囿。鑿池構吾廬，碧水寒可漱。溝西僱丁壯，擔土為培塿。扶疏三百株，蒔棟最高茂。不求鵷鶵實，但取易成就。中空一丈地，斬木令結構。五楸東都來，斸以澆簷溜。老來厭世諠，深臥塞門109竇。贖魚與之游，餵110鳥見如舊。獨當邀之子，商略終宇宙。更待春日長，黃鸝哢清晝。

送程公闢守洪州

畫船插幟搖秋光。鳴橈傳鼓水洋洋。豫章太守吳郡郎。行指斗牛先過鄉。鄉人出郭航酒漿。皰鼈鱠魚炊稻粱。茨頭肥大菱腰長。醻酬喧呼坐滿床。怪君三年滯瞿塘。又驅傳[111]馬登太行。纓旆脱盡歸大梁。翻然出走天南疆。九江左投貢與章。揚瀾吹漂浩無旁。老蛟戲水風助狂。盤渦忽坼千丈強。君聞此語悲慨慷。迎吏乃前持一觴。鄙州歷選多儁良。鎮撫時有諸侯王。拂天高閣朱鳥翔。西山蟠遶鱗鬣蒼。下視城塹眞金湯。雄樓傑屋鬱相望。中户尚有千金藏。漂田種秔出穰穰。沉檀珠犀雜萬商。大舟如山起牙檣。輸瀉交廣流荊揚。輕裙利屣列名倡。春風蹋謠能斷腸。平湖灣塢煙渺茫。樹石珍怪花草香。幽處往往聞笙簧。地靈人秀古所藏。勝兵可使酒可嘗。十州將吏隨低昂。笑談指麾回雨陽。非君才高力方剛。豈能跨有此一方。無為聽客欲霑裳。使君謝吏趣治裝。我行樂矣未渠央。

（一）洪州，即豫章。今江西省城南昌。

（二）行指斗牛，地靈人秀。並本王勃〈滕王閣序〉：「物華天寶，龍光射斗牛之墟；人傑地靈，徐孺下

109 編者註：門，遠東本作長。

110 編者註：餵，遠東本作餒。

111 編者註：傳，遠東本作傳。

陳蕃之榻。」

（三）朱鳥，南呂朱鳥，井、鬼、柳、星、張、翼、軫七宿。見《天官書》。〈滕王閣序〉：「星分翼軫，地接衡廬。」則江西為翼軫分野，故曰朱鳥翔也。

（四）西山，在新建縣西，道家以為第十二洞天。

（五）右詩與韓愈〈劉生詩〉，同為栢梁體，平韻，七言，句句押韻。本起漢武帝栢梁臺聯句，盛唐七古即踵為此體。其句法可以句句獨立，自然而蒼勁樸茂，故可以作頌祝箴讚之辭，亦可作誄辭，及碑誌之銘辭。如韓昌黎之〈羅池廟碑〉，蘇東坡之〈韓文公廟碑〉是也！

蘇軾（公元一〇三七——一一〇一）

眉山人，字子瞻，號東坡居士。仁宗嘉祐二年，歐陽修知貢舉，與弟轍同榜進士。歷仕仁宗、神宗、哲宗朝，徽宗初年卒，謚文忠。其詩文、樂府詞、書法，均為宋大家，尤以詩為特出。蓋其天才橫溢，故能觸手成春；學問淵雅，故能語皆盡妙。方之古人，則太白之豪邁，工部之精粹，昌黎之排奡，莫不兼而有之。較之漢魏，雖蘊藉不及，然說理超妙，而不為理障，鑄辭明快，而不涉粗豪，正為宋詩所以獨具風格之本色。張歐梅之風，與安石競爽而過之。同時之黃庭堅、秦觀、張耒，晁无咎、陳師道、李廌，皆受其涵蓋，謂之蘇門六學士。宋詩與唐詩，並駕聯鑣，東坡則中軍之旗鼓矣！東坡詩傳本甚多，有《東坡全集》《東坡詩集註》《施註蘇詩》。

書焦山綸長老壁

法師住焦山，而實未嘗住。我來輒問法，法師了無語。乃至無言語，[112]不知所答故。君看頭與足，本自安冠屨。譬如長鬣人，不以長為苦。一旦或人問，每睡安所措。歸來被上下，一夜着無處。展轉遂達晨，意欲盡鑷去。此言雖鄙淺，故自有深趣。持此問法師，法師一笑許。

（一）右詩設意奇而事甚瑣，而能要言不煩，委曲俱盡，意之所到，筆無不達，是即其天才橫溢之處；雖不易學，而實可為啟聾發聵之引導也。

魚蠻子

江淮水為田，舟楫為室居。魚蝦以為糧，不耕自有餘。異哉魚蠻子，本非左衽徒。連排入江住，竹瓦三尺廬。於焉長子孫，戚施且侏儒。擘水取魴[113]鯉，易如拾諸途。破釜不着鹽，雪鱗芼青蔬。一飽便甘寢，何異獺與狙。人間行路難，踏地出賦租。不如魚蠻子，駕浪浮空虛。空虛未可知，會當算舟車。蠻子叩頭泣，勿語桑大夫。

（一）詩為黃州作。

（二）戚施，〈邶風〉：「得此戚施。」貌醜陋也。

112 編者註：乃至無言語，遠東本作法師非無語。

113 編者註：魴，遠東本作鮎。

（三）芼，煮熟也，〈周南〉：「左右芼之。」

（四）桑大夫，桑弘羊，為漢武帝興利聚斂，算及舟車。

月夜與客飲杏花下

杏花飛簾散餘春。明月入户尋幽人。褰衣步月踏花影，炯如流水涵青蘋。」花間置酒清香發。爭挽長條落香雪。山城薄酒不堪飲，勸君且吸杯中月。」洞簫聲斷月明中。惟憂月落酒杯空。明朝卷地東風惡，但見綠葉棲殘紅。」

（一）按：詩為元豐二年在徐州作。

寓居定慧院之東，雜花滿山，有海棠一株，土人不知貴也

江城地瘴蕃草木。只有名花苦幽獨。嫣然一笑竹籬間，桃李漫山總麤俗。也知造物有深意，故遣佳人在空谷。自然富貴出天姿[114]，不待金盤薦華屋。朱唇得酒暈生臉，翠袖卷紗紅映肉。林深霧暗曉光遲，日暖風輕春睡足。雨中有淚亦悽愴，月下無人更清淑。先生食飽無一事，散步逍遙自捫腹。不問人家與僧舍，拄杖敲門看修竹。忽逢絕艷照衰朽，歎息無言揩病目。陋邦何處得此花，無乃好事移西蜀。寸根千里不易致，銜子飛來定鴻鵠。天涯流落俱可念，為飲一樽歌此曲。明朝酒醒還獨來，雪落紛紛那忍[115]觸。

（一）按：詩為元豐三年初到黃州作。海棠以蜀產最盛，眉山即有香海棠國之稱，此詩即借此致慨，故云「天涯流落俱可念」也。

定惠院寓居月夜偶出

幽人無事不出門，偶逐東風轉良夜。參差玉宇飛木末，繚繞香煙來月下。江雲有態清自媚，[116]竹露無聲浩如瀉。已驚弱柳萬絲垂，尚有殘梅一枝亞。清詩獨吟還自和，白酒已盡誰能借。不惜[117]青春忽忽過，但恐歡意年年謝。自知醉耳愛松風，會揀霜林結茅舍。浮浮大甑長炊玉，溜溜小槽如壓蔗。飲中真味老更濃，醉裏狂言醒可怕。但當謝客對妻子，倒冠落佩從嘲罵。

次韻前篇

去年花落在徐州，對月酣歌美清夜。（去年徐州花下對月與張君厚、王子忠兄弟飲酒，作蘋字韻詩。）今年黃州見花發，小院閒門風露下。萬事如花不可期，

114 編者註：姿，遠東本作資。
115 編者註：忍，遠東本作可。
116 編者註：媚，遠東本作妍。
117 編者註：惜，遠東本作覺。

餘年似酒那禁瀉。憶昔還鄉泝巴峽，落帆樊口（在黃州西岸）高桅亞。長江袞袞空自流，白髮紛紛寧少借。竟無五畝繼沮溺，空[118]有千篇凌鮑謝。至今歸計負雲山，未免孤衾眠客舍。少年辛苦眞食蓼，老景淸閒如啖蔗。飢寒未至且安居，憂患已空猶夢怕。穿花踏月飲村酒，免使醉歸長官罵。

（一）《論語》：「長沮桀溺耦而耕。」
（二）鮑謂鮑照，謝謂謝朓。

留題延生觀後山上小堂

溪山愈好意無厭。上到巉巉第幾尖。深谷野禽毛羽怪，上方仙子鬢眉纖。不慚弄玉騎丹鳳，應逐嫦娥嫁老蟾。澗草[119]岩花自無主，晚來蝴蝶入疏簾。

（一）觀在鳳翔之南山，為唐玉真公主修道處。此東坡簽判鳳翔府時作。
（二）厭讀陰平聲。
（三）弄玉，秦穆公女，嫁簫史，夫婦乘鳳仙去。
（四）后羿妻嫦娥，奔月宮，化為蟾蜍，見〈天文志〉註。
（五）東坡守密州時，以尖、叉韻詠雪，王荊公疊之至六七首。此則坡公二十七歲時作者。韓愈喜用險韻，此即險韻之類，王蘇以此競勝，亦成宋詩風氣。大凡寬韻，以化平易為新奇者工，險韻則當以化生澀為調順者勝。驅使險韻之法，讀此詩，可得其意矣。

新城道中二首（按：新城為杭州縣屬，東坡守杭出巡過此與晁端友之作。）

東風知我欲山行。吹斷簷間積雨聲。嶺上晴雲披絮帽，樹頭初日掛銅鉦。野桃含笑竹籬短，溪柳自搖沙水清。西崦人家應最樂，煮芹燒筍餉春耕。

身世悠悠我此行。溪邊委轡聽溪聲。散材畏見搜林斧，疲馬思聞捲旆鉦。細雨足時茶户喜，亂山深處長官清。人間歧路知多少，試向桑田問耦耕。

（一）樗櫪為無用之散材。見《莊子·山木》。

（二）《論語》：「長沮桀溺耦而耕，使子路問津焉。」此謂人間多歧路，擬向沮溺問津也。

（三）詩和韻必疊原韻，蓋始於唐。白居易與元稹，即多互疊之作。宋人則自作詩亦多疊韻至四五首而未已，荆公尤喜為之，遂成一代之風氣。東坡此兩詩，與前定惠院兩首，即疊韻之作。凡和韻疊韻，最忌韻上一字與前韻句相同，如「伶俜」、「綢繆」，此「伶」字「綢」字無字可換，則絕對不可為疊韻者。

119118

編者註：食，遠東本作含。

編者註：草，遠東本作水。

有美堂暴雨

遊人腳底一聲雷。滿座頑雲撥[120]不開。天外黑風吹海立，浙東飛雨過江來。十分瀲灩金樽凸，千杖敲鏗羯鼓催。喚起謫仙泉灑面，倒傾鮫室瀉瓊瑰。

（一）有美堂在西湖吳山上。
（二）羯鼓，樂器。《通典》：「羯鼓正如漆桶，兩頭俱擊。」亦名兩杖鼓。
（三）泉灑[121]面：明皇召李白草序文，白方大醉，中貴人以冷水沃之，稍醒，於御前索筆一揮，文不加點，見《摭言》。
（四）鮫人水居，出寓人家賣絹，將去，索一器，泣而成珠滿盤，以與主人。見《博物志》。

八月七日初入贛過惶恐灘

七千里外二毛人。十八灘頭一葉身。山憶喜歡勞遠夢，地名惶恐泣孤臣。長風送客添帆腹，積雨浮舟減石鱗。便合與官充水手，此生何止略知津。

（一）按：詩為哲宗紹聖元年貶惠州過虔時作。惶恐灘為贛江十八灘最險處，在萬安縣。蜀道有錯喜歡鋪，在大散關。

太白山下早行至橫渠鎮書崇壽院壁

馬上續殘夢，不知朝日昇。亂山橫翠幛，落月澹孤燈。奔走煩郵吏，安閒愧老僧。再遊應眷眷，聊亦記吾曾。

（一）按《寰宇記》：太白山在郡縣東南五十里，詩為官鳳翔府簽判時作。

梅花

春來幽谷水潺潺。的皪梅花草棘間。一夜東風吹石裂，半隨飛雪[122]渡關山。

（一）笛有〈落梅花〉曲。杜甫詩：「吹笛關山風月清。誰家巧作斷腸聲。」按：此詩為元豐三年謫黃州，於蔡州道上遇雪時作。

澄邁驛通潮閣

餘生欲老海南村。帝遣巫陽招我魂。杳杳天低鶻沒處，青山一髮是中原。

120 編者註：撥，遠東本作掃。
121 編者註：灑，遠東本作洗。
122 編者註：飛雪，遠東本作明月。

東坡（按：詩為元豐六年在黃州作。）

雨洗東坡月色清。市人行盡野人行。莫嫌犖确坡頭路，自愛鏗然曳杖聲。

聖燈岩

右室有金丹，山神不知秘。何必吐光芒，夜半驚童稚。

（一）《清一統志》：岩在青州諸城縣南之廬山。

黃庭堅（公元一〇四五—一一〇五）

分寧人（今江西修水縣），字魯直，號山谷，又號涪翁。神宗初以進士官國子監教授，受知於蘇軾，聲名始震。哲宗時，為國史編修官，章惇謂其黨於蘇，貶涪州別駕。徽宗初，知太平州，又為趙挺之挾嫌陷之，流宜州。山谷刻意為詩，不落前人窠臼。字句均鍛鍊而出，氣格高古恢奇，句法博奧精鍊，陳道師謂其得法杜甫，乃學杜而不為者。世以蘇黃並稱，自元祐以後，詩家皆宗之，演為江西詩派，至今仍為詩壇之主流。蓋蘇詩以天才勝，無跡象可循，黃詩以功力精，有規範可步也。山谷詩有《山谷內外集》，任淵註《山谷內集》。

子瞻詩句妙一世，乃云效庭堅體，蓋退之戲效孟郊樊宗師之比，以文滑稽耳。恐後生不解，故次韻道之。子瞻〈送楊孟容〉詩云：「我家峨[123]眉陰，與子同一邦。」即此韻。

我詩如曹鄶，淺陋不成邦。公如大國楚，吞五湖三江。赤壁風月笛，玉堂雲霧窗。句法提一律，堅城受我降[124]。杜松倒澗壑，波濤所舂撞。萬牛挽不前，公乃獨力扛。諸人方嗤點，渠非晁張[125]雙。但懷相識察，林下拜老龐。小兒未可知，客或許敦厖[126]。誠堪婿阿巽，買紅纏酒缸。

(一)《左傳》：季札觀樂，自鄶以下無譏焉。蓋鄶曹小國之詩，不足觀也。

(二)「萬牛迴首丘山重」，杜詩。張晁，謂張耒、晁无咎。老龐，龐德公也。諸葛孔明往見龐德公，拜於床下，見《蜀志．龐統傳》註。

(三)按：詩為元祐二年山谷在史局時作。阿巽，東坡孫女，山谷欲其子相，婿阿巽。紅纏酒紅，宋時聘禮用之花紅酒禮也。近古體詩句法，大抵五言均上二下三，七言均上四下三，或上二下五句。山谷則有時七言為上三下四句，如〈孔毅父〉：「管城子無肉食相，孔方兄有絕交書」；五言為上一下四句，如〈示秦處度范元實〉：「秦范波瀾闊，笑陸海潘江」，與此「吞五湖三江」，均拗怒之句，此自是山谷面目特點之一。按唐人如太白〈古風〉：「昔我遊齊梁，登華不注峰。」杜牧〈史將軍〉律詩「取螢弧登壘，以駢鄰翼軍」，已有此句法。惟偶一用之，配為對句，亦不失為甘肥中之蔬筍，屢用之，即成雞肋矣！

123 編者註：峨，遠東本作娥。
124 編者註：受我降，遠東本作我受降。
125 編者註：晁張，遠東本作張晁。
126 編者註：厖，遠東本作龐。

送王郎

酌君以蒲城桑落之酒，泛君以湘纍秋菊之英。贈君以黟川點漆之墨，送君以陽關墮淚之聲。酒澆胸次之磊塊[127]，菊制短世之頹齡。墨以傳萬古文章之印，歌以寫一家兄弟之情。江山千里俱頭白，骨肉十年終眼青。」連床夜雨雞戒曉。書囊無底談未了。有功翰墨乃如此，何恨遠別音書少。炒沙作糜終不飽。鏤冰文章費工巧。要須心地收汗馬，孔孟行世日杲杲。」有兄有弟力持家。婦能養姑供珍鮭。兒大詩書女絲麻。公但讀書煮春[128]茶。」

（一）王郎，名世弼，山谷妹婿。

（二）庾信詩：蒲城桑落酒，灞岸菊花秋。

（三）《楞嚴經》：如蒸砂石，欲成其飯，經千百劫，只名熱砂。

（四）《鹽鐵論》：內無其質而外學其文，若畫脂鏤冰，費日損功。

（五）《南史．庾杲之傳》：任昉戲曰：誰謂庾郎貧，食鮭常有二十七種。

王充道送水仙花五十枝，[129]欣然會心，為之作詠

凌波仙子生塵襪。水上輕盈步微月。是誰招此斷腸魂，種作寒花寄愁絕。[130]」含香體素欲傾城。山礬是弟梅是兄。坐對眞成被花惱，出門一笑大江橫。」

（一）右詩建中靖國元年，自戎州召還，止荊州時作。

（二）〈洛神賦〉：「凌波微步，羅襪生塵。」

早行　熙寧元年赴葉縣作

失枕驚先起，人家半夢中。聞雞憑早晏，占斗辨西東。轡濕知行露，衣單覺曉風。秋陽弄[131]光影，忽吐半林紅。

寄黃幾復　（乙丑元豐八年德平鎮作）

我居北海君南海，（幾復在廣州四會）寄雁傳書謝不能。桃李春風一杯酒，江湖夜雨十年燈。持家但有四立壁，治病不蘄三折肱。想得讀書頭已白，隔溪猿嘯瘴溪籐。

（一）四立壁，貧也。司馬相如「家徒四壁立」。見《漢書》本傳。
（二）三折肱，經驗足也。《左傳》：「三折肱為良醫。」
（三）猿哭，謂投荒也。杜甫詩：「殊方日落玄猿嘯。」

127 編者註：塊，遠東本作隗。
128 編者註：春，遠東本作香。
129 編者註：枝，遠東本作本。
130 編者註：絕，遠東本作切。
131 編者註：弄，遠東本作露。

次韻柳通叟寄王文通

故人昔有凌雲賦，何意陸沉黃綬間。頭白眼花行作吏，兒婚女嫁望還山。心猶未死杯中物，春不能朱鏡裏顏。寄語諸公肯湔祓，割雞
132 令得近鄉關。

（一）詩為元祐二年在史局時作。
（二）凌雲：司馬相如奏〈大人賦〉，天子大說，飄飄有凌雲氣，游天地閒意。見《漢書》本傳。
（三）子游為武城宰。子曰：「割雞焉用牛刀？」見《論語》。

次韻王定國揚州見寄

清洛思君晝夜流。北歸何日片帆收。未生白髮猶堪酒，垂上青雲卻佐州。飛雪堆盤鱠魚腹，明珠論斗煮雞頭。平生行樂自不惡，豈有竹西歌吹愁。

（一）雞頭，芡實也，其實如珠，見《本草》。
（二）杜牧詩：「誰知竹西路，歌吹是揚州。」

次韻裴仲謀同年

交蓋春風汝水邊。客牀相對臥僧氈。舞陽去葉纔百里，賤子與君
133 皆少年。白髮齊生如有種，青山好去坐無錢。煙沙篁竹江南岸，輸

與鷗鷺取次眠。

（一）宋詩勝在七言，自荊公至山谷，莫不盡心力於此，其七律清拔警鍊，有時且突過唐人。右四首如「桃李春風」、「心猶未死」、「飛雪堆盤」、「白髮齊生」諸聯，即惟宋詩有之。

題落星寺 134

落星開士深結屋，龍閣老翁來賦詩。小雨藏山客坐久，長江接天帆到遲。宴寢清香與世隔，畫圖妙絕無人知。蜂房各自開户牖，處處煮茶籐一枝。

（一）右詩紹聖元年作。寺在江西星子縣鄱陽湖中落星石上。山谷七言律絕，喜作拗體，如杜詩之〈赤甲〉，雖非正聲，而海雨天風，自成音節，亦足以益一唱三歎之韻味，故江西詩派多效之；效顰既多，即不免入於囂張矣！

---

132 編者註：令，遠東本作聊。

133 編者註：皆，遠東本作俱。

134 編者註：〈題落星寺〉四首，此處所選為其三。

和涼軒 135

打荷看急雨，吞月任行雲。夜半蚊雷起，西風為解紛。

雨中登岳陽樓望君山

投荒萬死鬢毛斑。生入瞿塘灩澦關。未到江南先一笑，岳陽樓上對君山。

（一）右詩崇寧元年自荆南回分寧經途岳州時作。

夜發分寧寄杜澗叟

陽關一曲水東流。燈火旌陽一釣舟。我自只如常日醉，滿川風月替人愁。

題李伯時陽關圖 136

斷腸聲裏無形影，畫出無聲亦斷腸。想得陽關更西路，北風低草見牛羊。

（一）斛律金〈敕勒歌〉：「天蒼蒼，野茫茫。風吹草低見牛羊。」

題鄭防畫夾[137]

惠崇煙雨歸雁，坐我瀟湘洞庭。欲喚扁舟歸去，故人言是丹青。

（一）僧惠崇工畫，王介甫詩：「畫史紛紛何足數。惠崇晚出吾最許。」按六言詩，欠中間一作詩眼轉折之字，即有如美人之無纖腰，作者亦無從得佳。王維六言，亦僅「花落家僮未掃，鳥啼山客猶眠」兩句。山谷集中，六言詩甚多，錄之以備一體已耳。

陳師道（公元一〇五三——一一〇一）

彭城人，字履常，一字無己，號後山，或作后山。[138]師曾鞏，以王學盛行，不願應科舉。元祐初，東坡薦其文行，授徐州教授，終秘書省正字。其詩宗工部，情眞格老，一氣渾成。其自云詩學庭堅，至其高處，或謂過之。呂居仁作《江西詩宗派圖》，山谷以下，即以後山為首。後山詩有《後山集》，及任淵註《後山詩註》。

---

135 編者註：〈和涼軒〉二首，此處所選為其一。

136 編者註：〈題李伯時陽關圖〉二首，此處所選為其一。

137 編者註：〈題鄭防畫夾〉六首，此處所選為其一。

138 編者註：後文悉統一作後山，不贅。

九日寄秦覯

疾風迴雨水明霞。沙[139]步叢祠欲暮鴉。九月清樽欺白髮，十年為客負黃花。登高懷遠心如在，向老逢辰[140]意有加。淮海少年天下士，獨[141]能無地落烏紗。

（一）秦覯，少游之弟。
（二）瓜步在長江之濱。
（三）落烏紗，用孟嘉落帽事，令狐楚〈落帽臺〉詩：「笑談從事落烏紗。」
（四）欺白髮，則杜甫「羞將短髮還吹帽」也。

和寇十一晚登白門

重樓[142]傑觀屹相望。表裏山河自一方。小市張燈歸意動，輕衫當戶晚風長。孤臣白首逢新政，遊子青春見故鄉。富貴本非吾輩事，江湖安得便相忘。

（一）金陵宣陽門，民間謂之白門。
（二）元符三年，後山教授徐州，正月徽宗即位，故云：白首逢新政。
（三）《莊子》：魚相忘於江湖。

按：宋詩以歐陽修至黃山谷之七八十年間為最盛。劉克莊〈江西詩派小序〉云：「國初詩人，如潘閬、魏野，規規晚唐格調，寸步不敢走作。楊、劉又專為崑體，故優人有尋扯義山之誚。蘇、梅二子，稍變平淡豪俊，而和之者寡。至六一、東坡，巍然為大家數，學者宗焉。二公亦極其天才筆力之所至而已，非必鍛鍊勤苦而成也。豫章稍後出，會粹百家句律之長，極究歷代體制之變，蒐獵奇書，穿穴異聞，作為古律，自成一家。雖隻字半句不輕出，遂成為本朝詩家宗祖。」劉氏此論，於山谷雖推崇過當，然於宋詩之演進，實能得其要也。曾國藩〈聖哲畫像記〉論詩，於唐詩取李杜，於宋取蘇黃，即以唐宋詩並重。蓋唐詩、宋詩，於風格各自有其氣象，於藝術各有其技巧，亦即各有其勝場，未可臆為軒輊之者也。

二、南宋詩

南宋詩若遜於北宋，亦猶中晚唐之遜於盛唐，茲則運會所然：一以南宋偏安，失去人才之半。一以秦檜、韓侂胄、史彌遠、賈似道等權奸，相繼當國，江南奄奄一息，文學自難振作。一則講學之風盛，學者競為章句義理，而忽於詩歌。然南宋初期，有葉夢得、呂中本、陳與義、曾茶山等人，為詩壇之鼓吹。呂、陳、曾三人，均為江西派之健將，而以陳與義之成就為最大。繼起者，則有姜夔、周必大、范成大，楊萬里、陸游，均承江西派作風，亦各能自闢

139 編者註：沙，遠東本作瓜。

140 編者註：辰，遠東本作君。

141 編者註：獨，一本作可。

142 編者註：樓，遠東本作門。

蹊徑，自成一家；而以陸游最為大家。江西詩高古雅健，忌油滑平庸。故以用熟字熟詞熟句為戒，其失則漸入生澀拘窘險怪之途。陸游詩氣格開豁而奔放，辭句則宛曲圓融，能振刷江西末流之弊，足與大曆長慶諸家爭雄長。其時，欲矯江西詩派之失者，則有永嘉四靈。如徐照（靈暉）、徐璣（靈淵）、翁卷（靈舒）、趙師秀（靈秀）。有江湖詩人，如戴復古、劉克莊。然以爭一字一句之奇巧相矜，以吟風弄月之詞相詡。不過復晚唐纖巧尖酸之舊，則宋詩之尾聲矣！

陳與義（公元一〇九〇—一一三八）

洛陽人，字去非，號簡齋。徽宗政和三年進士。紹興中，以中書舍人歷官至參知政事。其詩體物寓興，清遠紆徐，雖源出豫章，而天分絕高，工於變化。劉克莊謂：「元祐後，詩人迭起，不出蘇黃二體」；「及簡齋始以老杜為師，以簡嚴掃繁縟，以雄渾代其尖巧」。方回《瀛奎律髓》主江西詩派，倡一祖三宗之說：一祖者，杜甫，三宗者，黃庭堅、陳道師、陳與義也。

懷天經智老因以訪之

今年二月凍初融。睡起苕溪綠向東。客子光陰詩卷裏，杏花消息雨聲中。西菴禪伯還多病，北柵儒先只固窮。忽憶輕舟尋二子，綸巾鶴氅試春風。

（一）按：天經姓葉，住北柵，智老師大圓洪智禪師，住西菴。

雨晴

天缺西南江面清。纖雲不動小灘橫。墻頭語鵲衣猶溼，樓外殘雷氣未平。盡取微涼供穩睡，急搜奇句報新晴。今宵絕勝[143]無人共，臥看星河盡意明。

周必大（公元一一二六—一二〇四）

廬陵人，字子充。紹興二十年進士。累官樞密使右丞相，寧宗初以少傅致仕。其詩清瞻有致，蓋由白傳而溯源工部者。其著作甚富，有《平園集》二百卷。

行舟憶永和兄弟

一掛吳帆不計程。幾回繫纜幾回行。天寒有日雲猶凍，江闊無風浪自生。數點家山常在眼，一聲寒雁正關情。長年忽得南來鯉，恐有音書作急烹。

（一）蜀人謂柂師為長年三老。杜甫〈夔州歌〉：「長年三老長歌裏，白晝攤錢高浪中。」

143 編者註：絕勝，遠東本作勝絕。

朱熹（公元一一三〇—一二〇〇）

婺源人，字元晦，為宋理學之集大成者。宋代理學家之詩，如周濂溪、邵康節、二程子所作，皆純為說理明道，有如佛經頌偈，自成一體，無當於文藝。惟朱子詩，涵渾溫潤，可稱作者。朱子詩十卷，見《晦菴集》及《朱文公集》中。

夢山中故人

風雨蕭蕭已送愁。不堪懷抱更離憂。故人只在千巖裏，桂樹無端一夜秋。把袖追歡勞夢寐，舉杯相屬暫綢繆。覺來卻是天涯客，簷響潺潺瀉未休。

范成大（公元一一二六—一一九三）

吳郡人，字致能，號石湖。紹興二十四年進士。其詩初效中唐以下之音，清新嫵媚。後乃追步豫章門徑，而約以婉峭。其摹寫田園情趣之作，尤能自成一格。與陸游、尤袤、楊萬里號四大家。有《石湖詩集》三十四卷。

題岳麓道卿臺

山外江水黃，江外滿城綠。城外杳無際，天低到平陸。長煙貫楚尾，遠勢帶[144]巴蜀。故園東北望，遊子闌干曲。

（一）岳麓山在湖南長沙，隔湘江與長沙相對。

颩止

收盡狂飆卷盡雲。一竿晴日曉光新。柳魂花魄都無恙，依舊商量好作[145]春。

初歸石湖（按：石湖在吳縣西南，下與太湖相通）

曉霧朝暾紺碧烘。橫塘西岸越城東。行人半出稻花上，宿鷺孤明菱葉中。信腳自能知舊路，驚心時復認鄰翁。當時手種斜橋柳，無限鳴蜩翠掃空。

楊萬里（公元一一二七—一二〇六）

吉水人，字庭秀，號誠齋。紹興二十四年進士。自言其詩始學於江西，繼學後山五字律，又學半山七字絕句，晚乃學唐人絕句。後官荊溪，忽若有得，遂謝去前學，而後渙然自得。其才思健拔，能自闢

144 編者註：待，遠東本作連。
145 編者註：好作，遠東本作作好。

蹊徑，故當時日之為誠齋體。作品豐富，與陸放翁埒，有《楊誠齋集》百三十二卷，商務印書館《四部叢刊・集部》有縮印日本鈔宋本六冊。

小雨

雨來細細復疏疏[146]。縱不能多[147]不肯無。似妬詩人山入眼，千峰故隔一簾珠。

早行鳴山

淡淡清霜薄薄冰。曉寒端為作新晴。殷勤喚醒梅花睡，枝上春禽一兩聲。

過揚子江

只有清霜凍太空。更無半點荻花風。天開雲霧東南[148]碧，日射波濤上下紅。千載英雄鴻去外，六朝形勝雪晴中。攜瓶自汲江心水，要試煎[149]茶第一功。

（一）唐人品第烹茶之水，以楊子江南陵水為第一，謂之天下第一泉。泉在焦山下，沒入江中，須以綆繫壺沉入江中，乃可汲得之。見陸羽《茶經》及張又新《烹茶水記》。

題龜山塔進退格

舊歲新年來往頻。孤標數面便多情。獨將白髮三千丈，上到瑤臺十二層。萬里海風吹不動，半輪淮月為誰明。東坡舊跡無尋處，試問龕中錦帽僧。

（一）塔在泗州，東坡有〈泗州僧伽塔〉詩及〈龜山〉詩云：「我生飄蕩去何求。再過龜山歲五周。客行萬里半天下，僧臥一菴初白頭。」

（二）鄭谷、僧齊己定今體詩格，一曰葫蘆，一曰轆轤，一曰進退。見《詩人玉屑》。葫蘆不見引例，不詳其體。進退則為一首用通轉兩韻，如此二六句情明，庚韻；四八句層僧，蒸韻是也。轆轤體，誠齋以第一句六七字，疊為第二句一二字，謂之轆轤。後人則以第一句仄句為第二首之第三句，第三首之第五句，第四首之第七句，為轆轤體。此外復有建除體、回文體、嵌字體，全仄或全平體，嵌藥名、人名等體。見《滄浪詩話》及《詩人玉屑》。此皆遊戲小技倆，不足法者。

146 編者註：疏疏，遠東本作絲絲。

147 編者註：多，遠東本作休。

148 編者註：南，遠東本作西。

149 編者註：煎，遠東本作烹。

陸游（公元一一二五—一二一〇）

山陰人，字務觀，號放翁。孝宗初年進士。范成大帥蜀，表為參議官，寧宗嘉泰三年，以寶章閣侍制致仕。放翁詩宗工部，得其神而不襲其貌。其詩法，則傳自江西詩派之曾幾，加以研練，清新深刻，而出以圓潤，遂能不襲黃陳之舊格，為南宋之大宗。又憤中原之不復，一寄其情於詩，故其古風興會飆起，辭氣縱橫，有若東坡。其近體，潤翻珠走，顧盼生姿，過於六一。其字句在人唇吻之間，異於荆公、山谷之生澀與古奧。雖為慷慨悲歌，而無劍拔弩張之氣。其勝處，即在白描而非雕琢；蓋意能新，即不厭辭之熟，語能精，則不必句之古，放翁於宋詩，實另闢一境界矣！其詩集有《劍南詩稿》《劍南詩鈔》多種。

登太平塔

我從平地來，忽寄百尺巔。眼力與腳力，初不減少年。漸高山愈出，杳杳浮雲煙。舉手捫參旗，日月磨螘旋。天風忽吹衣，便欲從此仙。且復下梯去，著書未終篇。

風雨中望峽口諸山奇甚戲作短歌

白鹽赤甲天下雄。拔地突兀摩蒼穹。凜然猛士撫長劍，空有豪健無雍容。不令氣象少渟[150]滀，常恨天地無全功。今朝忽悟始歎息，妙處元在煙雨中。太陰殺氣橫慘澹，元化變態含空濛。正如奇才遇事見，平日乃與常人同。安得朱樓高百尺，看此疾雨吹橫風。

（一）赤甲白鹽，均巫峽中山，在夔州境。杜甫〈夔州歌〉「赤甲白鹽俱刺天」者是也。

大風登城

風從北來不可當。街中橫笛人馬僵。西家女兒丫未粧。帳底爐紅愁下床。東家喚客宴畫堂。兩行玉指調絲簧。錦繡四合如垣墻。微風不動金猊香。我欲登城望大荒。勇欲為國平河湟。才疏志大不自量，西家東家笑我狂。

弋陽道中遇大雪

我行江郊暮猶進。大雪塞空迷遠近。壯哉組練從天來，人間有此堂堂陣。」少年頗愛軍中樂，跌宕不耐微官縛。憑鞍寓目一悵然，思為君王掃河洛。」夜聽簌簌窗紙鳴。恰似鐵馬相摩聲。起傾斗酒歌出塞，彈壓胸中十萬兵。」

（一）弋陽縣，在今江西東北境。組練，軍隊也。《左傳》襄三年，楚子使鄧廖帥組甲三千，被練三千以侵吳。後人約其文為組練。張說〈送趙尚書北伐〉詩：「日華光組練」是也。

150　編者註：渟，遠東本作停。

新晴

雨斷歸雲急，沙乾步屧151輕。風花嬌作態，野水細無聲。社酒家家醉，春蕪處處耕。今朝公事少，一笑賦新晴。

縱筆

天道何時定，人生固有涯。壯年行出塞，晚歲病還家。積憤憑誰豁，孤忠只自嗟。今朝茅屋底，隱約聽霜笳。

遊山西村

莫笑農家臘酒渾。豐年留客足雞豚。山重水複疑無路，柳暗花明又一村。簫鼓追隨春社近，衣冠簡樸古風存。從今若許閒乘月，拄杖無時夜叩門。

游修覺寺

上盡蒼崖百級梯。詩囊香椀手親攜。山從飛鳥行邊出，天向平蕪盡處低。花落忽驚春事晚，樓高剩覺客魂迷。興闌掃榻禪房臥，清夢還應到剡溪。

（一）詩為宦成都時作。剡溪則越中故鄉也。行邊，謂行列邊也。潘問奇云此句「眞登臨妙語」。祖應世云：「若作鳥從山邊出，更有何味。」按：此即語能精則不必句之古之例矣！

寓驛舍　**予三至成都，皆館於是**

閒坊古驛掩朱扉。又憩空堂綻客衣。九萬里中鯤自化，一千年外鶴仍歸。遶庭數竹饒新筍，解帶量松長舊圍。惟有壁間詩句在，暗塵殘墨兩依依。

（一）莊子言大鵬之飛：「摶扶搖羊角而上者九萬里。」見〈逍遙遊〉。

（二）丁令威學道，後化鶴歸遼，集華表上歌曰：「我是昔日丁令威。去家千年今始歸。」見《續搜神記》。

臨安春雨初霽

世味年來薄似紗。誰令騎馬客京華。小樓一夜聽春雨，深巷明朝賣杏花。矮紙斜行閒作草，晴窗細乳戲分茶。素衣莫起風塵嘆，猶及清明可到家。

（一）瞿佑云：陳簡齋詩「客子光陰詩卷裏，杏花消息雨聲中」，與此皆佳句也。按此佳，即在白描，故自風韻天然。

151　編者註：㶉，遠東本作㕜。

夜登千峰榭 152

夷甫諸人骨作塵。至今黃屋尚東巡。度兵大峴非無策，收泣新亭要有人。薄釀不澆胸壘塊，壯圖空負膽輪囷。危樓插斗山銜月，徙153倚長歌一愴神。

（一）夷甫，王衍也。桓溫北伐，登平乘樓，眺矚中原，慨然曰：「遂使神州陸沉，百年丘墟，王夷甫諸人，不得不任其咎。」見《晉書》本傳。

（二）黃屋，天子車，《漢書．高紀》：「黃屋左纛。」

（三）壘塊，不平也。「阮籍胸中壘塊，故須酒澆之。」見《世說》。

劍門道中遇微雨

衣上征塵雜酒痕。遠遊無處不銷魂。此身合是詩人未，細雨騎驢入劍門。

（一）劍門，在四川劍閣縣北，一名梁山。

（二）此詩蒼涼感喟，太白龍標，無以過之，絕句之絕唱也。

東關

煙水蒼茫西復東。扁舟又繫柳陰中。三更酒醒殘燈在，臥聽蕭蕭雨打篷154。

夜讀范至能《攬轡錄》，言中原父老見使者多揮涕，感其事作絕句

公卿有黨排宗澤，帷幄無人用岳飛。遺老不應知此恨，亦逢漢節[155]解霑衣。

（一）宗澤勵志恢復，為在朝之黃潛善等所沮，致齎志而歿，歿時猶呼過河者三。見《宋史》本傳。

秋夜將曉出籬門迎涼

三萬里河東入海，五千仞嶽上摩天。遺民淚盡胡塵裏，南望王師又一年。

按：兩宋詩家之多，可謂空前。《御定四朝詩》錄，宋詩有八百八十二家。《宋詩紀事》，搜羅至三千八百餘家，《補遺》補錄，又近二千家。以人數言，較唐詩作者，多出近倍，此自為時代較近，故多保存，然亦可見宋人從事詩歌之盛況。至詩之批評討論，亦盛於宋代，在宋之前，僅有鍾嶸、司空圖之《詩品》，皎然之《詩式》。至歐陽修為《六一詩話》，於是作者蜂起：或講詩法，或評工拙，或論法勢，或記本事，或析源流，或究聲律。如《唐詩紀事》《苕溪漁隱叢話》《滄浪

152 編者註：遠東本作夜半登樓，改。

153 編者註：徙，遠東本作從。

154 編者註：篷，遠東本作蓬。

155 編者註：節，遠東本作使。

詩話》《詩人玉屑》《後村詩話》，不惟能推動當時詩風之趨向，亦能為後來從事詩歌者之指津，茲亦宋代詩學所茁之蘭蓀矣！

附記・修習本課程應備用參考書

- 《詩韻全璧》或《詩韻集成》　此為學詩工具，非備不可。【清】張玉書等編
- 《佩文韻府》　【清】張玉書等編
- 《古詩源》　【清】沈德潛編
- 《昭明文選》　【梁】蕭統編
- 《玉臺新詠》　【陳】徐陵編
- 《唐宋詩舉要》　高步瀛選註
- 《唐詩三百首》　【清】陳婉俊補註
- 《樂府詩集》　【宋】郭茂倩編
- 《瀛奎律髓》　【元】方回編
- 《鍾嶸詩品》　【梁】鍾嶸著
- 《滄浪詩話》　【宋】嚴羽著
- 《唐詩紀事》　【宋】計有功著
- 《詩人玉屑》　【宋】魏慶之著
- 《唐音癸籤》　【明】胡震亨著
- 《事彙統編》　【宋】吳淑等人著
- 《益智仁室論詩隨筆》　本書作者著

詩學纂要全書終

何敬羣《詩學纂要》初探

陳煒舜

一、引言

何敬羣（一九〇三——一九九四），名鑑琮，號敬羣，別號遯翁，齋名天遯室、益智仁室，以號行，江西清江人。自幼好學，因家貧經商鬻藥，而手不釋卷，博學多聞。一九四九年遷港，一九五七年起先後任教於珠海、經緯、新亞、浸會諸大專院校。著述頗富，梓行者有《易義淺述》、《孔孟要義探索》、《老子新繹》、《莊子義繹》、《念佛方便法門》、《遯翁詩詞輯》、《遯翁詩詞曲集》、《詩學纂要》、《詞學纂要》、《益智仁室論詩隨筆》、《楚辭精注》等及單篇論文若干。此外尚有《中國文學史綱》、《宋六家詞導讀》、《益智仁室詩詞曲論彙》、《益智仁室詞曲集》、《各體韻文選註》、《遯翁文彙》等，惜已無存。這些著作中，有不少肇端於課堂講義，《詩學纂要》便是值得注意的一種。

蓋華人社會自一九五〇年代以降，數香港某些高校的中文系仍勉力將「詩選」設置為必修課。該科之中，舊詩創作仍佔有一定比重，並未被詩歌賞析的部分所擠壓。而在偏重古典範疇的歲月裏，該科是少有的涉及創意寫作之課程。縱使該科任教者不乏宿儒碩學，然當日講義得以梓行者為數甚鮮。何敬羣先後於諸院校講授該科，累積了多年教研與創作心得。他於一九六二年出版的《益智仁論詩隨筆》一書，便有不少涉及創作的獨見。然而此書的撰寫模式接近傳統《二十四詩品》，且使用典雅的文言，目標讀者則以平輩詩友為主，對於大學生而言仍有一定難度。因此，何氏又另為「詩選」課程撰寫了教材，這就是《詩學纂要》的雛形。《詩學纂要．自序》云：

> 所謂工欲善其事，必先利其器，而教材之選擇，與學習之疇範，尚矣！近十年，余以詩詞曲，講授海上各學院，即以此旨編為課詞、課曲、課詩綱要三種，用為教與學之工具。要在易知易行，重在能讀能寫。雖未能使其器盡利，其事盡善；然使從學者，以最短之時間，能循宮墻而得門，能知堂奧之所在，雖若近於速成，而不無利於初階也。[1]

所謂「海上各學院」，即包括了珠海、經緯、新亞、浸會諸校。對於芸芸學子而言，諸講義

1　何敬羣：《詩學纂要》（香港：遠東書局，一九七四年）〈序〉，頁二。

的「速成」性質正好令他們「易知易行」、「能讀能寫」。目下所見《詩學纂要》、《詞學纂要》正是分別由課詩、課詞的講義修訂而成（課曲講義惜已不存）。《詩學纂要》最後脫稿則在一九七三年秋：「去年（案：即一九七三年）秋為浸會學院課詩，即用此本，易其名曰《課詩纂要》，油印發諸生為講習之範本。文系主任徐伯訏先生見而善之，謂不若排印成書，以廣其用為便。」[2] 對於「詩選」課，何氏有這樣的認知：

> 近代教制，小學中學僅課語文而不課詩，必大學文科，始有一年課程之詩選。其為講習之時間，不足百小時；僅能使修習者，略知某時代有某詩家，某詩家有某名篇某佳句而已！至何以為名為佳，則大半茫然，以云寫作，自戛戛其難矣！論者於此，則以為學詩之時間過少，學者無法多取資，自無以宏其用，教者為所限，亦無所施其技矣！[3]

課時嫌短，幾乎是所有科目共有的問題。且民國以前，作詩是兒童啟蒙的主要課程，因其不僅關涉文字之駕馭、品味之培養，於聲韻、訓詁乃至文法等「小學」知識範疇也能打下堅實的基礎。五四以後的新學制呼應著白話文運動的精神，兼以分科益為細密，故舊體詩創作便成為大學中文系才會提供的科目。然即使大一新生亦屆成年，對詩歌欣賞固有較高領悟力，但於「小學」方面的起步已頗晚於舊時蒙童。不過，何氏對如此窘況仍抱樂觀態度：

> 余謂不然。詩之所資，不外經史語文；今大學生徒，正常窮經繹史之年，正作經史語文之攻治，不可謂無資，但有資而不知用於詩耳！若能發其蒙而導其前，則如棒喝而悟，破翳得明，一轉移之間，即可以悠然而逝，翼如以趨。故一年時間，不可謂短，要在學者與教者之能得其要耳！[4]

何氏指出「詩選」一科並非孤立的，其他科目皆可為詩歌創作提供素材，這端賴於任課教師如何提點學子「轉識成智」，將其他科目的學習成果應用於詩歌創作之上。如此一來，為期一年的「詩選」課便游刃有餘了。

近古以來，詩學啟蒙選本往往偏重於唐詩，而輔之以宋詩。如南宋劉克莊所編《分門纂類唐宋時賢千家詩選》共錄詩一千二百餘首，此後南宋謝枋得、明代王相有所增刪，今日通

2 同前註。
3 同前註，頁一。
4 同前註。

行之版本，入選詩人計有唐代六十八家、宋代五十四家、明代兩家、無名氏一家，共二百二十餘首。而作品僅有五絕、五律、七絕、七律四卷，而不及於古體。至若清乾隆間孫洙（蘅塘退士）有鑑於《千家詩》「其詩隨手掇拾，工拙莫辨，且止五七律絕二體，而唐宋人又雜出其間，殊乖體制」，[5]故編成《唐詩三百首》，共入選詩人七十七家、作品三百一十一首，除五七言絕句、律詩外，還曾入五古、七古兩卷。不過誠如論者所言：「《唐詩三百首》所選僅三百餘首，雖無魚目混珠之弊，終不免滄海遺珠之憾。而且僅及有唐一代，其涵蓋面反不如《千家詩》之廣泛；尤其是對宋詩的忽略，更產生一些不良的影響。現代一般人讀古典詩，往往只知有唐詩而不知有宋詩，更不用說去辨明唐詩與宋詩之異趣，推究起來，或許就是《唐詩三百首》廣為流傳後之結果。」[6]再如近代桐城派殿軍高步瀛（一八七三——一九四〇）所編《唐宋詩舉要》，對於《千家詩》和《唐詩三百首》的缺憾「顯然是有糾補作用的」。[7]此書共收錄詩歌八百一十六首，其中唐代詩人八十四家、作品六百一十九首，宋代詩人十七家、作品一百九十七首。在五七言古體、律詩、絕句以外，還選錄了十首五言排律，更完整地反映出唐代詩歌的面貌。且高氏於每一種體裁下，皆有文字論述體裁源流風格，「宛如精要之詩學流變史」，也頗具參考價值。正因「這部選集無論在選錄標準或數量比例上應該都是比較適宜的，其性質也已超越童蒙讀本的作用，而適合引導學者一窺唐宋詩之堂奧」，故中文大學中文系長期選用此書作為「詩選及習作」（舊稱「唐宋詩選」或「詩選」）之課本。誠然，高步瀛於義理、考據、辭章之學皆功底頗深，故選詩恰當、註釋謹嚴。然而正因高著卷帙較廣，且註釋詳博古雅，於學界同仁固有典範意義，於大學新生卻未必便利。兼以一九九〇年代後，「詩選」課由一學年改為一學期，區區十餘周更難覆蓋高著之內容。因此僅以中文大學中文系為例，歷來「詩選」任課教師於《唐宋詩舉要》以外往往會提供額外講義，或自編、或指定他書（如喻守真《唐詩三百首詳析》等），以便學子參考。何著《詩學纂要》，亦兼錄唐宋詩，其言云：

> 宋詩與唐詩，型制同而風格則各異，有如黃河長江，俱西源崑崙，東注於海，而各自成流域。故為學詩者，必兼資而並研習之者也。唐詩如〈國風〉，宋詩如〈大、小雅〉。〈國風〉之辭，多覽物抒情，故流連光景，而妙造自然；唐人詩得其意，是以風華掩映而以情韻勝。〈大、小雅〉之辭，多陳義序事，故鈎深抉微，而能筌鏞應律；宋人詩得其意，是以氣格森張，而以理致勝。8

5　【清】孫洙：《唐詩三百首》（北京：中華書局，二〇〇四年）〈自序〉，頁一。
6　里仁書局編輯部：〈出版說明〉，高步瀛編註：《唐宋詩舉要》（臺北：里仁書局，二〇〇四年），頁一至二。
7　同前註。
8　何敬羣：《詩學纂要》，頁九〇。

何氏巧妙地以《詩經》之〈國風〉、二〈雅〉為喻，認為唐詩以情勝，宋詩以理勝，故初學者不可偏廢。其開列之「修習本課程應備用參考書」中，則有《唐詩三百首》、《唐宋詩舉要》及《益智仁論詩隨筆》等，[9]因何著以此為基礎，且以淺易文言撰寫，故能兼錄唐宋詩作，且更為精簡明瞭。

《詩學纂要》全書共分為三編，上編〈詩學導論〉，包括〈詩之淵源及體制〉、〈詩之聲韻及律法〉、〈詩之聲調〉三節。中編〈唐詩選讀〉，下編〈宋詩選讀〉，則以詩人為綱，依時代先後為次，繫以作品。中、下編各有總序，概論一朝詩風。中編〈唐詩選讀〉分為初、盛、中、晚四節，下編〈宋詩選讀〉分為北宋、南宋兩節，每節各有小序。至於詩人詩作詳情，則表列於下：

表一：《詩學纂要》所收詩人作品一覽

	時期	詩人及作品篇數	家數	作品
唐詩選讀	初唐	王勃（二）、宋之問（二）、沈佺期（二）、杜審言（二）、陳子昂（二）	五	十
	盛唐	張九齡（二）、王維（十五）、李白（二十）、杜甫（二十八）、孟浩然（八）、儲光羲（二）、王昌齡（六）、李頎（二）、岑參（三）、韋應物（七）	十	八十三
	中唐	劉長卿（二）、盧綸（二）、韓翃（二）、錢起（二）、司空曙（三）、韓愈（七）、柳宗元（五）、劉禹錫（三）、白居易（九）	九	三十五
	晚唐	杜牧（九）、李商隱（十四）、溫庭筠（四）、韓偓（二）、韋莊（三）	五	三十二
宋詩選讀	北宋	歐陽修（十）、梅堯臣（三）、王安石（十三）、蘇軾（十六）、黃庭堅（十四）、陳師道（二）	六	五十八
	南宋	陳與義（二）、周必大（一）、朱熹（一）、范成大（三）、楊萬里（四）、陸游（十四）	六	二十五
總計			四十一	二百四十三

9　同前註，頁一二八。

整體而言，中編共收唐代詩人二十九家、作品一百六十首；下編共收宋代詩人十二家、作品八十三首。唐宋作家之比例約為三比一，作品比例約為二比一，然皆未及高著之懸殊。值得注意的是，作品選錄超過十首者，唐代僅王維、李白、杜甫三大家，宋代竟有歐陽修、王安石、蘇軾、黃庭堅、陸游五家。不過，對於北宋之晚唐體、西崑體、南宋之江湖派、永嘉四靈等，其作品則未有選錄。何氏自言：「北宋自仁宗以前，可謂無詩。非真無詩也，無宋人自己之詩也。」[10] 此主要就西崑體而論。又云：「爭一字一句之巧相矜，以吟風弄月之詞相詡。不過復晚唐纖巧之尖酸之舊，則宋詩之尾聲矣！」[11] 此就四靈及江湖派而論。由此可見，何氏講授「詩選」仍以唐詩為核心，故包納之詩家、作品分佈較為全面，至於宋詩方面則舉其有自身特色者，尤其著眼於江西詩派源流及中興諸家。在下文中，筆者嘗試依據《詩學纂要》對詩歌之淵源、體制、律法、聲調及作品各方面之論述，探析何氏之舊詩創作論，以窺香港高校詩歌創作課程之發展歷程於一斑。

二、論詩歌之淵源

何著繼承了《千家詩》及《唐宋詩舉要》的傳統，以唐宋詩為授課內容。童蒙習詩，當以掌握格律為務；《千家詩》止錄近體，自然回應了如此需求。但《唐宋詩舉要》所針對的並非童蒙，而創作的體裁也當包含古體。誠如明代李攀龍所言：「唐無五言古詩而有其古詩。」那麼學習創作古體者，應當取法唐人古體，抑或先唐古體？我們可先觀何氏自序所論：

原夫詩為天籟，為心聲，學之而工自非易，學之而能則非難。能明於聲調格律而熟其規矩，則十得四五矣！能讀唐宋詩三、二百篇，紬繹其規矩運化之所在，則十得六七矣！能不斷嘗試為寫作，則十得八九，而能入言志永言之塗徑矣！再進而泛濫魏晉六朝之篇什以鍊其辭，再進而涵濡〈國風〉〈騷〉〈雅〉之韻味以厚其氣，則可以為言必己出，斐然成章矣！而此一年之講習，則為之開扃啓鑰以窺其秘，指路示途以助其行也！12

何氏此言將學詩分為五個階段：其一為熟規矩，關鍵在於掌握聲調格律；其二知運化，關鍵在於熟讀唐宋詩；其三為試言志，關鍵在於不斷寫作；其四為鍊其辭，關鍵在於泛覽漢魏六朝篇

10 同前註，頁九一。

11 同前註，頁一一七。

12 何敬羣：《詩學纂要·序》，頁一。

什；其五為厚其氣，關鍵在於涵泳《詩經》《楚辭》。然就為期一年之「詩選」課而言，僅能帶引學子進入前三個階段。這三個階段乃是以體式論和欣賞論為基礎，而以創作論為依歸。在何氏看來，二三百篇唐宋詩便能作較完足之體式展示、欣賞範例，而不必如文學史教學那般，依照時序由先秦詩開始講起。將漢魏六朝詩、先秦詩之瀏覽涵泳置於後二階段，不在「詩選」課程範圍之內，乃因鍊辭、厚氣屬於進階創作之修為，須假以時日，且有賴學子之自發性，未可一蹴即就。參考高步瀛的論述：「五言古詩，當探源《三百篇》而取法漢魏。〈古詩十九首〉，鍾記室稱其驚心動魄，一字千金。〔……〕唐初猶襲梁、陳餘習，未能自振。陳伯玉起而矯之，〈感遇〉之作，復見建安、正始之風。張子壽繼之，塗軌益闢。至李、杜出而篇幅恢張，變化莫測，詩體又為之一變。」[13] 高氏又云：「唐初七言古詩亦沿六朝餘習，以妍華整飭為工，至李、杜出而橫縱變化，不主故常，如大海迴瀾，萬怪惶惑，而詩之門戶以廓，詩之運用益神。」[14] 五古成熟於東漢中後期，〈古詩十九首〉為其代表，故高氏提出「取法漢魏」。而七言古詩要到「綺麗不足珍」的宋齊之際才逐漸成熟，故高氏就論七古源流時於先唐階段幾乎避而不談，逕以陳隋初唐之「妍華整飭」概括之。進而言之，無論五古、七古，高氏皆將李白、杜甫之作推為發展之高峰；站在創作的角度，李、杜也成為五古、七古的主要取法對象。如此一來，無論學習近體、古體，皆可聚焦於唐、斟酌於宋，漢魏六朝則僅供涵泳爾。

不過，為便學子把握詩歌史之概貌，上編〈詩學導論〉第一節〈詩之淵源與體制〉依然簡單扼要地講述了先唐詩發展之軌跡。他指出：

> 詩之興，出於人聲之天籟，始於生民有文字以記載其語言之時。《孟子》，天下謳歌訟獄者，「不之堯之子而之舜」；《尚書》，舜命夔典樂，以詩言志，歌永言教冑子。則知詩歌在唐虞以前，即盛其作用，成為聲教。夏有〈五子之歌〉，殷有〈商頌〉及東齊、箕子之歌，至周代更以詩為六教之首；〈國風〉〈雅〉〈頌〉，彬彬於春秋之世，雖夷狄之人，亦能諷詠之。孔子曰：「不學詩，無以言。」詩之成為文藝中心，則《二百篇》為其淵源矣！《三百篇》以四言為主，以言簡意賅，義正辭誠為美。至戰國而有荀子之〈成相〉，屈宋之《楚辭》，其體為雜言，其辭盛文藻，詩歌即從此而日趨於美化。[15]

這段文字雖然篇幅不長，卻向學子揭櫫了幾個重點：第一，詩歌產生於初民時期，淵源久遠。

13　高步瀛編註：《唐宋詩舉要》（上海：上海古籍出版社，一九七八年）上冊，頁一。
14　同前註，頁一四〇。
15　何敬羣：《詩學纂要》，頁一。

第二，唐虞三代的官方、貴族便將詩歌視為言志、教化之工具。第三，《詩經》的成書使詩歌成為文藝之核心，地位崇隆。第四，荀子、屈宋之辭賦以雜言變易《詩經》之四言，辭藻豐贍，追求文采之風氣由此日益盛行。以此歸納《詩經》、《楚辭》及先秦古逸詩在詩歌史上的地位，十分精準。

何氏繼而指出，兩漢至劉宋的六百餘年是詩賦地位此消彼長的時期：

兩漢於是有五言、七言之詩，如〈大風〉〈秋風〉〈鐃歌〉〈天馬〉〈四愁〉〈五噫〉，以及蘇李〈河梁〉〈古詩十九首〉之作，言情寫怨，上紹風騷；然僅為賦之附庸，雖為後世所憲章，而未得為當時所重視。及東漢之末，乃見發皇：蔡邕父女，曹操父子，踵蘇李張五言之幟，以清剛爽朗作其氣，撫事感時發其情。建安七子：孔融、陳琳、王粲、徐幹、阮瑀、應瑒、劉楨等人，則以清麗交輝，華實並茂之辭羽翼之，而曹植為之首，於是五言之詩以盛。西晉統一中國，江南文學，與中原文學交流，則有：阮籍、張華、陸機、陸雲、潘岳、張載、張協、左思、郭璞之倫，其所作辭新語麗，秀潤流轉，謂之太康文學，而陸機為之首。詩至此時，已進而與辭賦，平分文學之領域矣。東晉南渡，文風稍替，至晉宋之際，乃再復甦，則有：謝瞻、謝混、謝靈運、謝惠連、鮑照、顏延年等人出，其所作皆風華掩映，組練精工，謂之元嘉文學，而謝靈運為之首。獨有一陶潛，於綺羅錦繡之中，自標縞衣綦巾之致，為詩壇樹一不待雕繪而美之大旆。於時：顏延年等人，創文筆之分，詩乃進而為文學之主流。[16]

何氏所謂「七言」，包括了雜言樂府乃至楚歌騷體之作，然其討論之重點，更在五言詩之發展軌跡。除了點出幾個重要時期的詩風及代表作家的特徵之外，他還精確地指出，〈古詩十九首〉以及蘇李詩雖在後世具有典範意義，但在「登高能賦可以為大夫」的漢代，卻頗為邊緣化。歷經建安、正始、太康幾個時代後，詩歌地位日益提升，與辭賦平分文學領域；至東晉劉宋之際，更成為文學之主流。《南史．顏延之傳》：「（宋文帝）嘗問以諸子才能，延之曰：『竣得臣筆，測得臣文……』。」[17]顏延之將文筆對舉，二者自有區別。《文心雕龍．總術》云：「今之常言，有文有筆，以為無韻者筆也，有韻者文。」[18]而近代黃侃更指出：「屬辭為筆，自漢以來之通言；無韻為筆，自宋以來之新說。」[19]顏延之為劉宋時人，故其文筆之分，當即黃侃所

16　同前註，頁一至二。
17　【唐】李延壽：《南史》（北京：中華書局，一九九七年），頁八七九。
18　王運熙、周鋒譯註：《文心雕龍譯註》（上海：上海古籍出版社，二〇一二年），頁二八八。
19　黃侃撰、周勛初導讀：《文心雕龍札記》（上海：上海古籍出版社，二〇〇〇年），頁二一一。

云「新說」。且如程章燦所論，南朝賦以體物抒情小賦為主流，語言上也有詩化的趨勢。[20]則詩在「文」中之地位更不止於與賦平分秋色而已。綜而觀之，何敬羣此論當可令學子進一步清楚詩歌在整個文學發展史中的定位與價值。

至於齊梁陳隋之詩歌，何氏進而論述道：

自永明下至梁陳，百年之間，前有梁武父子、謝朓、王融、沈約、范雲、任昉、江淹、何遜，後有陰鏗、江總、徐陵、庾信，皆辭采富麗，錦繡交艷。而周顒、沈約，揭四聲之秘，發揮聲調音律之美，不徒為詩一新其面目，亦為漢語文運用文藝之美之一大發展；唐宋之各體詩，及宋元明清之詞曲戲劇，亦莫不於此孕毓之矣！然齊梁詩風，至陳隋之世，華艷過多，有桃李之春穠，欠稻粱之秋實，亦為後人所詬病。又其體制，雖包有吳歌西曲之雜言，然仍不出五言之疇範。唐承其後，乃自五言發展而盛於七言，自聲律發展而成近體，至盛唐而詩之體制乃大備。[21]

頗為標榜這個時期詩歌之辭采，且對永明聲律論大為推崇。但是，何氏又進一步指出：唐代以前的詩歌體制未備，縱然兩漢魏晉之作多可稱道，但亦不出五言藩籬；齊梁以降，近體逐漸形成，卻流於雕雲鏤月、氣骨不足。這一方面，何敬羣顯然承襲了高步瀛之見。易言之，無論是就體裁還是內容來看，何氏都相信漢魏六朝詩未足成為初學者模擬的首要對象。這也是他將先唐詩之瀏覽涵泳置於第四、五階段之原因。有了如此交代與鋪墊，後文於先唐詩歌便可不復齒及。

三、論詩歌之體制

上編第一節在簡介詩歌之淵源後，隨即從五言古風、七言古風、樂府、五言律詩、七言律詩、排律、絕句七方面，就詩歌之體制展開論述，這幾種都是當時學生在詩選課上必須習作的體裁。何敬羣論五言古風云：

古風者，漢魏風格之詩，別於齊梁近體而言，故謂之古風。漢魏六朝詩，均以五言為主，至齊梁時，乃側重辭藻之靡麗，聲調之諧協；其風格，溺於嘲風弄月，而日以軟熟婉孌。隋代及初唐，仍承其風。至王維、孟浩然，乃越徐庾而師淵明，然齊

20 程章燦：《魏晉南北朝賦史》（南京：江蘇古籍出版社，一九九二年），頁二〇五。

21 何敬羣：《詩學纂要》，頁二。

梁之餘韻，猶未盡淨。至太白、子美，乃上追蘇李，方駕曹劉，其風規乃高出六朝之上，而為漢魏之江河矣。[22]

當今學者一般認為，班固〈詠史〉是現存最早之五言古詩。何文匯指出，班固此詩共十六句，除了第一、二、七、八和十六句外，其餘每句的二、四字，都是平仄相異的。此外，除第四聯外，每聯上下兩句的末字，也是平仄相間的。[23]可見五言詩在逐漸成熟之東漢初年，已萌生了音律意識。不過稍後的〈古詩十九首〉，乃至三曹七子的五言詩，除了押韻外，音律猶是渾然天成，並無太多講究。曹魏國李登撰寫《聲類》，晉代呂靜「別放故左校令李登《聲類》之法，作《韻集》五卷，宮商角徵羽各為一篇」。[24]故在永明聲律論出現以前，晉宋五言詩已漸有音律意識，因此唯有漢魏五古方宜視為古風之典範。至於辭藻對仗方面，太康詩人陸機、潘岳及元嘉詩人謝靈運、顏延之便已頗為注重。永明詩人將聲律論應用於詩歌，以求諧協，形成介乎古風與近體之間的「新體」。梁代宮體詩人更獨鍾豔情，去漢魏古風益遠。清初馮班以齊梁至初唐之詩「氣格有差古者」，何焯亦就而評曰：「齊梁自為一體，不可與古詩混也。」[25]何敬羣所言，正承此意。再者，他將盛唐視為五古重振的轉捩點，而以李杜古風直承漢魏，推為正宗，如此論調與高步瀛如出一轍。何氏進而認為，李白「才氣縱橫，如天馬騰驤」，故其五七古能「出入屈宋」；[26]而杜甫詩「雄渾博大，沉鬱深厚」，「不故為豪語而健，不乞靈羅綺而麗，不事雕琢而巧，不矜奇詭而新」，故其古體「渾渾淪淪」。[27]根據何氏對杜甫的評價，尤其能窺見他對漢魏五古的典型風格有怎樣的認知。此外，他又就五古之句式論云：「五言古風為齊言詩，兩句一韻，其篇章長短無限制，自三韻至數十百韻均可。」[28]將五古與後文所論之七古加以判別，以利學子把握其特徵。

今人錢志熙指出，因為古體產生於近體之前，唐人會稱其為古體詩或「往體詩」或「古風」。所謂古風，多是指學習漢魏六朝、具有興寄精神的五言古體詩。與此相對，一般的古體詩則稱「古體」。但元明以後，也有稱七言歌行為「古風」的。其與原初的概念有所不同。[29]何敬羣採用的「七言古風」一詞，來源雖然較為晚近，然亦自有原因。其言曰：

22 同前註，頁二至三。
23 何文滙：《近體詩格律淺說》（臺北：臺灣書店，一九九九年），頁一五。
24 【北齊】魏收：《魏書》（北京：中華書局，一九九七年），頁一九四五。
25 【清】馮班著、何焯評：《鈍吟雜錄》（北京：中華書局，一九八五年）卷三〈正俗〉，頁四〇。
26 何敬羣：《詩學纂要》，頁三三。
27 同前註，頁四一。
28 同前註，頁三。
29 錢志熙、劉青海：《詩詞寫作常識》（北京：中華書局，二〇一二年），頁三。

除五言古風外，凡雜言詩，樂府詩，均可歸入此門類。七言詩蓋本於樂府，如〈易水〉〈垓下〉〈柏梁〉〈薤露〉。魏晉以後，五言特盛，七言間見於樂府歌詞，大都風光旖旎，軟語纏綿之句。至盛唐，始脫出其範圍，至李杜，始從〈四愁〉〈五噫〉，上追屈宋，開闢七言古風之風格與領域。[30]

歷來所謂七言古詩，固然包括了漢樂府〈薤露〉、鮑照〈擬行路難〉、杜甫〈兵車行〉之類的雜言；甚至陳子昂〈登幽州臺歌〉四句中並無一句七言，然亦因雜言之故而被視為七古。漢代樂府已有不少雜言體，而曹魏以降的七古也往往具有樂府標題，故何氏云「凡雜言詩、樂府詩，均可歸入此門類」，是也。另一方面，七古可細分為騷體七言與純七言，而以前者時代更早，如何氏所舉〈易水歌〉、〈垓下歌〉皆是。然而，騷體七言與純七言作品之間依然存在著一定差異。葛曉音就論純七言作品道：「戰國後期的楚辭和民間謠諺的節奏隨著語言的進化而同步發展，提供了形成七言節奏的條件。但是早期七言篇章由單行散句構成、意脈不能連屬的體式特性，使七言只能長期適用於需要羅列名物和堆砌字詞的應用韻文，而不適宜需要意脈連貫、節奏流暢的敘述和抒情。」[31] 如純七言的〈柏梁〉聯句的確有意脈不連貫、節奏不流暢的問題，但這種問題卻不見於〈易水〉、〈垓下〉乃至東漢張衡〈四愁〉等騷體七言。學者一般將曹丕〈燕歌行〉視為時代最早而成熟的純七言古詩，正是基於如此緣故。且〈燕歌行〉以後，六朝較為知名的純七言古詩當推〈白紵辭〉、〈河中之水歌〉、〈東飛伯勞歌〉等，的確像何氏所言「風光旖旎，軟語纏綿」。不過，既然純七言古詩要到六朝才告成熟，其時代精神已與漢魏五古頗為不同，若稱之為七言古風，似乎不僅不能拓展「古風」之內涵，反而產生意義上的混淆。然觀何氏羅列〈易水〉、〈垓下〉、〈四愁〉、〈五噫〉諸篇，又有「上追屈宋」之語。可見其所謂七言古風之範疇非僅限於六朝隋唐之歌行體，且包含騷體七言，更上及屈宋楚辭。如是一來，對七古的內涵可謂作出了重新界定。七言詩之來源甚為複雜，若僅將先秦之楚辭視為主要源頭，無乃過於簡單化。然而就初學者而言，如此論述卻能讓他們快速有效地了解七言詩的發展概貌。故何氏如此論述，是不難理解的。此外，中編岑參詩選錄〈輪臺歌送封大夫出師西征〉及〈走馬川奉送封大夫西征〉兩首，註云：「右兩首均句句韻，可覘七古韻法。前一首兩韻一轉，後一首三韻一轉，平韻仄韻相間，詩家謂之岑參體。」[32] 特別以岑參詩作為例，蓋其作品仍能保留先唐七古逐句用韻及奇數句法，蒼健老勁，與〈春江花月夜〉、〈長恨歌〉、〈連昌宮詞〉等作之流暢婉轉頗亦其趣也。

---

30 何敬羣：《詩學纂要》，頁三。
31 葛曉音：《先秦漢魏六朝詩歌體式研究》（北京：北京大學出版社，二〇一二年），頁二二五。
32 何敬羣：《詩學纂要》，頁六〇。

近體詩方面，何氏概說云：「五言七言律詩排律絕句六體為近體詩。近體云者，近出於齊梁體之謂也。此六體詩，均為齊言，均有一定之聲韻句法與對仗，蓋由齊梁聲律發明以後，進展而成者。」[33]其論五律道：

> 五言律詩，權輿於沈佺期、宋之問，而大成於王孟李杜。齊梁時，如范雲之〈巫山高〉：「巫山高不極，白日隱光輝。靄靄朝雲去，冥冥暮雨歸。巖懸獸無跡，林暗鳥疑飛。枕席竟誰薦，相望徒依依。」此詩八句四韻，中兩聯對，即為五律濫觴。但當時只偶然有合，其平仄亦未盡調，亦無和應踵作者。至唐高宗、武后時，以入聲樂，沈宋起而推廣之，遂成定式之五律矣！[34]

何氏認為五律到沈宋手上才告成熟，而盛唐王孟李杜將之發揚光大，其說固是。齊梁諸家八句四韻之五言詩，平仄未能盡調，亦屬事實。然如明人楊慎所編《五言律祖》，便收錄了不少八句四韻之新體詩。由這些作品可見，諸句已多為律句，偶有拗句，唯時有失黏失對之處。至於第二、三聯之對仗，則已屢見不鮮。因此，謂「八句四韻，中兩聯對」的特徵「當時只偶然有合」，殆未必然。且如湘東王蕭繹作〈折楊柳〉而太子蕭綱和之，兩首皆為「八句四韻，中兩聯對」之新體詩，謂「無和應踵作者」也非屬實。進而言之，新體詩之篇幅一般短則四韻八句，長則十韻二十句，除了首尾二聯外，中間諸聯皆須對仗（偶爾也會出現「偷春格」——即首聯對而次聯不對者，如謝朓〈晚登三山還望京邑〉）。因此，五韻以上的作品便是唐人五言排律之祖。再觀何氏論李白〈夜泊牛渚懷古〉云：

> 此首徹首尾不對，孟浩然亦有此體，皆聲調諧協而辭意則一氣流轉，使人讀之，不覺其為不對，故前人均盛推之，以為如羚羊掛角，無跡可求。然實是齊梁體格，非五律正格也。[35]

早在南宋後期，嚴羽《滄浪詩話》便指出：「律詩有徹首尾不對者。盛唐諸公有此體，如孟浩然詩：『掛席東南望，青山水國遙。舳艫爭利涉，來往接風潮。問我今何適，天臺訪石橋。坐看霞色晚，疑是石城標。』又『水國無邊際』之篇，又太白『牛渚西江夜』之篇。皆文從字順，

33 同前註，頁三。
34 同前註，頁三至四。
35 同前註，頁四。

音韻鏗鏘，八句皆無對偶。」[36]嚴氏已舉李白〈夜泊牛渚懷古〉及孟浩然〈舟中曉望〉（掛席東南望）、〈洛中送奚三還揚州〉（水國無邊際）為例。何敬羣《益智仁室論詩隨筆》於〈夜泊牛渚懷古〉之外，又更舉李白〈宿巫山下〉、〈長信宮〉為例云：「太白律詩，往往自為町畦，不拘繩墨，學者但賞其氣韻高華，不必盡步趨其律法。」且申論〈宿巫山下〉：「余謂此篇宮商雖叶，而語氣不暢，項、頸兩聯，既有頓挫之勢，讀之即使人覺風景雖不殊、而有山河盡異之感，強以為律詩佳構，反不如入之選體為佳。」論〈夜泊牛渚懷古〉：「其聲調悠洋，自為唐人之音律，其風裁句法，實仍魏晉之遺響。但其一氣直下，如三峽飛艭，使人不暇旁矚。」[37]李白、孟浩然這種五言八句的作品，格律黏對皆無問題，唯頷、頸聯皆不對偶，故何氏以為「非五律正格」，固然。如《論詩隨筆》稱之為「魏晉遺響」、歸為「選體」，自然合理；但《詩學纂要》轉而目其為「齊梁體格」，則似乎過於簡單化。蓋古體詩中，屬對並非必須；但發展至齊梁新體，一詩之中各聯倒是對偶者多，唯是時有平頭上尾之失，以致失黏失對耳。以〈夜泊牛渚懷古〉為例，此詩雖然合律，但全用散句；尤其是頸聯「余亦能高詠，斯人不可聞」兩句，在理應屬對精密的位置使用較多虛字，更予人一種古風的疏宕之感。因此，與其將這種不對仗的五律追溯至齊梁，不如將之視為李白的一種新的創作嘗試，也未必不可。

再觀何氏論排律云：

唐代應進士試詩，以五言律詩十二句六韻，或十六句八韻為程式，於是有長律之一體。元代楊士宏編《唐音》，乃目之為排律。排如排比排列之排：謂重複連續八句四韻之聲律，排列之，成長篇之律詩也。有五言，有七言，唐人均謂之律詩。此體短章六韻，長篇可數十百韻，除起結句外，餘均對句。必平韻，必全篇一韻，唯可用通轉韻，如工部〈夔州詠懷〉，即先、元、刪韻通押。作法以鋪敘流美，對仗典雅，氣勢貫通，波瀾壯闊為勝，此亦以杜甫最為擅長。[38]

排律之流行，故與唐代以詩取士頗有關係，然謂該體之興起乃因進士試詩，則不然矣。唐人將排律稱為律詩的傳統，亦源自齊梁。排律之最短者便是八句四韻，入唐以後，由於這種短律的篇幅較小，兼以對仗精工、聲韻流暢，故而蔚為大國。逮至元代，方有律詩與排律之區隔。故此，謂排律係「重複連續八句四韻之聲律」，於觀感上雖無大謬，考諸詩體發展脈絡則不盡然。初唐詩人沿襲齊梁餘風，創作之排律為數猶夥，且未必限於押平韻。如唐玄宗〈校獵義成

---

36 【宋】嚴羽註、郭紹虞校箋：《滄浪詩話校箋》（北京：人民文學出版社，二〇〇六年），頁七〇至七一。

37 何敬羣：《益智仁室論詩隨筆》（香港：人生出版社，一九六二年），頁四八至四九。

38 何敬羣：《詩學纂要》，頁三至四。

喜逢大雪率題九韻以示群官〉十八句九韻，便是押去聲十七霰韻，唯尚有五聯失黏，一如齊梁之作。此外，唐代試帖詩仍要求一韻到底，不可使用鄰韻。即便何氏言及之杜甫〈秋日夔府詠懷奉寄鄭監李賓客一百韻〉，亦以押先韻為主；如詩中所用「員」字見於元、先二韻，「孱」字見於刪、先兩韻，未必可謂先、元、刪韻通押。唯杜甫鍾情此體，平生創作之五言排律達一百二十七首之多，甚至絕筆詩〈風疾舟中伏枕書懷〉亦為三十六韻之五排，故而五排在杜甫手中已突破應制、奉教、酬贈之藩籬，不僅篇幅超出了永明體的限度，獨紓胸臆的特色也日益濃厚。故何氏稱杜甫於此體最為擅長，實非虛言。其《益智仁室論詩隨筆》更云：「工部近體，以五言排律最見工夫，於唐人中亦為獨步，後人更難望其項背矣。蓋排律之體，必須有運輪轉珠之筆法，以為之貫串，尤須有拔山移海之氣勢，以為之屈伸。否則七寶樓臺，不成片斷，非添蛇足，即續鳧脛矣。太白有其筆，昌黎有其氣，惟工部兼之，故能如齊桓之九合、晉悼之三駕耳。」[39] 可謂推崇備至。唯五律、五排之關係極為密切，若能將二者並置共論，當可使學子更清晰地了解近體詩之流變。

七言律詩方面，何敬羣指出「七律之風規格勢，自以至杜甫而大成」，並將其鼻祖追溯至陳隋之際庾信的〈烏夜啼〉：「促柱繁絃非子夜，歌聲舞態異前溪。御史府中何處宿，洛陽城頭那得棲。彈琴蜀郡卓家女，織錦秦川竇氏妻。詎不自驚長淚落，到頭啼烏恒夜啼。」只是何氏指出，庾信此詩雖然「八句四韻，中兩聯對，儼然七律，然亦為偶合，未能成軍」。[40] 他依據

《唐音癸籤》之說，認為七律正式創製於唐中宗景龍年間，亦即初唐時期：「至景龍時始刱七律，諸學士如沈、宋等人所製，大都鋪陳景物，宣翊燕遊，以富麗競工，此體蓋至杜甫而盡其致。」[41]到了盛唐之際，七律雖然創作者漸多，但要到杜甫手中才告成熟：「然大家如王維、李白，於聲律猶多失粘，蓋至杜甫而後聲情並茂，格律均精；平韻仄韻，正體拗體，皆足為百代法式也」。[42]何氏認為七律要到杜甫手上才格律精嚴，成熟年代稍晚於五律，此固為傳統說法。然就其創製而論，當猶可推至武后聖曆三年（七〇〇），更早於中宗景龍年間（七〇七—七一〇）。當年武后率群臣遊覽嵩山，避暑石淙河，大宴群臣時即席作七律〈夏日遊石淙〉，從臣奉和者達十六人，包括中宗、睿宗、武三思、狄仁傑、張易之、張昌宗、李嶠、蘇味道、姚崇、崔融、薛曜、沈佺期等。但這十七首詩作中，黏對完全合律的只有沈佺期、薛曜、崔融、蘇味道、李嶠之作，這五人中，沈、崔、蘇、李皆具有宮廷詩人之身分。大抵初唐武后時期，宮廷詩人由於究心翰藻，故已十分注重七律的格律，且掌握得比較純熟，唯同代其他詩人

39 何敬羣：《益智仁室論詩隨筆》，頁六一。
40 何敬羣：《詩學纂要》，頁四。
41 同前註，頁四四。
42 同前註，頁四。

則未必。但整體而言，當時七律尚未如五律般普及，故其他非詞臣背景的詩人對七律之格律就沒有那麼講究了。

絕句方面，何氏頗能拿捏五七絕之異趣，以及絕句不同於律詩之處：

五言絕句，音節短促，不易迴旋，故作者多從拗體仄韻，以清峭冷雋為工，以偏師出奇制勝。七言語句紆徐，利於舒捲，故其體出不旋踵，即於近體之中，蔚成大國。蓋律詩有如垂紳立朝，瑟入合樂，要在鋪陳典重，吐屬高華。而絕句則當如持麈引杯，清談戲論，么弦低唱，妙趣橫生，此其大較也。[43]

所論可謂引喻得宜，搔到癢處。他認為五絕篇幅短小，採用拗體仄韻能在有限的文字中產生更多的變化；而正因拗體仄韻之不和諧感，導致清峭冷雋的詩風。箇中因素可謂環環相扣。而正因七絕句式較五絕為長，有轉圜之餘地，故能以近體律句為依歸，音調和諧，為人所喜作喜讀。相對於律詩而言，絕句之對仗並非必須，間以篇幅短小，故能靈動活潑，不似律詩之莊矜典重，故何氏喻為「么絃低唱」。此外，何氏又以王維五絕為例，在註解中指出：「五絕介乎古近之間，故仄韻之作為多，可拗句，亦可重字。平韻如右〈送別〉，平仄有定式；仄韻如右〈鹿柴〉等無定式，惟第三句宜為平句耳。」[44]〈送別〉即「山中相送罷」一首，全詩格律精嚴，故云「平仄有定式」；〈鹿柴〉四句雖為律句，卻失黏失對，且用仄韻，故云「平仄無定式」。不過，何氏提出仄韻五絕「第三句宜為平句」，誠然。如〈鹿柴〉二、四句押上聲養韻，首句末字「人」、三句末字「林」皆為平聲；〈竹里館〉二、四句押去聲嘯韻，首句末字「裏」雖為仄聲，卻不押韻。再如孟浩然「夜來風雨聲」、李白「卻下水晶簾」、柳宗元「孤舟簑笠翁」等仄韻五絕第三句，皆收平聲。如此看來，第三句為平收句，可令全詩產生音律變化之美，故唐人多用之。

七絕方面，何氏在李商隱〈柳〉後註云：「義山長於七言，尤擅為七絕。晚唐諸家承其風，亦莫不工於此體。蓋古近各體，勝在凝重，而七絕則有如王謝弟子，輕靈巧慧，正所以為風度翩翩也。」[45]以「輕靈巧慧」來歸納七絕的風格，而謂其他各體皆以「凝重」為主，所言甚是。正因七絕的這種特色，使其成為近體詩中最具生命力的一體。一如錢志熙所言：「七絕的風格是不斷的發展、變化著的，其題材領域也在不斷的開拓中。」[46]舉凡杜甫的論詩絕句，中唐興

43 同前註，頁五。

44 同前註，頁三一。

45 同前註，頁八五。

46 錢志熙、劉青海：《詩詞寫作常識》，頁一一二。

起的竹枝詞，還是明清以後的雜事詩、紀事詩等，內容變化多端，而七絕作為載體的確皆能勝任有餘。

此外，何氏認為「五七言絕句，蓋隨五七律之發展而成者」，「絕者，截取古近體為短章，以四句三韻或兩韻為定式，蓋律詩之一種」。[47]中編又在杜審言〈渡湘江〉詩後進一步提出「七言絕句，全為擷七律體式而成」，杜氏此作便是截一二聯者。復如王維〈靈寶池送從弟〉為截二三聯者，杜甫〈江南逢李龜年〉為截三四聯者，賀知章〈回鄉偶書〉為截一四聯者。五絕情況亦復如是。[48]何氏「截律為絕」之說，可追溯至宋元之際，如元代詩人范梈之門人傅若金《詩法源流》引其言曰：

絕句者，截句也。後兩句對者是截律詩前四句，前兩句對者是截律詩後四句，四句皆對者是截律詩中四句，四句皆不對者是截律詩前後四句。[49]

明代吳訥《文章辨體》、徐師曾《文體明辨》等皆承其說。若僅就平仄對仗的格式觀之，果能從律詩中截取前四句、中四句、後四句甚至首尾各兩句而成絕句。但從詩歌發展流變的角度來看，則頗有可商榷之處。晚明胡應麟《詩藪．內編》早已批評道：「謂截近體首尾或中二聯者，恐不足憑。五言絕起兩京（指兩漢），其時未有五言律。」[50]不過這些五言四句的小詩在篇幅上雖與五絕相符，卻並無「絕句」之名。晉時詩人聯句，一般為每人二句，劉宋時發展到至每人四句。近人李嘉言指出：「如果只由一人作了四句，其餘的人不能連續下去，那第一個人所作的四句就叫做絕句。因為這次聯句未得成功，從此便告斷絕了。」[51]而梁代江革〈贈何記室聯句不成〉、何遜〈答江革聯句不成〉等五言四句的詩作，說明了絕句之名乃是出自聯句：「在宋文帝時已經因『聯句不成』而產生了『斷句』這個名詞，宋明帝時與『斷句』同義的『絕句』這個名詞也正式出現；到蕭梁了，『絕句』的地位漸固，作品也漸多，因而才有少數題目的真面目得以保存到現在（指題中有絕句字樣者）。又因聯句在劉宋時才趨於定型（每人四句），所以絕句產生於劉宋時代而不產生於其他時代。」[52]足證絕句並非自律詩截取，今日足可奉為定論。饒是如此，李嘉言也指出「絕句到唐朝已經變了質」、「唐人拿作律詩的方法去作絕

47　何敬羣：《詩學纂要》，頁四至五。
48　同前註，頁二四。
49　【元】傅若金：《詩法源流》，載張健：《元代詩法校考》（北京：北京大學出版社，二〇〇一年），頁二五五。
50　【明】胡應麟：《詩藪》（上海：上海古籍出版社，一九七九），頁一〇五。
51　李嘉言：〈絕句與聯句〉，收入存萃學社編集：《論寫作舊詩》（香港：崇文書店，一九七二年），頁一〇七。
52　同前註，頁一〇九。

句」。[53]因此，絕句縱非截自律詩，但謂其在入唐後受到律詩的影響，卻並無大謬。再觀「截律為絕」說的發展，誠如今人莊文龍所言：「至清代，有論家繼承此說，甚至自覺地以之編詩、注詩、評詩，從絕句源流理論拓展出絕句批評理論，這正是以往論者少有注意的理論演變過程。」[54]因此，何敬羣固守「截律為絕」之說，就絕句起源來說雖未必符合歷史真相，卻自有其創作與鑑賞的脈絡，未可率爾全盤否定。

四、論詩歌之律法與聲調

（一）近體詩之聲調

《詩學纂要．上編》第二節題為〈詩之聲韻及律法〉，共分為〈辨平仄〉、〈明韻法與對仗〉兩目，第三節題為〈詩之聲調〉。辨平仄方面，何敬羣將漢語音調歸納為陰平、陽平、上、去、入五聲，參合《中原音韻》與粵音發音相同、可以同讀之字，編成〈五音聲調腔譜〉，並標出「清長」、「最清稍短」、「低濁」、「次濁平長」、「清濁之間短」五音等，並將之與律呂、笛色、西樂音階相對應，以資學子練習。觀此譜所列，僅平水韻平聲三十韻中之十二韻，[55]可見主要是讓學子透過對調值的認知，分辨各聲，舉一反三。茲不細論。至於「詩之聲調」，則頗有可圈可點之處。其概論云：「古風歌行，無定式之聲調；清代王士禎有《古風平仄論》，大抵須與近體相反，宜拗不宜順。此則寫讀稍多，自能通其意而得之，當於說古風時隨篇闡發之，此不先複。至近體則有定式之聲調，此聲調，即不外起句入韻與不入韻之兩體，平起仄起之兩調而已。起句第二字仄聲者，即為仄起調；起句第二字平聲者，即為平起調。只須各熟絕句一首，即能熟其調而因應無窮矣！」[56]不論五七言，律句皆為四種，故何氏舉例以絕句為先，復相互搭配，以見律詩之聲調。茲先將何氏所舉各種絕句聲調之詩例表列於下：

53 同前註，頁一〇七。

54 莊文龍：〈絕句起源論爭平議——清人對截律為絕說的接受、拓展與反駁〉，《文學論衡》總第三十八期（二〇二一年六月），頁四一。

55 何敬羣：《詩學纂要》，頁六至七。

56 同前註，頁十一。

表二：絕句聲調詩例

聲調			詩例	首句
五絕	仄起調	起句不韻者	李白〈重憶賀監〉	欲向江東去
		起句入韻者	盧綸〈塞下曲〉	林暗草驚風
	平起調	起句不韻者	李端〈聽箏〉	鳴箏金粟柱
		起句入韻者	皇甫冉〈婕妤怨〉	花枝出建章
七絕	仄起調	起句不韻者	李商隱〈送臻師〉	昔去靈山非拂蓆
		起句入韻者	柳中庸〈征人怨〉	歲歲金河復玉關
	平起調	起句不韻者	李商隱〈詠李衛公〉	絳紗弟子音塵絕
		起句入韻者	王昌齡〈長信宮詞〉	真成薄命久尋思

值得一提的是，何氏在就論同一聲調之起句時，還會舉例說明如何將「不韻」轉化為「入韻」。

如李白〈重憶賀監〉：「欲向江東去，定將誰舉杯。稽山無賀老，卻棹酒船回。」何氏云：

仄起調，起句入韻者，只須將李白第一句「欲向江東去」，改為：「欲去向江東」。即將下三字之平平仄，倒轉為仄平平即可。[57]

換言之，務必謹守第二字仄起、以及全句皆為律句之前提，方可將仄收轉為平收。但若轉為「欲向去江東」，文法有瑕疵，須調整為「欲去向江東」方可。由此可見其善巧。當然，何氏此處只是就該句而論，而不及全篇。此句韻字「杯」、「回」屬上平十灰，「東」則屬上平一東，若首句採用，則有犯上尾之虞。此外，何氏論七絕聲調，謂李商隱〈送臻師〉「昔去靈山非拂蕭」下三字可改為「拂蕭非」，[58]〈詠李衛公〉「絳紗弟子音塵絕」下三字可改為「絕音塵」，[59]所論亦如李白〈重憶賀監〉，皆就該句而發，未及全篇押韻之考量。然學子配合課堂解說，當可明瞭耳。至於論五絕平起調，則舉例更為熨貼。李端〈聽箏〉：「鳴箏金粟柱，素手

57　同前註，頁十二。
58　同前註，頁十七。
59　同前註，頁十八。

玉房前。欲得周郎顧，時時誤拂絃。」何氏云：

> 平起調，起句入韻者，按此只須將李端詩第一句「鳴箏金粟柱」，改為「鳴箏綺席邊」，即將下三字之平仄仄倒轉為仄仄平即可。[60]

此例更優於上文所論之三例，因改後之「邊」字與「前」、「絃」同屬下平一先，無上尾之問題矣。不過，「金粟柱」指帶有金色紋點的箏柱，與「綺席邊」的內容大不相同。可見首句若要入韻，功夫不僅在於調整既有文字，且有更改內容之可能。

基於絕句與律詩在格律上的密切關係，何敬羣論聲調時以絕句為主，而律詩次之。如他在論五絕仄起首句不韻之聲調時以李白〈重憶賀監〉為例，便云「將右調重複，即翻成仄起句不入韻五律聲調，如杜甫〈旅夜書懷〉」。論五絕仄起首句入韻之聲調時以盧綸〈塞下曲〉為例，則云「前用此調，後用李白調，即聯成仄起調，起句入韻之五言律詩調，如杜甫〈月夜憶舍弟〉」。[61] 茲再將其所舉詩例表列如下：

---

60 同前註，頁十四。

61 同前註，頁十二至十三。

表三：律詩聲調詩例

	聲調	前半	後半	詩例
五律	仄起仄收	〈重憶賀監〉	重複	杜甫〈旅夜書懷〉
	仄起平收	〈塞下曲〉	〈重憶賀監〉	杜甫〈月夜憶舍弟〉
	平起仄收	〈聽箏〉	重複	韋應物〈賦德暮雨送李曹〉
	平起平收	〈婕妤怨〉	〈聽箏〉	杜甫〈漫成贈東山隱者〉
七律	仄起仄收	〈送臻師〉	重複	杜甫〈聞官軍收河南河北〉
	仄起平收	〈征人怨〉	〈送臻師〉	杜甫〈登高〉
	平起仄收	〈詠李衛公〉	重複	杜甫〈野望〉
	平起平收	〈長信宮詞〉	〈詠李衛公〉	白居易〈初到江州寄翰林張李杜三學士〉

如此可謂一目了然，十分便捷。無論仄起或平起之五七言絕句，只要首句不入韻，便能將四種律句依序運用一輪。以何氏所舉李端〈聽箏〉五絕為例，四句基本句式分別為平起仄收（鳴箏金粟柱）、仄起平收（素手玉房前）、仄起仄收（欲得周郎顧）、平起平收（時時誤拂絃）。如果首句改為「鳴箏綺席邊」，句式則變成平起平收。換言之，不管哪種聲調，但凡首句入韻，則首句、末句之基本句式必然相同，第二、三句保持不變，而原本首句不入韻之基本句式便不再出現。亦即首句入韻之絕句，全篇只會出現三種基本句式。就首句不入韻之絕句而言，將之擴充成律詩，不過是將原本四種基本句式依序重複一次而已，也就是四種句式各出現兩次。如果是首句入韻的律詩，就變成一、四、八句的基本句式相同，二六句、三七句兩兩相同，第五句的基本句式則僅出現一次。

再者，何氏在本節還論及四種基本句式的音律宜忌。茲以其論李白〈重憶賀監〉五絕之格律為例：

◡—○—|，—（宜平）○|—。○—|（宜平），○||—（必仄）—。

又補充云：「此式第二句第一字、第三句第三字宜平，如仄即啞。第四句第三字必仄，如平即失黏。」[62]其以圓圈出之者，皆為可平可仄之字。首句基本句式「仄仄平平仄」，第三字用仄便成為「仄仄仄平仄」。清人發現唐代近體詩若有這種情況，對句往往作「平平平仄平」，如杜甫〈天末懷李白〉「鴻雁幾時到，江湖秋水多」便是；如此似有拗救之意，故稱之為「雙換詩眼」。實際上，這只是一種特殊的平仄安排。出句第三字即使平而作仄，對句也不一定需要補救。如王維〈輞川閒居贈裴秀才迪〉「復值接輿醉，狂歌五柳前」。何文匯認為：「出句第三字用仄，對句第三字不用平。此實緣乎出句第三字用仄不犯聲，故不成拗句，是以對句不必救也。」何敬羣此處僅標以圓圈，不加說明，足見其同樣以為此處非拗。第二句第一字、第三句第二字宜平，原因有所不同。第二句基本句式「平平仄仄平」，首字用仄便成為「仄平仄仄平」，導致第二字成為「孤平」，音調不響，何氏以「啞」稱之，是也。不過，如果第三字作平聲，成為「仄平平仄平」，便可避開孤平。第三句第三字若作仄聲，亦即「平平仄仄仄」，便成了三仄尾。實際上，唐人近體中犯孤平者頗為罕見，而三仄尾則不時可見。如杜審言〈和晉陵陸丞早春遊望〉「雲霞出海曙」便是一例。甚至此句首字作仄的例子也有，如孟浩然〈贈道士參寥〉「蜀琴久不弄」即是。足知三仄尾在唐代並非禁忌。蓋在何氏看來，學子入門未久，

62　同前註，頁十二。

在打基礎的過程中多用平聲字、追求音調和諧，更為相宜。至於第四句第三字必仄，則是為了避免犯三平尾。三平尾在初盛唐尚偶爾可見，此後便與孤平一樣成為詩家大忌，以其音調過於和諧，導致疲軟乏力也。何氏僅以「失黏」稱之，當是不欲學子因新名目而眼花瞭亂爾。至於七言基本句式方面，何氏則以李商隱〈送臻師〉一絕為例而論之，[63] 內容大致相同，茲不贅言。

(二) 近體詩之拗救

至於拗救方面，何氏並未在〈上編〉談及，而是在〈中編〉和〈下編〉中隨作品而申發。如杜甫七律〈暮歸〉之註解中，何氏指出：

> 詩法：七言句中一、三、五字不論平仄，故正格之七律，亦往往有拗聲之句。惟只可在一、三、五、七句之第五、六字拗，不能施之二、四、六、八句。如：
>
> 「蜀主窺吳幸三峽。」杜甫〈詠〔懷〕古跡〉第四首第一句。
>
> 「竹葉於人更無分。」杜甫〈重陽獨酌杯中酒〉第三句。
>
> 「伯仲之間見伊呂。」杜甫「諸葛大名垂宇宙」第五句。

「已忍伶俜十年事。」杜甫〈宿府〉第七句。

此拗聲句有一箇單之例範圍，即凡「仄仄平平平仄仄」之句，可拗為「仄仄平平仄平仄」是已，七律以第七句用拗聲者為多，蓋琴瑟相和之後，轉一變徵之音，則全調均為振起也。64

何氏此處論及的乃所謂單拗。無論七言之「仄仄平平平仄仄」或五言之「平平平仄仄」，倒數二三字平仄調換，即成單拗。因此句之基本句式為仄收，自然不可能用於二、四、六、八之雙數句。不過在初、盛唐之際，也有一種五言平收句之單拗形式。如孟浩然「八月湖水平」，則是倒數二三字平仄調換，將原來的「仄仄仄平平」變為「仄仄平仄平」。何文匯指出：「因為末第二字應平而仄，所以是『拗』。末第三字用平，算是『拗救』。既然『平平平仄仄』可以變為『平半仄平仄』，那麼『仄仄仄平平』變為『仄仄平仄平』是可以理解的。『仄仄平仄平』是拗句，『仄平仄仄平』則犯孤平，不能混為一談。『仄仄平仄平』拗句可能正因為在形式上和『仄

63　同前註，頁十六。

64　同前註，頁四三。

平仄仄平』相近，所以並不流行。」[65]盛唐以降，這種單拗幾乎已無人使用，故何敬羣根據自己的觀察，提出單拗「不能施之二、四、六、八句」。

對於雙拗，何敬羣也有論述。王維〈歸嵩山作〉五律：「清川帶長薄，車馬去閒閒。流水如有意，暮禽相與還。荒城臨古渡，落日滿秋山。迢遞嵩高下，歸來且閉關。」何氏論云：

> 右詩第一句第三句，平仄均拗。按五律可入拗句，此拗在第三、四字，如「平平平仄仄」之句，可拗為「平平仄平仄」。「仄仄平平仄」之句，可拗為「仄仄平仄仄」。惟只能用於一、三、五、七句，不能施於二、四、六、八句。如第一句：「清川帶長薄」，第三句：「流水如有意」，第五句：「泉聲咽危石」（筆者按：此王維〈過香積寺〉句），第七句：「襄陽好風日」（筆者按：此王維〈漢江臨眺〉句）。唐人作者，以第七句拗為多。又一首之中，止可拗一句或兩句。如「清川帶長薄」、「泉聲咽危石」（筆者按：此句當為「流水如有意」之訛），不宜四句盡拗。五律如「仄仄平平仄」施於起句——即第一句，亦有用全仄者，如孟浩然：「士有不得意（志）」、「寂寂竟何待」。但三五七句，則不宜耳。[66]

「清川帶長薄」、「泉聲咽危石」、「襄陽好風日」為單句拗救，亦即第四字本仄而用平，導致音律不諧，是為「拗」；第三字改平而作仄，增益該句音律的和諧度，是為「救」。「流水如有意，暮禽相與還」為雙句拗救之罕救格，出句第四字本平而用仄，是為拗，對句第三字本來可平可仄而必須用平，是為救。孟浩然〈廣陵別薛八〉首聯「士有不得志，棲棲吳楚間」，則是更為常見的雙拗，初句三四字皆作仄，而對句依然是第三字用平以救。孟氏〈與諸子登峴山〉五律「人事有代謝，往來成古今」，李商隱〈落花〉五律「高閣客竟去，小園花亂飛」，〈登樂遊原〉五絕「向晚意不適，驅車登古原」，倒皆是首聯雙拗。至於孟氏〈留別王維〉首聯「寂寂竟何待，朝朝空自歸」，格律為「仄仄仄平仄，平平平仄平」，亦即前文所言之雙換詩眼，並非拗救。且唐人近體於首聯以外使用雙拗者，並非罕有。如裴迪〈夏日過青龍寺謁操禪師〉五律「有法知不染，無言誰敢酬」便是用於頷聯，杜牧〈江南春〉七絕「南朝四百八十寺，多少樓臺烟雨中」便是用於尾聯，如是不一。當然，雙拗改變平仄較多，和諧感不足，如果用於首聯，更能營造拔地而起的氣勢，用於後三聯則音韻未盡圓美流轉。此當是何氏強調「三五七句不宜」之故。進而言之，拗救能使近體格律更富彈性，但若入門者創作時不願仔細推敲文字，動輒訴諸拗救，養成不良習性，則未必是正道矣。何氏云「一首之中，止可拗一句或兩句」，當是發

65　何文匯：《近體詩格律淺說》，頁十五。
66　何敬羣：《詩學纂要》，頁二九至三〇。

自此意。

此外，〈中編〉有李白〈山中問答〉一詩：「問余何意棲碧山。笑而不答心自閒。桃花流水窅然去，別有天地非人間。」此詩首句犯下三平，次句失對（平頭，且「心自閒」則為單拗），三句合律，末句全非律句。何氏註解云：

> 七絕有作拗聲或仄韻之一體。仄韻如高適〈贈別王七十管記〉：「可憐薄暮宦遊子。獨臥西〔虛〕齋思無已。去家百里不得歸，到官數日秋風起。」又如岑參〈春夢〉：「洞房昨夜春風起。遙憶美人湘江水。枕上片時春夢中，行盡江南數千里。」拗聲者如杜甫〈江畔獨步尋花〉：「黃四娘家花滿溪〔蹊〕。千朵萬朵壓枝低。留連戲蝶時時舞，自在黃〔嬌〕鶯恰恰啼。」右舉及李白此首，即可為例。此為絕句變格。拗之音節，仄之語氣，亦自具一種清疏雋永之韻味。然須熟乃能生此巧，否則將入謇澀濫惡之途，是又學者所不可不知者。[67]

高適、岑參二詩皆押仄韻，且如「去家百里不得歸」、「遙憶美人湘江水」皆非律句。然此二詩亦如何氏論仄韻五絕所言，第三句末字皆收平聲。至於何氏所謂拗聲七絕，乃是指押平韻而未必合律的作品。李白〈山中問答〉為一例，而杜甫〈江畔獨步尋花〉次句「千朵萬朵壓枝低」

的第二字亦失律，故云。他如李白〈黃鶴樓送孟浩然之廣陵〉中，首句「故人西辭黃鶴樓」同樣是第二字亦失律。如是不一。但整體而言，由於七絕發展成熟較晚，故現存唐人作品中，仍以平韻和格律工整的七絕為大宗，仄韻七絕往往出現於組詩中，拗聲七絕為數更少（如果不計民歌風格之竹枝詞、〈金縷衣〉之類）。何氏固然欣賞前人仄韻、拗聲之「清疏雋永」，但也警惕初學者不宜輕易嘗試，以免落入「謇澀濫惡之途」，可謂知言。

至於拗體七律，何氏則選錄杜甫〈暮歸〉，並指出：「右〈暮歸〉為拗體七律。自第一至第七句，平仄均拗，為七律變格，亦自有其鏗鏘之聲調。宋之黃山谷即多此體。此體平仄既拗，必須上下能相救應，尤須字句圓轉流利，始能如跳丸走索者，故為驚險，而實履險如夷也。故必正格之聲律章法熟練之後，乃能出入繩墨之中，而為佚宕不羈之揮灑。初學者若利其無規矩，貿然效之，以為易率，則將為窒澀，為粗惡矣！」[68] 復如黃庭堅拗體七律〈題落星寺〉：「落星開士深結屋，龍閣老翁來賦詩。小雨藏山客坐久，長江接天帆到遲。宴寢清香與世隔，畫圖妙絕無人知。蜂房各自開戶牖，處處煮茶籐一枝。」此詩首聯為罕救格雙拗，頷聯出句下三仄、對句「江」字失律，頸聯對句下三平、出句以下三仄為對，尾聯亦為罕救格雙拗。整體

67　同前註，頁四〇至四一。
68　同前註，頁四三。

而言，除「江」字外，其餘各處尚皆符合特殊律句形式。何敬羣註云：「山谷七言律絕，喜作拗體，如杜詩之〈赤甲〉，雖非正聲，而海雨天風，自成音節，亦足以益一唱三歎之韻味，故江西詩派多效之；效顰既多，即不免入於囂張矣！」[69] 其說與論拗聲七絕相近，茲不贅言。

值得注意的是，何氏此書論單、雙拗，只論拗而不論救。如此一來，可能令這類特殊形式的律句與拗體律絕中「失律」的句子相混淆。不過，這些「失律」句往往二四字同調，如「千朵萬朵壓枝低」的「朵」皆為仄聲、「長江接天帆到遲」的「江」「天」皆為平聲等，往往是在律句的基礎上更換一兩字的平仄，雖然「失律」，卻去律句不遠。因此，何氏注意到「拗句」與五七言古體的關係。如他在杜甫七古〈丹青引贈曹將軍霸〉後註道：

> 五七古無一定聲調，但以多用拗句，別於近體為合。其押仄韻者，基本即與律詩異，句雖不拗，亦能自成清勁之音節。惟平韻而盡用調順之平仄，即失去古風之氣息，而病油滑矣！[70]

律句平仄搭配得宜，音調和諧。某些古體句完全不接近律句，具有嶙峋突兀的古奧之氣。至於「拗句」，則介乎律句與古句之間。縱使古句平仄搭配較為自由，無所謂「拗」，但將近體概念中的「拗句」施於古體，則令音韻兼具和諧與振起之姿，起伏有致，而不至於因平字多而疲軟無力、因仄字多而詰屈聱牙。此外，何氏顯然看出了仄聲不和諧的特徵，因而指出仄韻古風即使不用「拗句」，音節也自清勁。此誠為獨見。至於平韻古風要盡量避免律句，以免油滑，則是眾所周知的道理。

（三）近體詩之句法與對仗

對於近體詩之句法，何敬羣書中有幾處論及。如黃庭堅五古「我詩如曹鄶」一首，何氏註云：

> 近古體詩句法，大抵五言均上二下三，七言均上四下三，或上二下五句。山谷則有時七言為上三下四句，如〈孔毅父〉：「管城子無肉食相，孔方兄有絕交書」；五言為上一下四句，如〈示秦處度范元實〉：「秦范波瀾闊，笑陸海潘江」，與此「吞五湖三江」，均拗怒之句，此自是山谷面目特點之一。按唐人如太白〈古風〉：「昔我遊齊

69 同前註，頁一一四。

70 同前註，頁五〇。

> 梁，登華不注峰。」杜牧〈史將軍〉律詩「取螢弧登壘，以駢鄰翼軍」，已有此句法。惟偶一用之，配為對句，亦不失為甘肥中之蔬筍，屢用之，即成雞肋矣！[71]

正常句法，五言為上二下三，七言為上四下三。以五言為例，若使用上一下四、上三下二之句法，前人或稱為折腰句，與正常之句法節奏不全符合。偶一用之雖或使人一新耳目，但經常使用則如何氏所譏評之「雞肋」了。（按：五言上三下二之句法，雖非常見，然亦近乎上一下四法。何氏並未拈出，蓋一時失檢。）觀何氏所論大抵屬實。然仍有可斟酌處：黃庭堅〈孔毅父〉「管城子無肉食相，孔方兄有絕交書」一聯，雖係上三下四結構，但「無」、「有」二字本為單字詞，可使全句形成三一三的節奏，而與上四下三結構趨同。試將杜牧「取螢弧登壘」一句改為七言句：「大將取螢弧登壘」，則「螢」無法與「弧」拆開，此句乃形成真正之上三下四結構。

其次，何氏也在註解中論及律詩之聲病細節。如白居易七律：「時難年荒世業空。弟兄羈旅各西東。田園寥落干戈後，骨肉流離道路中。弔影分為千里雁，辭根散作九秋蓬。共看明月應垂淚，一夜鄉心五處同。」何氏註云：

> 五七律詩出句末一字，宜上、去、入三聲間錯，聲調乃響。此篇：「後」、「雁」、「淚」三字均去聲，微犯聲病。[72]

此說甚是。如杜甫〈春望〉之出句末字，三句「淚」為去聲、五句「月」為入聲，七句「短」為上聲，即何氏所云「三聲間錯」。又如杜審言〈和晉陵陸丞早春遊望〉之出句末字，三句「曙」為去聲，五句「鳥」為上聲，七句「調」又為去聲。一上聲將兩去聲隔開，亦錯落有致。復如王安石〈即事〉（「徑暖草如積」）之出句末字，三句「水」為上聲，五句「午」為上聲，七句「說」又為入聲。「水」、「午」同調相鄰，也非所宜。此乃另一種意義之「上尾」，何氏未曾語及，蓋一時疏漏。

再者，何氏在同註中且謂「平頭」、「雁足」亦為律詩小疵：

平頭如杜甫〈螢火〉：「巫山秋夜螢火飛。疏簾〔簾疏〕巧入照人衣。忽驚屋裏琴書冷，復亂簷前〔邊〕星宿稀。卻繞井欄添箇箇，偶經花蕊弄輝輝。滄江白髮愁看爾〔汝〕，來就如今歸未歸。」此「忽驚」、「復亂」、「卻繞」、「偶經」，均在二三聯上下句第一二字，猶草木之齊頭是也。73

71 同前註，頁一一〇至一一一。
72 同前註，頁七五。
73 同前註。

「平頭」本為沈約「八病」之一，然近體詩律發展成熟後，除首句用韻外，一聯兩句之平仄必然相對，「平頭」病自然消失。杜甫此詩首聯第二字之「山」、「疏」皆為平聲，實為「八病」意義上之平頭。然觀首句為「平平仄仄平仄平」，乃一種罕見之單拗。竊疑此句文字本為「秋夜巫山螢火飛」，則其基本句式為「仄仄平平平仄仄平」，前四字方與對句「簾疏巧入」之平仄相對，為七律仄起平收式之標準格式。諸本皆作「巫山秋夜」，若非老杜創作之特殊嘗試，則係其一時失檢，或早期鈔本訛誤耳。然何敬羣此處所論，並非「八病」意義上之平頭。其所謂「草木齊頭」，乃是指此詩頷、頸二聯首二字依次為「忽驚」、「復亂」、「卻繞」、「偶經」皆為偏正結構，前一字為副詞、後一字為動詞。由於頷、頸二聯本須對仗，在句法上也要有所變化，然四句開頭皆為動賓結構，遂致重複可厭。此誠為初學者當知之病。至於「雁足」，亦病在句法重複，然其位置則在句末：

雁足：亦謂之疊足上尾，工部〈秋興〉第五首，仇兆鼇即指其下六句，俱用一虛字，二實字於句尾，如「降王母」、「滿函關」、「開宮扇」、「識聖顏」、「驚歲晚」、「點朝班」。句法相似，未免犯上尾疊足之病。又如祖詠〈望薊門〉：「燕臺一去客心驚。笳鼓喧喧漢將營。萬里寒光生積雪，三邊曙色動危旌。沙場烽火侵胡月，海畔雲山擁薊城。少小雖非投筆吏，論功還欲請長纓。」「生積雪」、「動危旌」、「侵胡月」、

「擁薊城」，均在二三聯上下句五六七字，如雁足之全同也。[74]

換言之，〈秋興〉其五不僅頷、頸二聯，連尾聯的末三字皆為動賓結構，句法一樣而產生單調的機械感。而〈望薊門〉之頷、頸二聯，亦復如是。竊以為歷來詩家以七言句倒數第三字為詩眼所在，往往採用動詞或形容詞。若抽離來看〈秋興〉其五及〈望薊門〉二詩中犯雁足病諸句，倒數第三字皆足以提起全句，然並置一處則繁複無倫，作者真可謂因小而失大。然若要調整，也並非難事。故何氏云：「雁足、平頭，病在板滯。知其為病，避之如反掌矣！」[75]而《益智仁室論詩隨筆》更指出，縱然杜甫詩作也難免平頭及雁足上尾之病，但又強調：「此兩者均由平仄及對字忽於變化，故有此過。能為避去，亦自以不犯為佳。不可以工部詩聖，猶有此格以自文也。」[76]可謂誨人諄諄。

至於屬對，何氏在〈上編〉有專節論及：

74 同前註。
75 同前註。
76 何敬羣：《益智仁室論詩隨筆》，頁七四。

對仗為詩之容色，亦為修辭之功。漢語文一字一型，一字一音，一字一義；其字型即天然而可以雙排並寫，無長短不齊之弊。其字音即天然而可以陰陽清濁，左右相應。其字義即天然而可以鴛鴦鶼鰈，比翼聯鑣。此為中國文字天然而特具之美質。近體律絕，既以齊言，盡其字型整齊之美，平仄盡其和聲之美；而對偶則盡其字義與色彩之美者也。故五七律，中兩聯必對為定式，排律全篇俱對，五七絕雖不必定對，然仍以前兩句，或後兩句對者為常式！即古風亦常須用對句以作波瀾也。[77]

謂對仗為漢語獨有之修辭手法，此固為常論。然何氏指出絕句之中，每每也有一聯屬對，甚至古風亦以對句作波瀾，則是經驗之談。此在《益智仁論詩隨筆》中也有強調。[78] 關於對偶的方法與分類，何氏則簡單扼要地加以介紹：

對仗之道，不外分別單字，或雙辭字義之虛實。虛字與虛字，實字與實字對，再精之，則半虛實字可與實字對，亦可與虛字對是也。[79]

此外，何氏列出一表，以供學者參考。他指出實字包括名詞、代名詞，半虛實字包括形容詞、動詞及歎詞，虛字包括副詞、介詞。三類字除了自相對外，半虛實字也可分別與實字、虛字相對。此說固然。茲以「通」字為例：如李商隱〈昭肅皇帝挽歌辭三首〉其二「門咽通神鼓，樓凝警夜鐘」，「通」與「警」相對，為動詞，即何氏所謂半虛實字。又李氏〈無題〉「身無彩鳳雙飛翼，心有靈犀一點通」，「通」與「翼」相對。「通」仍為半虛實字，「翼」則是以實字與半虛實字而為對。再以「有」字為例：如杜甫〈賓至〉「豈有文章驚海內，漫勞車馬駐江干」，「有」與「勞」相對，為動詞，即半虛實字。又杜甫〈臘日〉「侵陵雪色還萱草，漏洩春光有柳條」，「有」與「還」相對。「還」為虛字，「有」則是以半虛實字而與虛字為對。除此以外，竊以為實字中的代名詞，往往還可與虛字相對。如以「誰」字為例，李商隱〈哭逐州蕭侍郎二十四韻〉「多士還魚貫，云誰正駿奔」，「誰」與「士」相對，作實字用。又李商隱〈無題〉「風波不信菱枝弱，月露誰教桂葉香」，「誰」與「不」相對，「不」為虛字中之副詞，而「誰」雖為實字中之代名詞，卻也有副詞化的傾向。此何氏未有言及者。該節又論道：

對有言對、事對、正對、反對、當句對、流水對、疊字疊句對。對句可用故事，而

77　何敬羣：《詩學纂要》，頁十。

78　見何敬羣：《益智仁室論詩隨筆》，頁四三至四六。

79　何敬羣：《詩學纂要》，頁十一。

以白描為佳，故事則忌用僻典。凡此：皆為修詞造句之技巧，既明對法，即須多作而熟，熟自能生巧也。[80]

此處所舉前四對，皆出於《文心雕龍．麗辭》：「凡有四對：言對為易，事對為難；反對為優，正對為劣。」[81]言對用語典，事對用事典，何氏強調白描，不用僻典，正是對劉勰之論的繼承。一如今人劉少雄所論：「四種對偶句法，實可分為言對與事對兩類，這是就其有無運用典故來加以區分的，二者均有正對與反對之別。」[82]所謂正對，一如劉氏所言，「指『雙舉同物以明一義』的對句，這樣的相互映襯以顯露詩意，會更明白逕切。[83]意思相近、內容相關，乃易達到相輔相成效果的對偶，如「天」「地」、「日」「月」乃至「蟬噪林愈靜，鳥鳴山更幽」、「春蠶到死絲方盡，蠟炬成灰淚始乾」等等皆是。而「反對」原本則謂上下句表達之意相反或相對，然多指同一事物的兩個方面，如「梅須遜雪三分白，雪須輸梅一段香」之類。由於「正對」以兩句寫一事，可能失之重複、冗贅。至於「反對」，劉氏謂其「指『並列異類以見一理』的對仗，它的特點是利用事物的反襯關係，以達相反相成的效果，增加詩意的曲折，而有更豐富的意味。」[84]復次，兩句各寫一事，不僅措辭經濟，而且能產生對比。故劉勰認為反對優而正對劣。可惜如各種對法，何氏書中大概限於篇幅，並未舉例。倒是〈中編〉論「平頭」、「雁足」諸病時，兼及「合掌」：

合掌：如「桃紅」與「柳綠」對，「明月」與「清風」對，一語分為二是也。〔……〕

合掌病在平庸油滑。[85]

真正的「合掌」，是兩句的意思完全相同、重複，如「宣尼悲獲麟，西狩涕孔丘」、「馬上逢寒食，途中屬暮春」等。有趣的是，何氏所言「桃紅」「柳綠」、「明月」「清風」，實乃「正對」。何氏謂「合掌」為「一語分為二」，顯然認為「正對」修辭法有所不足。一如徐復觀所言，唐人律詩中的頷頸二聯：「如一聯寫景，一聯抒情，性質不同，而分量相稱。一聯的上下句也是如此；若同為寫景，則上句為一景，下句另為一景；若同為抒情，則上句之情與下句之情，也多各有所指，而分量又相稱。在這種對稱之美裏面，中間四句，每句都有某種程度的自足性。」「宋人律句中的中四句，雖然保持著對稱的形式，但在內容上則常有（決非都是如此）由一個

80 同前註。

81 【梁】劉勰著、范文瀾注：《文心雕龍注》（北京：人民文學出版社，一九七八年），頁五八九。

82 劉少雄：〈唐人屬對考述〉，《臺大中文學報》第十一期（一九九九年五月），頁二。

83 同前註。

84 同前註。

85 何敬羣：《詩學纂要》，頁七五。

意思貫穿下來的，由上句而有下句，由上聯而有下聯，各句並沒有自足的意味。」[86]如此看來，唐詩頷頸聯多近「正對」，而宋詩頷頸聯則有單行之氣，大抵由「反對」發展而來。以其單行，故宋詩此四句承載的內容多出唐詩不少，而意象、情緒之變化，也更為多端。回觀「正對」，由於要求上下句互相補充，稍不注意就可能導致語意重複。既然「正對」的確是「合掌」最容易出現的場合，何氏幾乎將「正對」與「合掌」等同，也無可厚非。如此論述也許過於絕對，但對於初學者卻是一種警醒，讓他們知道「正對」以外，對偶或對仗猶有極大的空間可任創作者自由發揮。

五、餘論

整體而言，何敬羣《詩學纂要》的編纂以《唐詩三百首》、《唐宋詩舉要》、《千家詩》等為參考，復以本人《益智仁論詩隨筆》為基礎，全書篇幅不鉅，而內容翔實、選取得當、論述深入淺出，確如著者所言，「雖若近於速成，而不無利於初階」。尤其因著者本身為知名詩人，故能將一己創作心得於課詩之際分享，並呈現於此書之中。即從細處而論，如其以五七古多用拗句而別於近體為合，仄韻詩不待使用拗句而音節自然清勁，乃至將「合掌」幾乎等同於「正對」，如是等等，皆可謂別具慧眼。然而，大概由於付梓倉促，某些內容尚待補充而未及。如談拗句時僅論拗而不論救，收錄韋應物〈滁州西澗〉而未點出其「折腰體」七絕（首尾聯失黏）之性質，談律詩三五七句末字而未及「上尾」問題，乃至論對仗時甚少舉例，也未點出實字、虛字可以屬對，這些細節若能進一步深入討論，當能令全書內容更為完整。復如何氏堅持絕句乃截取律詩而成，七律要到盛唐方才成熟，如此觀點在今日看來似有過時之感。但這些皆可謂大醇小疵，無可厚非。

此外值得注意的是，全書所錄詩作，文字往往與傳世版本有差異，其異文亦未必見於載籍。撇除手民之誤的因素，筆者以為何氏博覽群書，早年便已背誦大量詩文作品。然年久日深，某些文字殆於記憶中產生訛誤而不察。而其編纂教材、抄錄作品文字時多憑記憶，而未及檢核原書，異文遂於焉而生。這些異文的產生，竊以為可能有幾種原因。其一，同義詞或近義詞替換，如韓愈〈晚次宣溪〉「鷓鴣休傍耳邊啼」，[87]「傍」訛為「向」，不但由於兩字近義，大概也因何氏受到唐代無名氏〈雜詩〉「杜鵑休向耳邊啼」一句影響。其二，受熟語影響，如王安石〈書湖陰先生壁〉「花木成畦手自栽」，「畦」訛為「陰」，[88]蓋「成陰」一語更為常見。

86 徐復觀：〈宋詩特徵試論〉，載氏著《中國文學論集續編》（北京：九州出版社，二〇一四年），頁五三。
87 何敬羣：《詩學纂要》，頁七〇。
88 同前註，頁九九。

其三，避熟語。如歐陽修〈答聖俞白鸚鵡雜言〉「嗟爾身微羽毛弱」，「羽毛」訛為「毛羽」，[89] 蓋何氏以「羽毛」為熟語，不當用於詩中耳。其四，受題字影響。如陳師道〈和寇十一晚登白門〉「重樓傑觀屹相望」，「樓」訛為「門」，[90] 當從題字而訛。其五，避題字。如白居易〈折臂翁〉「新豐老翁八十八」，「翁」訛為「人」，[91] 當係避題字而訛。其六，音訛。如高適〈贈別王七十管記〉「獨臥虛齋思無已」，「虛」訛為「西」，[92] 蓋二字讀音相近。其七，避撞聲。如黃庭堅詩「渠非晁張雙」一句，「晁張」訛為「張晁」，[93] 蓋何氏以「張」、「雙」屬同一寬韻，宜以「晁」字隔開。其八，受當句對影響。如楊萬里〈過揚子江〉「天開雲霧東南碧，日射波濤上下紅」，「南」訛為「西」，[94] 蓋對句「上下」為反義之蜆殼詞，故何氏同樣以反義蜆殼詞之「東西」為對。整體而言，這些異文的頻次，以晚唐及兩宋詩為多，而在初盛唐詩中出現較少。蓋盛唐詩作為經典，歷來反覆誦讀，故文字訛誤也不多。此外，這些異文的產生，固然是何氏未曾細檢之故，但其中某些例子未嘗不折射出其身為詩人、下意識間對前代作品的內容有所修訂的情形。吾人知道，前代作品多半透過長期的流傳，而凝定成今日所見的面貌。[95] 何氏此書中的異文，似乎具體而微地顯示了古代詩歌文本仍在向更「合理」的形式演進——即使此時已是出版業發達已久的世代。

一九七一年時，何敬羣應珠海創作社之邀，為社刊題發刊詞，遂作五言古詩一首。這首〈珠海創作社發刊題詞〉的創作視《詩學纂要》之初版僅早三年，何氏詩學思想理應變化不大。

其詩曰：

作文當如何，創作是其竅。言必出諸己，說必得其要。諸君皆英俊，踴躍厲且蹈。
已能著先鞭，必能知其奧，惟茲事體大，有路分仁暴。經緯本萬端，何以盡其妙。
謂我識途馬，宜作知津告。且書寸所長，聊為助談笑。文章忌因襲，所貴能出新。
出新非詭異，要在美善真。美則遠鄙倍，善則存性情。真則無誕妄，總在立其誠。
三者能不失，然後蔚成軍。文章忌無用，所貴在經世。經世非叫囂，要在能利濟。
或冶性陶情，或深慮遠計。毋隨潮流靡，明辨涇與渭。要作潮流導，導之無決潰。
惟能依於仁，然後可游藝。游藝夫如何？非幻非譸張。要在瀹智仁，要在裁狷狂。

89　同前註，頁九三。
90　同前註，頁一一六。
91　同前註，頁七三。
92　同前註，頁四〇。
93　同前註，頁一一〇。
94　同前註，頁一二一。
95　可參葉曄：〈明代：古典文學的文本凝定及其意義〉，《中國社會科學》二〇二〇年第二期，頁一五七至一七八。

毋為消閒文，令人意志荒。毋譁眾取寵，毋為虎作倀。須從人生中，作指路之光。須從溫故中，得知新之力。不與流俗合，不茹柔吐剛。世譽所不屑，卓為砥柱當。是乃為創作，斐然庶成章。[96]

若謂《詩學纂要》的主旨側重於詩歌之體（如淵源、體制及律法、聲調等技巧），則這首五古更側重於文學之用，所論更為宏觀。吾人可從此詩中歸納兩大端，其一係文貴出新，其二乃文貴經世。其論誠可與《詩學纂要》之內容相互參照明。早在齊梁之際，蕭子顯便提出「若無新變，不能代雄」，但對「發唱驚挺，操調險急，雕藻淫豔，傾炫心魂」的新風卻頗有微詞。[97]何敬羣一樣支持新變，《詩學纂要》少選初唐詩，對北宋初詩、南宋末詩更幾乎不選，正是因為他認為這幾個時代的作品或尚未發展出自身的風格，或不足為初學者取法。此外，何氏排斥「詭異」之風，而本於《易傳》「修辭立其誠」之說，以為作者應當秉持誠正的思想，透過言辭來表現自己的美好品德，以有益於社會。在此基礎上，他提出：「美則遠鄙倍，善則存性情，真則無誕妄。」若就詩歌而言，其美感能予廣大讀者以精神之愉悅，年輕學子也能藉以培養審美品味。聞一多在一九二六年發表〈詩的格律〉一文，拈出「三美」——亦即音樂美、繪畫美、建築美的觀念。這雖是就論新詩，然放諸舊詩亦準。何敬羣長年致力於舊詩之創作與教學，其對體制、聲調辨析毫釐，正是基於對詩之形式美的追求。進而言之，一如韋政通《中國文化概論・藝術》所言，中國傳統藝術精神的主要特徵之一乃是「美即象徵善」，何敬羣論詩顯然也繼承了這種精神。換言之，他認為形式美必須有與之配套的內容美、精神美，而內容與精神之美，則有賴於作者得性情之正。唯有眾美相合、美善相通的詩歌，才算得上佳作。結合《詩學纂要》而觀之，其選詩以唐詩為宗、以宋詩為輔，而相信漢魏六朝詩未足成為初學者模擬的首要對象，正是本於美善相通的原則，看重作者的性情。而書中對於拗句、拗體等課題並不在上編詳談，僅於中、下編隨文略作申發，則是期待學子在打基本功時以不影響詩歌格律為宗旨，吾人由此可見他所認知的近體詩之形式美，在於音調和諧，而非詰屈突兀。這顯然與內容、精神之美是相呼應的。至於「真則無誕妄」，乃是對藝術真實之強調，無庸置疑，這與「經世」一端也存在著緊密聯繫。

至於何敬羣所謂「經世」的內涵，主要在於「利濟」。「利濟」一語乃是指救濟、施恩，可參五代齊己〈送譚三藏入京〉詩：「阿闍梨與佛身同，灌頂難施利濟功。」而所謂救濟，也有著自救救人、自利利他的層面。「治性陶情」便是自救自利的「內聖」，「深慮遠計」則是救人利他的「外王」。從逆向角度來說，前者是「毋譁眾取寵」，後者是「毋為虎作倀」。「治性陶

96　何敬羣：《遯翁詩詞曲集》（香港：志文出版社，一九八三年）《益智仁室詩集》，頁五二至五四。
97　【梁】蕭子顯：《南齊書》（北京：中華書局，一九九七年），頁九〇七。

情」的關鍵在於「依仁游藝」，「依仁」就是培養自身仁民愛物之心，「游藝」作為「依仁」的助力，在於調劑生活、增長智慧、剪裁不合中道的狂簡習氣，兩者相輔相成。「譸張」為欺詐、誑騙之義，出自《尚書・無逸》：「民無或胥譸張為幻，此厥不聽，人乃訓之。」何氏後文所謂「消閒文」，正與「譸張為幻」相扣，乃是指充斥著妄念綺思的無根之談。這種寫作方式固或可解一時之悶，卻令人沉溺耽迷於顛倒夢想之中，意志消磨而不能自拔。正因如此，何氏才會揭櫫「真則無誕妄」之理。藝術真實取材自生活而高於生活，能令讀者產生共鳴與反思，並轉化為進步之動力，不媚流俗，不畏強禦。在這個意義上，好的作品當然可視為「指路之光」了。即便世風急功近利、人情好逸惡勞、文風炫奇爭勝，好的作者面對「世譽不屑」之際也應該「毋隨潮流靡」、「不與流俗合」、「要作潮流導，導之無決潰」，嘗試將世道人心撥亂反正，挽狂瀾於既倒。若緊扣《詩學纂要》之論，何敬羣謂杜甫「不故為豪語而健，不乞靈羅綺而麗，不事雕琢而巧，不矜奇詭而新」，正符合他對好詩人、好作品的標準。他又論李商隱：「義山博學強記，辭采富贍，所為駢文，冠絕當代。其詩出少陵，沉鬱清壯，而以美人香草出之，外極穠麗，內實蘊藉。溫庭筠韋莊等人，以綺羅香澤和應之，義山遂被目為香奩之祖矣。」98 此論固對李商隱有所迴護，但在何氏看來，正因李商隱詩有「美人香草」之寄興，故不失之輕艷，而能成為杜詩之傳承者。

何敬羣這首〈珠海創作社發刊題詞〉乃是統論創作，無分體裁新舊。但就其個人的創作與趣而言，卻始終偏向於舊體詩文，這當然關乎其個人成長背景、學術興趣與文學好尚。然而，中國古典詩發展至清末民初，幾乎已窮盡變態；加上五四白話文運動的影響，舊體詩之創作在中國文學場域自然日益邊緣化，甚至長期無法納入現代文學史。這種體裁之創作早已從清末蒙童必修轉變為大學中文系學生的課程。兼擅舊體詩創作與欣賞者為數口少，這些中文系學子縱使透過訓練後諳熟舊體詩之創作，其創作固能「不與流俗合」，但是否能「作潮流導」卻頗令人懷疑了。因此，創作舊體詩之技能，往往更多地應用於對前代詩歌作品之欣賞與研討，其小眾化可謂不言而喻。自《詩學纂要》初版至今已達近半世紀之久，儘管社會風氣、學生之文化基礎與文學喜好，視半世紀前大有不同，但香港幾所大專院校的中文系仍能勉力維持將「詩選及習作」設為必修科目。不僅如此，自一九九〇年代開始，在以何文匯教授為首之學界先進與社會賢達的推動下，香港新市鎮文化協會及公共圖書館籌辦全港詩詞創作比賽，至今不輟。又如浸會大學中文系鄺健行教授帶領一眾學生成立古典詩社璞社，成員包括浸大及香港各大專院校的師生，定期聚會。中文大學中文系也有詩社未圓社。這些舉措令年輕一代學子對舊體詩創作更具興趣。兼以近年網路交流發達，香港舊體詩人與世界各地同好多有互動，本地的整體

98　何敬羣：《詩學纂要》，頁三一一。

創作風氣更得到進一步的推廣。回首何敬羣毅然在高步瀛《唐宋詩舉要》之外另行撰著《詩學纂要》，其內容雖因成書倉促而偶有瑕疵，卻深入淺出，頗能配合香港學生之程度、習慣與愛好。且當年在香港高校負責詩選課之老輩學者中仍有自編教材流傳至今者，《詩學纂要》可謂首屈一指，其篳路藍縷之功，誠不可沒也。

丙編

生平憶述記

清江藥材行業在廣州之發展

何敬羣

《臨江府志》云：「清江地瘠而窄，胼胝不能給，多持空囊而走四方。然樸質儉苦，時有幽思，故秀雋之士，往往出其間。地當舟車四會之衝，山峻水清，逐末者多。」《府志》此記，尚為得要，惟謂地瘠則不然！謂走四方逐末而未指出為逐何末，則太疏略！清江非瘠土，但地域窄、人口多、資源少，營生不易，則惟以亦工亦商之製藥貨藥，持空囊而奔走四方以糊口饘家耳！故其子弟，成童即祓被出鄉邑，傭於藥肆為學徒；其能知儉苦者，十數年間，積得數十金，即可賃店鋪，置藥櫃，向同鄉藥材批發行，賒取百數十金之生藥，自行開業，一二十年，即可望成為小康。其善居積者，亦往往進而為批發行，成藥店巨賈，蓋自南宋以來即如此。經數百年之發展，不徒江西全省各縣市之藥肆，均為樟樹人，即東至閩之長汀、邵武，浙之金華，北至皖南徽廬、六安，西至鄂之襄、樊、荊、宜乃至湘、黔，南至廣西全、桂、廣東南雄、曲江，莫不有清江人所設藥肆。尤以湖南全省州縣，以及墟市，其藥肆均為樟樹人，故湖南有無樟不成市之諺語（湖南習稱藥材店之清江人為樟樹人）。因之長江流域樟樹鎮、漢口鎮、湘潭三大藥材集中市場，即均操予樟樹人之手，而分設辦莊於各商埠及藥材產地，諸如廣州、香港、重慶、岷州、萬縣、大寧、漢中，以及貴州之思縣，河南之禹州，河北之祁州，東北之營口，東南之寧波等地。故樟樹不產藥材，（僅有梔子、枳殼、山芩出產）而能採辦各地產品，以供內銷，亦為出口外銷之營運，能執販運藥材之牛耳也！此辦莊之盛，與辦莊之設，亦以廣州、香港為著，茲故專述清江藥材行業與廣州。

廣州盛產陳皮、茯皮、藿香、山柰粉、葛根、肉桂、桂皮、桂子、石斛、銀朱、鉛粉及東北麋茸、鹿茸、石柱蔘、吉林蔘（均在廣州加工）。海參崴之麋茸、鹿茸，謂之廣藥。南洋、印度洋之砂仁、豆蔻、仁木香、馬前子、乳香、沒藥、公母丁香、天竺磺、胡椒、肉豆蔻、硼砂、檳榔、犀角、牛黃、冰片、艾片、燕窩，及美加所產之西洋蔘（又名花旗蔘、粉光銀），謂之洋藥。鴉片戰爭前，此等洋廣藥之北銷者，多集蘇申。戰後，廣州開放，洋藥集中香港，運入廣州，於是清江人在南雄藥肆，均擴充為內銷批發藥行，派員駐廣州設莊，於是湘贛水幫客，均走南雄買洋廣藥。至咸豐同治間，遂紛紛在樟樹鎮設專門批發洋廣藥材店，多至七八家，謂之廣浙藥材號。店派專員住廣州，於辦廣藥外，兼至香港辦洋藥，由海運至九江，轉至樟樹，較逾大庾（餘）嶺為便捷。故樟樹辦莊業務，轉盛於南雄各辦莊，湘漢藥材行號，亦均派員至廣州至香港，兼營川陝渝漢出口藥材，及朱砂、水銀、雄黃出口貿易，至光緒間，亦不下十餘家。惟此籌辦莊，均為母店派出之店員，每莊一人，至多三人。至光、宣時，不下二十家。及粵漢路廣韶一段通車，江西水客（多永興人），復湧至廣州，採辦蔘茸燕桂等貨品，而各辦莊業務漸衰，加以西藥興起，其母店亦多萎縮。至抗日之戰前夕，仍在港粵設辦莊者，漢口為德記、茂記兩家，湘、長為信義成、長慎、廣利恒三家，常德為洪興利、義昌祥兩家，郴州為楊廣豐一家，樟樹為義新美、義昌合、甡記、信義生四家，南昌為慶仁棧一家，贛州為協記一家，南雄為同興義、保安泰兩家，共十五家。實則信義成、洪興利為朱積旺君兼辦，長慎、義新美、義昌合、義昌祥為袁幹丞君兼辦，信義生、慶仁棧為傅炳揚君兼辦，甡記、協記、廣利恒為吾兄清泉兼辦，實只辦莊九家而已！既而廣州、香港相繼淪陷，湘長樟贛，亦被日寇蹂躪，其母店解體，其子店之廣州辦莊，亦無所附麗而銷散，清江藥材行業與廣州，遂成歷史之陳跡矣。

今按廣州香港，為洋廣藥供應之中心，亦為國產藥材出口至東洋日、韓、美、加，南洋越、泰、新、印尼、斐島之要地。尤以膏丹丸散，藥酒藥油之成藥，蜚聲海內外。以前辦莊，均不及顧此，實為短見。解放後，藥材均國營，藥材交流，日以發展。三十年之間，樟樹已晉為藥都、酒都，重視廣藥、洋藥、國產藥出入口之貿易，必能注重成藥之貿易。其業務之日以發皇，其藥工藥肆，進至港粵，擴張市場，亦自在意中矣。

——原載中國人民政治協商會議清江縣委員會文史資料研究委員會編：《清江文史資料》第二輯，頁三十九至四十一。

光我新亞宏智仁 —— 何歷耕醫師談先父何敬羣教授

中文大學新亞書院為慶祝七十五周年校慶，計劃將先賢何敬羣教授遺著《益智仁室論詩隨筆》及《詩學纂要》二書整理重刊，額曰《益智仁室詩說》。承蒙敬羣教授次公子歷耕醫師慨然授權，無任感激。為保存珍貴史料，吾儕有幸邀得歷耕醫師一聚，暢談令尊之生平事蹟，茲整理成文，以饗讀者。當日訪談者包括陳煒舜教授（本書主編），李思慧女士（《新亞生活》執行編輯），龍受證君（中大中文系哲學碩士）及林樂軒君（同系文學碩士生、香港政府研究資助局計劃「古典詩、本地史與文化認同：一九九〇年代以來香港詩詞創作比賽研究」研究助理）。文字整理則由受證、樂軒二位負責，並由煒舜教授過目、歷耕醫師確認。本文主標題，乃何敬羣教授七古〈新亞校刊一九六十年畢業特刊索題賦此以勗〉之詩句。

訪談日期：二〇二四年十月五日下午三至五時

訪談地點：香港島大坑銅鑼灣道中華遊樂會西餐廳

整理者：龍受證、林樂軒

何敬羣教授（何歷耕醫師提供）

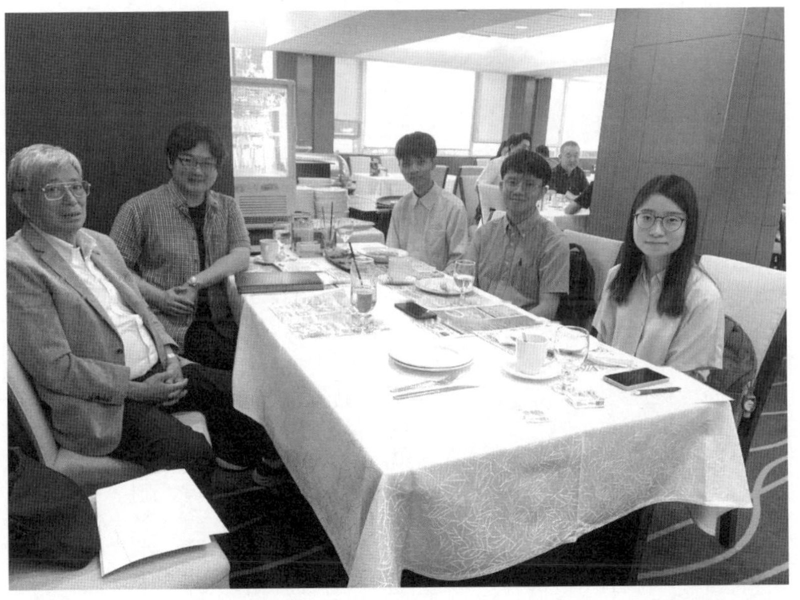

訪談合影。左起：何歷耕醫師、陳煒舜教授、林樂軒先生、龍受證先生、李思慧女士（李思慧女士提供）

問：何醫師午安，非常感謝您接受我們的訪談邀請，並費心安排見面場地。請問可以簡介一下何教授的家世背景嗎？

答：我們家世代定居在江西樟樹鎮的小橋村，根據族譜，可以追溯到五百年前。樟樹鎮是全國四大中藥集散地之一，這裏的人若非務農為生，很多都從事中藥業。我的祖父很早就過世了，到了先父那一代，家裏十分困乏。父親只上過幾年小學，那時候的教育資源非常有限，沒能上私塾，祖母、舅公則教他四書五經之類。父親小學畢業之際，他的兄長清泉先生就去了城裏一間中藥店學師，學習中藥。清泉先生比先父大很多。他知道我父親對國學深感興趣，便忠告他：當時已經沒有科舉制度了，接受再多傳統教育也未必能做官，在那個世代可能要面對貧窮。他勸先父不如跟他一起去學習做生意。於是父親就輟學，隨兄長去城中當了中藥鋪的學徒。

問：何教授有好幾個名字為人所知，可否介紹一下？

答：先父本名鑑琮，字義修，敬羣是他的號，而非本名。他覺得自己從商學徒、投身貨殖，像子貢一樣沒有遵從孔子傳道的教誨，於是把居所題為「天遯之室」，更戲作了一篇〈天遯室題壁〉。大陸期間，他在不同城市有好幾個書齋，其中最著名的是益智仁室。益智是一種薑科植物，果仁可以入藥，這不但切合先父「藥室主人」的身份，仁、智的增益也符合儒家的追求。因此來到香港後，仍把書齋稱為益智仁室。此外，大概益智仁的體積很小，所以還有居所狹窄的寓意。不僅如此，他在香港刊登的不少作品都署名為遯翁或益智仁室，所以這兩個別號最為人知。

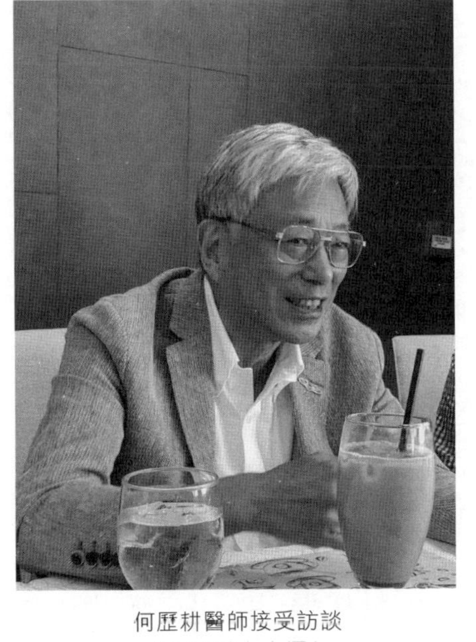

何歷耕醫師接受訪談
（李思慧女士攝）

問：我們在網上發現一條很有趣的資料：大概清朝後期，福建永泰也有一位何敬羣，生於一八二一年，卒於一九〇四年。巧合的是，他是一名監生，因體弱多病而自學成為中醫，還有醫學著作傳世。不知道何教授以「敬羣」為號，是否呼應了這位歷史人物呢。那麼，何教授來香港以前的工作情況如何？

答：有趣，怎會這麼奇怪？清泉先生學成出身，便自己經營一家協記藥行，讓先父幫忙。兩兄弟合作發展，生意越來越大，不僅在樟樹鎮有許多分店，還遍佈全國。我聽說最輝煌時，不但南京、湖北、湖南、四川、浙江、福建等地，連最北方的遼寧營口，都有他們的分店。他們在廣州和香港也有業務，所以經常需要外出。清泉先生去世以後，父親接管了所有業務。清泉先生留下的幾個孩子，分別派遣各地坐鎮，因此維持了家族企業的本質，沒有分家。父親則常去各地巡視業務，一九四九年以前便時時來到廣州、香港，但始終未學會廣東話。

日本侵華時，先父四處逃難，日軍打到哪裏，他就從那哪裏逃離。但家族生意那時卻並未結束，還有些員工駐留分店，維持經營。隨著國共內戰的爆發，經商變得困難重重，生意受到了很大的影響，很多分店無法繼續運營，資本家甚至面臨危險。於是在一九四九年，先父舉家來到香港。那時國內的生意並未結束，先父本來以為這不過如同以前逃難的經歷一樣，只是幾個月的事，所以沒有攜帶資金。豈知國內易幟，業務、資金便再也無法調動。

問：何教授是直接以江西話來讀書嗎？

答：用江西話讀書，比用國語還要好。我自己還會講江西話。江西話其實跟客家話很接近，用來讀唐詩是一流的。國語卻已沒有入聲了。

問：何教授曾在《益智仁室論詩隨筆》中提到，自己與姪子許耕同年，兩人兒時一起學唐詩，許耕就是清泉先生之子嗎？這樣看來，清泉先生應比何教授年長很多。

答：對，許耕是我大伯的長子，不過這位堂兄很早便去世了，我未曾見過。我在家族平輩中排行第七，上面有四位堂兄，都在全國各地從事藥材生意，我只見過二哥、三哥。他們在一九四九年一度來港，稍後都回到內地。他們之中沒有人從事文學，都是做藥材的。後人都在內地生活，可惜現在失去聯絡了。

問：何教授在一九八〇年時寫過一首詩，悼念在內地的姪兒莘耕。標題附記寫道，莘耕當時去世已經十年，其子方才將遺照寄到何教授手中。詩作前兩句云：「長爾三年似弟兄，事予猶父愴平生。」可見莘耕也是清泉先生較為年長的子嗣。他只比何教授小三歲，卻視之如父。何家對子弟有沒有特別的教誨？

答：說起家族的祖訓，我已不太清楚。只記得家風比較傳統。逢年過節，家裏都會拜祭祖先。記憶中，但凡我的大伯娘——亦即父親的大嫂坐着時，父親雖為一家之主，也一樣要站着，不會同坐。大伯娘不在，輪到父親坐着，莘耕等堂兄也都是兩手垂下站立一旁，不敢坐下的。那時我大概七、八歲左右。

問：我們從何教授《老子義繹》的附記中得悉，他在大陸時期一邊從事藥業，一邊博覽群書，閒時且參加詩社文會，甚至已經開始著述，內容遍及四部和佛教，還打算寫一部《藥雅》，只是文稿都遺落在大陸了。我們近來找到何教授一篇佚文，題為〈清江藥材行業在廣州之發展〉，稍後也會收在新書的附錄中。

答：非常感謝！先父年輕時雖然從事藥業，但酷愛讀書，一有餘錢便買書，所以才會在各地有好幾個書齋。這也為他日後從事教育埋下了伏筆。

問：何教授於一九五七年開始執掌教鞭後，桃李滿門，是否仍能兼顧原本的藥材業？他在藥材業的工作主要包括哪些？

答：一九四九年後，留在內地的企業先是改為公私合營的模式，加入的人員最初不諳業務，所以要我的堂兄們協助經營。後來企業直接轉為國營，堂兄們倒變成了員工，日後甚至失去職權，舊日的生意可說是全盤皆失。我們家剛到香港時，手中還有一點中藥生意，但隨著時間推移，便完全結束了。

我們這些當兒女的，不清楚先父在學術界原來也有影響力。我只知道他在藥行是大名鼎鼎，很有地位。有些人甚至對我說：「你不知道你父親大名號稱『江西藥王』嗎？」（眾笑）他經常出入「南北行」，幾乎無人不知先父大名，大家都很尊敬他，稱呼他為「何公」。先父最喜歡在新年期間帶我們去港島，逐一向藥行同仁拜年。這些藥行不是門市，而是做批發的。店內很幽深，放滿一袋又一袋盛藥的痲包。我因為能「逗利是」，當然非常樂於隨行。

問：居港時期，何教授曾住過哪些地方？

答：先父一開始只打算在香港暫住，所以他沒有帶資金來。我們最初來到大埔舊墟，是租住在農田間的村屋。當時我的堂兄們也攜眷到此，何氏家族多達近二十人。我記得開飯時有一盤蒸水蛋，劏開四份，幾個小孩便分來吃。當時的這種生活，我的印象非常深刻。住了大半年後，經濟狀況無法支撐，堂兄及家眷們於是回到大陸，何氏家族便剩下先父這一支的兄長和我兩人留在香港。我們搬到大埔墟的禁山臺，又名錦山臺，在那裏住了很長一段時間。

問：難怪何教授當時有「家寄客邊同繫艇，地無谷口可躬耕」的詩句！

答：父親在一九四九年以前來港時，是在文咸東、西街的南北行做生意。他在那裏認識很多人。其中一位大老闆是他的好友。這位老闆在那裏有一整棟樓，其中一層好像租了給中藥商會。到了一九五〇年代，那裏的兩個房間，一間是商會秘書辨公，另一間便讓先父居住。那個房間很小，就容得下一張書桌、一張床。老闆是父親數十年的朋友，很念交情，免費提供食宿。不過也總難免有點「寄人籬下」之感。先父最初還有一點生意，後來就都沒有了。

我們在大埔住的住處，有一個小小的「客廳」——所謂客廳其實就是一條走廊。那間大屋分為樓上、樓下，就像現在的「劏房」、「板間房」，有一道樓梯穿過我們的客廳。住客出

何教授在錦山臺住宅與家人合影
（何歷耕醫師提供）

入時，我們的生活狀況便一覽無遺。當時大家的生活都是這樣。在這所謂的「客廳」，先父總貼上對聯，每隔幾年換一對，比如「博我以文，約我以禮」等。門口則每年換上先父自己寫的揮春。整條村子就我們這裏有些文化氣息，畢竟那裏大多是鄉下人。

問：禁山臺可以步行上去嗎？

答：禁山臺位於林村河河邊，在火車站旁邊。我們家去火車站，半分鐘而已。見到粉嶺的火車從山坳轉過來，我們才出門。

問：新亞書院當時位於土瓜灣農圃道。何教授當年要從香港島到土瓜灣上課，也有一段距離呢。

答：是啊，回大埔就更麻煩了。那時的列車班次遠沒現在的頻密，每六十到九十分鐘左右才有一班，而且車程也近四十五分鐘，並不像現在半小時便抵達。何況末班車好像是晚上十時多，父親教完夜校，是沒有辦法趕回大埔的。直到一九七一、一九七二年左右，美孚新邨落成，先父不久便入夥，搬離大埔了。父母在大埔前後住了二十多年。

問：讀何教授的詩作，有不少是在前往大埔的列車上吟成的。有一首甚至提及自己在車上讀《史記》，由於太過入神，以致大埔停站時未有覺察，一直坐到粉嶺去了。足見他能在煩囂的世界中保持心中詩意的淨土。那麼，何醫師的幼年又是在哪裏度過的呢？

答：我自己小時候住在贛州，記得何家在那裏有兩間店舖。先父在時，談到那時的生意額和規模都相當大，我猜應非誇張之詞。舉個例子：那時贛州的一間分店養了一隻梅花鹿。試想一下，賣鹿茸的店子，竟有一隻活生生的梅花鹿！那真是生招牌了。在這種小城市裏能有這樣的條件，已經很了不起了。我對那隻梅花鹿的印象很深，牠頭上有一對角，非常高大，總是在店子的正門口散步。抗戰時期，我隨先父移居各處，印象中還在桂林住過。勝利後就在廣州停留了兩三年，再後來便移居香港了。我初到香港時剛上小學一年級。

我和大哥隨母親住在大埔，而父親就多半住在藥行那邊的小房間裏。因為他教夜校，不可能每日往返，一個星期大概只回家兩天，我記得是周三和周末。他便是這時認識了王貫之（一九〇九—一九七一）、黃華表（一八九七—一九七七）、饒宗頤（一九一七—二零一八）等學者，還參加了好幾個詩社。詩社大多是晚上聚會，所以他回大埔的次數有限，父子較少見面。但每逢見面，我都有點害怕，因為他會問功課。（眾笑）

問：何教授有〈斗室〉詩四首，寫的應該就是藥行的這個小房間。他在小序中說：「見者訝其湫隘，而余視作天堂。」詩中又說自己「七日四城居，來往成常課」，也就是每個星期內都要前往港九新界的四個市鎮工作。由此可見他的辛勞和隨遇而安的態度。何教授是個嚴肅的人嗎？讀他的詩詞如〈拔齒〉、〈踏莎行・再詠風姨〉等，也會發現幽默的一面。

答：在我記憶中，小學高年級時，先父每次回家要我做的事就是背唐詩、《左傳》。唐詩還容易唸，《左傳》卻比較困難。另外，父親很喜歡講故事給我們聽，如《春秋左傳》的故事等等。他很有興趣講，就像授課一樣。其他時候，他多半會在房間寫詩、著書，我較少見到他。像是尋常父子到球場打球等活動，我家就肯定是沒有了。父親頂多是帶我去旅行，和他的詩友交遊。當時我大約十一二歲，常被順道帶去。能「遊車河」，我當然開心。升上中學後，自然便不再隨他去了。不過直到中學一年級，先父還逼我練字。我大哥就不用他逼迫了：他比我大六歲，傳承了父親的國學修養，中學時代已經能作詩，而且還寫得一手好字。曾經有廟宇把他的書法裝裱起來。

問：何教授在一九五〇年代出版《念佛方便法門》一書，封面正是您兄長健耕先生的題字。記得何教授的詩集中，有一首的標題是這樣的：「與內子寬素攜健、歷二兒長洲覓宅，望伶仃洋。健兒詩先成，即用其韻。」

答：我大哥在培正讀中學，當年會考榮獲全港第一名。我可是活在他的陰影之下。（眾笑）父親對他當然有很高的期望。但你們知道一九五〇年代，發生甚麼事嗎？一九五七年，楊振寧（一九二二——　）和李政道（一九二六——二〇二四）取得諾貝爾獎，導致所有高材生都想讀物理，沒有人要讀古文。我大哥執意去美國留學，先父於是辛苦為他儲蓄旅費。父親也在詩中提及，自己因長子未能克紹箕裘而感到失望。次子又不通詩文，沒出息——我中學是唸英文學校，更加不會接觸古文了；相反拿課本中的英文去問父親，他自然也啞口無言。幸好我書讀得不錯，後來入讀港大醫學院，獲得獎學金，不用花父親分毫。但未能繼承他的學問，現在若有時朋友問起，也會感到遺憾與慚愧。

第二千九百八十度浴佛節日印
念佛方便法門
佛緣廣結歡迎翻印
三寶弟子何黃寬素敬贈
男健耕敬題

何健耕先生為《念佛方便法門》題簽
（原書藏中文大學牟路思怡圖書館）

問：醫藥也是家學嘛！何教授詩集內，有一首寫於一九七一年九月，內容是送您前往英國皇家醫學院進修，詩云「祝爾歸時慶成學，倚閭吾亦快平生」，可見他對您也充滿了自豪感。

答：可惜我學的不是中藥，是西醫。不過，我很感激父親逼我小時候唸詩文。我雖然不會作詩，卻仍懂得欣賞。文學就像音樂，即使不會演奏，也要知道其中的妙處，這是一種享受。現在很多人連文學欣賞都不懂，何謂對仗、押韻，一概不知。小時候很怕父親，因為他一回來，我便要背詩文給他聽。到了現在，我卻很感謝他。

問：那麼您考中學的時候，何教授有甚麼主意嗎？

答：先父雖在大專任教，卻不太了解香港中小學的教育制度。我們小時候也是糊里糊塗的，但很幸運能跟上大隊。那時大埔的小學水平不高，一個班別在某唐樓的二樓，另一個班別卻在隔壁街道的唐樓二樓了。適逢政府在大埔開辦一所新的小學，是當時新界的模範學校，建築甚是漂亮。我那時就讀三年級，要考進該校四年級。記得試場上，鄰座竟問我「the」這個單詞怎麼拼寫。那裏的師資特別優秀，我考入後，可以直接升讀伊利沙伯中學，算是很幸運。現在回想，不知道父親對此了解多少。但也不排除他從友人口中得知有新學校開辦的可能：在別人介紹之下，才讓我試着去報考該校。

問：我們讀何教授的詩集，有一首題照詩是何醫師您參加金錢村的童軍大露營時，與伊利沙伯校長張維豐先生（一九〇四——一九九八）合影。何教授在詩中稱讚道：「居然君子營，誰謂兒童嬉？」回想您當年上伊利沙伯中學，是每天從大埔坐火車嗎？

答：對。伊利沙伯中學是一所建設在旺角車站旁的男女中學，當時的學費是每月二十四元。香港政府確實是挺優待我們這些新界出身的小孩，特意建立這所模範中學。當時的中學，大多是男或女校。而伊利沙伯則是一所專門取錄新界學生、具實驗性的學校，設備可謂一流，張維豐先生是創校校長。我們每天坐四十五分鐘的火車到達旺角，甫下車，步行約三分鐘即到學校。當時成人單程車票為港幣一元，如果以十二元購買學生特價學期票，一個學期內便可任坐。

問：何教授在香港文化圈的人脈應該很廣吧？

答：父親喜歡寫詩寫文章，曾在不同刊物上投稿，例如《天文臺周報》、《人生雜誌》等。這些作品反映了他的學識，「何敬羣教授」這一號人物便漸漸為人所知。後來開始有人介紹他「教夜學」。那時有很多書院，例如華僑、聯合、經緯、珠海等，雖不獲香港政府承認，但其實就是大學或所謂 college。先父最初只是去一兩所書院講學。那時聽他描述，自己很可憐地逐所院校叩門，還自嘲是「沿門托缽」。我一直記得他說過的這些話。他從前在大陸時是大資本家。我記得小時候，大陸很少汽車，而他擁有一輛私家黃包車（rickshaw），手執文明棍（士的），戴着帽子，甚是威風。來到香港，卻落得「沿門托缽」了。

問：何教授有一首七絕，提到您陪他前往沙田造訪竺摩法師（一九一三—二〇〇二）。

答：先父對佛經頗有涉獵，有時會到寺廟跟法師論經，也曾在佛經雜誌發表文章。竺摩法師很有名，留下不少佛教著作，還擅長繪畫詩文。另外大埔有一個寺廟叫大光園，那裏的慈祥法師（一九一二—一九九九）是一位比丘尼，常開堂講法，父親會與她討論，我也常在座上聽經。現在那裏變成中學了。經緯書院是從聯合書院分出去的，開設了佛學系，先父也應該在該系負責過教學。

問：何敬羣教授是什麼時候在新亞書院和浸會學院執教的呢？

答：先父於一九五七年開始教學生涯，先是應黃華表先生之邀在珠海學院兼課，不久更在包括新亞在內的不同書院執教。中文大學成立以後，港英政府要求教授要持有學位，由於先父自學成材、沒有正式學位，因此依然以兼任身分在新亞書院負責詩選、詞選等課。後來

何教授與唐君毅教授在張丕介先生喪禮上（一九七〇）
（何歷耕醫師提供）

幸好浸會學院給予機會，向他提供全職的教席，他便在浸會工作到一九八三年退休，年屆八十。我們小時候聽到這些故事，都為先父感到不值。他指導的學生，有些後來都成為了中大教授。我最記得有一位名叫楊勇。在我小時候，楊勇不時造訪我們在大埔的家，所以我有印象。他是在新亞畢業，父親指導過他。

問：您還記得何教授的哪些學生和詩友呢？

答：先父退休前，往往有晚輩學生陪伴。其中新亞方面，韋金滿算是先父的門人。還有一位姓李的，好像是在田灣當校長。由於我就讀港大後便搬到宿舍，之後工作、結婚，一直住在香港島。只有逢年過節才回父母家。所以先父晚年有哪些學生，我不大知道，現在也不太記得名字。

詩友方面，王貫之、曾克耑（一九〇〇—一九七五）、涂公遂（一九〇五—一九九一）、郭亦園、饒宗頤等，這些名字我都記得。先父與郭亦園是好友，郭氏身後，先父與詩友們整理出版了他的詩集。年輩稍晚者，我還記得陳肇炘、洪肇平、何乃文等。還有潘新安，後來成了我的病人，我們是老朋友。

先父和詩友聚會，不時會去圓玄學院、青松觀、青山禪院等不同寺廟走走，一去便作詩。

剛才說過，我還是小孩時，父親也會帶我去。小孩嘛，又有玩的、又有吃的，當然樂意一起去。我就是這樣認識父親的詩友。

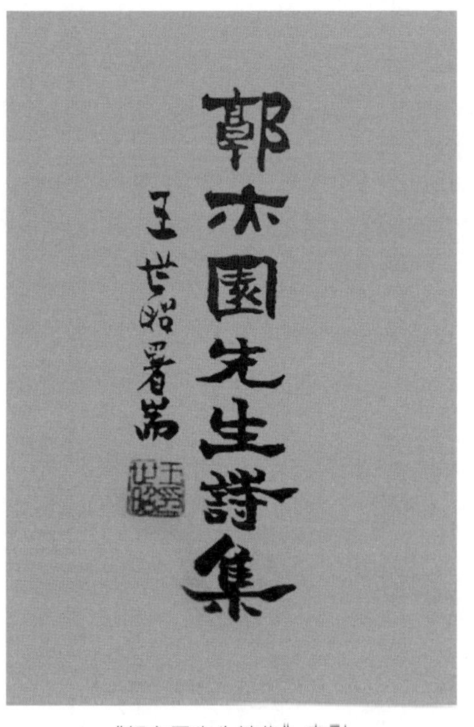

《郭亦園先生詩集》書影
（陳煒舜教授藏）

問：健耕先生留學美國後，何教授有沒有去探望他？

答：沒有。先父在香港數十年，幾乎完全沒有外遊。唯一例外是一九七八年在我建議下到臺灣一遊，因為那裏有他的詩友在。這已是最遠的行程了。那次隨行的有庶母和韋金滿夫婦，先父還因此創作了詩歌〈臺灣行〉十章。

問：記得何教授的同鄉詩友劉太希先生（一八九九—一九八九）就是在一九六七年前後移居臺灣的。

答：是的。早在大陸時，劉太希便與先父結為莫逆之交。居港時期，很多與政治相關的人物都害怕「六七暴動」。但父親只是「生意人」，反倒不怕。當時大陸的「三反」、「五反」和「鬥地主」等風波都已過去了，大概不會再波及香港。再說害怕也沒用，只為父親那時已沒有資金，沒有能去的地方。

問：那麼何醫師的母親對您有甚麼影響呢？

答：父親的元配楊夫人生下一個女兒後便去世，我的生母黃夫人是續絃。母親是很虔誠的佛教徒，寫得一手好字。她幾乎甚麼都不管，每天早晨四點多便起床拜佛 —— 是跪地而拜那種，還吃長齋。所以她身體很好，一直活到九十多歲。庶母田夫人則隨父親負責外面的應酬，沒有子女。父親生意興隆時，要四處巡視生意，而母親足不出戶，於是便娶了妾侍。以前的社會，成功人士往往有妾侍。移居香港後，家裏不但拮据，住的還是簡陋的「劏房」，但我們一家人依然過得很和睦。在大埔家中，父親還是不時招待好多朋友。庶母煮得一手美味的江西菜，客人們都讚不絕口。

問：一九七九年大陸開放之後，何教授回過內地嗎？何醫師自己曾否回過江西？

答：沒有。改革開放後，先父因為身體以及各方面原因，一直沒有返回中國大陸走走的想法。倒是我的堂兄偶爾以雙程證來港探望先父。我在一九八〇年代曾經回過江西一趟，看看家鄉的情況。那時的江西與父親所描述的情形，已完全不同，所幸見面的一兩位親戚，講的仍是江西話。

問：請問何先生是否於一九九〇年代仙遊？他日常的文件、手稿有保存下來的嗎？

答：先父是在一九九四年一月二十七日去世的。我們不是行內人，也不太懂得他的文章。因此現在父親留下的只剩幾本書，其他都散失了。我們那時候不知道這些都是寶。

何教授與浸會學生張堅庭、陳愛華合影（一九七九）
（何歷耕醫師提供）

問：何教授的訃聞，印象中《新亞生活》是有刊登的。這次藉編輯《益智仁室詩說》的機會，我們邀請了何教授的好幾位學生輩撰文，或列為序言、或收入附錄。其中羅秀珍女士所作〈何敬羣老師對我的影響〉即將刊登於《新亞生活》十月號，讓讀者先睹為快；李學銘、陳志誠兩位教授的序言，稍後也會陸續刊登。這也可謂新亞書院與何教授重拾聯繫吧。

答：先父的著作不少是以文言文撰寫，只是今天普羅大眾已未必看得明白，遑論學詩。我想你們日後有機會，可以擇取他的詩文作語譯，讓更多人能夠閱讀。

問：但願如此！一九四九年以來，華人社會只有香港幾所高校的中文系能在「詩選及習作」一科堅持將舊詩創作列為固定的教學環節。任教此科的先賢雖為數不少，但留下的完整講義卻只有何教授《詩學纂要》一種，而《詩學纂要》的內容往往又來自前此寫成的《益智仁室論詩隨筆》，可見二書彌足珍貴。《論詩隨筆》於一九六二年出版，對象讀者主要是同儕詩友，文字比較典雅。而《詩學纂要》作為教材，出版則在十二年後；當時何教授已任教於浸會學院，是系主任徐訏先生鼓勵他出版此書的。何教授在好幾所學院都負責「詩選」課，所以我們將二書合為一帙，整理重印。可惜由於時間緊促，我們目前能做的除了重新校對外，就是納入兩篇相關論文作為導讀。然而，我們非常希望此舉能引起有識之士的興趣，日後更深入地推介、研究何教授的著述。

答：非常感謝你們的努力！

問：何醫師不客氣，我們才要多謝您對這項工作的大力支持。祝您身康體健、生活愉快！

答：謝謝！

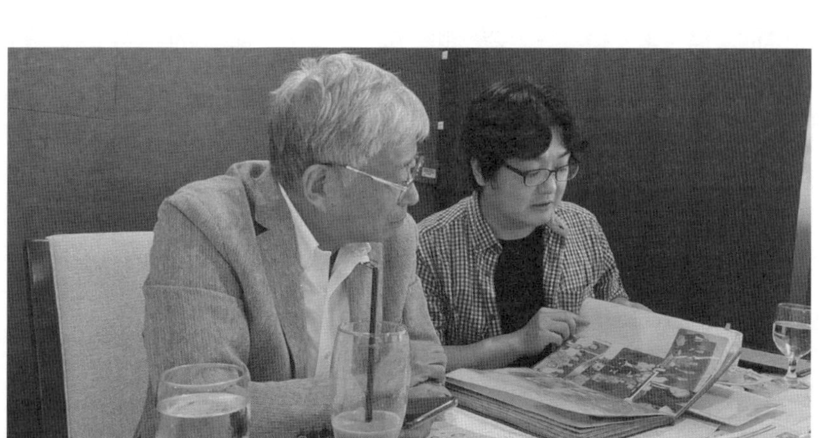

何醫師向陳煒舜教授展示老相冊（李思慧女士攝）

憶遜翁師

張洪年

我是一九六三年上的大學，唸的是新亞書院中文系。大二、大三兩年，我們得修讀詞選和專家詞兩門課，都是何敬羣先生講授。現在屈指一算，那已經是六十年前的事，記憶已然模糊。但是何先生上課那種嚴謹和認真的態度，至今還未敢稍忘。

何先生原籍江西九江，課前課後，一般都只說國語。鄉音雖重，但是他講解五代以來的詞風演變和傳承、分析兩宋詞人的長短作品，精細入微，同學們聽得十分留神，也感到十分受用。但是有的同學對方音不太習慣，就央求老師試用粵語教課。先生二話不說，聲帶一擰，國語馬上改作廣東話。可是這一改，大家頓時叫苦連天，三句話可能只聽明白三個字，越聽越感到一頭霧水。先生的粵語原來是語言三拼，粵語裏夾雜國語和贛語，口音更重，聽起來越發吃力。大家只好請求先生再回頭改用原來的教學語言，本腔本調，反而是原汁原味，大家都靜下心來聽講。其實，口音有別，只是習慣不習慣而已，幾個星期下來，大家也就都聽得明白。錢穆先生是我們新亞的校長，一口無錫話，聽起來更是詰屈難懂，但我們不也很快就習慣了嗎？

先生上課不但講解古人詞風詞作，而且還要求同學在課堂裏即席填詞寫作。純學術的探討，像是紙上談兵，只要一執筆嘗試寫上幾句，就會發覺創作別有自己的天地。也只有親自嘗試，才會體會到古人遣詞創意的微妙。我們中大中文系一直強調創作的重要性，創作和分析，互為表裏，不可輕忽。先生上寫作課，先發油印講義紙一張，上面印有詞牌和題目，還附有先生自己的作品，以為示範。接著的兩個小時，同學坐在自己的座位上，俯首沉思，低聲吟哦。抬頭一望，發現老師坐在講台上，也一樣的沉思吟哦，應該也是在填寫新詞吧。先生總愛把白手帕一條，咬在嘴角，上下扯動，似乎是要激發更大的詩興和靈感。他偶爾微微一笑，顯然是又尋得佳句，得意之情難掩。下課鈴響，同學們一一交上功課，先生也完成自己的大作。學生的詞作，先生都細心批改，紅筆勾出哪些地方出韻、哪些地方犯平仄、哪些地方用詞不當、哪些地方用典欠妥當。不過要是習作中偶有佳句，先生必定紅筆打圈加點，發還習作時還再三加以勉勵。

有一年春節，我們幾個同學結伴坐火車去新界上先生家拜年。我們因而有緣拜見了先生和兩位師母一家。大師母禮佛茹素，二師母主持中饋，特別準備豐盛的新春糕點，款待我們這些年輕的小夥子。大桌上供著紅梅數枝，佳節氣氛融融。大家圍著先生和師母談天，是鄉音還是粵語，都是一樣的親切。我們當時最害怕老師要我們即席填詞一首，還好天色已晚，我們也就趕緊告辭。回家路上，火車隆隆，我想胡謅幾句記其事。是當天晚上，還是隔了幾天，我果真填了江城子一首。我忘了是否曾呈給先生過目，還是就這樣放在抽屜中。匆匆一甲子，漂洋過海，沒想到近日處理舊檔案，無意中竟發現當年寫在原稿紙上的江城子，紙張泛黃，筆跡草率，文字粗疏。先生當年說填詞常犯的哪些毛病，好像都齊全不缺。細看之下，本不值一哂。不過當時十七八歲的年輕人記下的歲月蹤跡，如今給一個七十八歲老人留下的，畢竟還是許多回憶——許多模糊但美好的回憶。

江城子　**新界春遊，與友訪遯翁師**

殘寒未解地猶霜。向東莊。慕春光。椒頌桃符，翠竹掩山房。
花藥披紛方獻歲，同祝賀，立門牆。
紅爐火暖供飛觴。細評章。互參詳。遊藝依仁，澹爾菜根香。
簾外小桃深淺色，含笑舞，謝東皇。

作者簡介：張洪年，一九四六年生於上海，語言學者，香港中文大學文學學士、碩士，美國加州大學柏克萊分校博士。一九七四年任教柏克萊，二〇〇〇年榮休。後轉香港科技大學執教，二〇〇四年出任香港中文大學中國語言文學系講座教授，二〇一〇年榮休。現任柏克萊榮休教授、香港中大榮休講座教授，中國文化研究所名譽高級研究員。研究興趣主要集中在粵方言，此外還在文學方面曾發表過一些關於《紅樓》、《水滸》、《三言》的分析文章。著有《香港粵語語法的研究》（一九七二年初版，二〇〇七年增訂版）、A Practical Chinese Grammar（一九九四）、《一切從語言開始》（二〇一七）、《香港粵語：二百年滄桑探索》（二〇二一）、《人語響，文字留痕：當代語言學大師的側影》（二〇二三）等。

何敬羣老師對我的影響

羅秀珍

朝辭居舍赴書堂。景蒼蒼。水洋洋。來去飆輪，渡口正熙攘。文物中西齊薈萃，樓閣聳，盛名張。

蘭臺石室會同窗。要周詳。惜韶光。砥礪磋磨，通德聚精良。記取執經疑難處，忙展讀，莫徬徨。

——〈江城子．大會堂聽課〉，《新亞生活》第十卷第十二期（一九六八年一月十二日）

萬里空枝。千里遺悲。遊絲繫，隨處翻飛。一朝霜冷，散落闈幃。偏階前佈，秋風舞，徑邊堆。

尋難散易，易題難寄，步遲迴，斂拾愁思。夕陽煦煦，芳草萋萋。悵拈紅葉，懷前事，記依稀。

——〈行香子．落葉〉，《新亞生活》第十卷第十四期（一九六八年二月十二日）

這兩首詞是我大三「詞選」課的習作，刊登於《新亞生活》。那一學年，何敬羣老師任教我們的「詞選」及「各體文」兩科。大家可能奇怪，何老師為什麼出〈江城子・大會堂聽課〉的題目給同學做習作呢？原因是一九六五年時，新亞、崇基、聯合三間學院各有不同校舍——崇基在新界馬料水、新亞在九龍土瓜灣農圃道、聯合在港島般咸道。而當時三院共同課程的大學三年級「詞選」，則安排在中環大會堂演講廳上課。當年我住九龍觀塘，逢星期三清早起來，要坐兩趟巴士去尖沙咀，再乘天星渡海小輪到中環大會堂，所以習作內才有「朝辭居舍」、「水洋洋」、「渡口正熙攘」等語。此外，又見到其他院校的同窗面貌，不由發出「通德聚精良」、「砥礪磋磨」的感嘆。何敬羣老師的習作命題，全是來自生活，並非「為賦新詞強說愁」，影響我日後傳承詩詞文學，例如選析李煜、李清照等的詞作時，十分看重作品必須是生活和時代的反映。

畢業後，我們每年會都到他的大埔寓所拜年。何府有兩位師母：一位何師母篤信佛教，家中設有佛堂供她念經參禮；另一位何師母非常勤勞樸實，拜年時，她一定為我們煎年糕、煮茶葉蛋。記得有一年，風雨天留客，大夥兒樂而忘返，結果直到吃完晚餐才告辭，真是辛苦了何二師母！

陳煒舜教授日前應我之請，搜尋到一九六七至六十八年的《新亞生活》期刊，刊登了我們許多同學的「詞選」和「各體文」習作。這些作品都是經何敬羣老師的精批細改、點石成金，才予以發表，以資鼓勵。同學們都深感何老師為人恭謹謙和而負責任，十分用心教書，批改作業也很仔細，是位一致公認的好老師。

何老師具有深厚的文學修養，可惜他的鄉音甚重，以致我們聽他的課很是費神。幸好他會提供自編的特定教材以供查閱，我們才有所依循。每節課後，他都會佈置作業，訓練我們的自學能力。同學每次交齊功課，到派發回來時，總會見到習作紙上全是紅色毛筆字跡：每句若非有更新批改，就是打圈讚賞。眼看自己的習作已經煥然一新、非比尋常，人人都不禁沾沾自喜。不久，同學們又會陸續在一期期最新的《新亞生活》內頁上找到自己或同窗的詞體或古文習作。如一九六七年端午節，何老師在「各體文」一科佈置的作業是撰寫祭屈原文。我的習作獲《新亞生活》第十一卷第二期（一九六八年六月七日）登載：

一九六七年六月端陽節日，港九文藝團體，羅秀珍等，率全體同人，謹以椒醑酒醴，蘭芷馨香，致祭於三閭大夫屈子先賢之靈曰：

嗚呼！大夫之潔志與廉行兮，遇懷王之不聰與蔽明。美超遠而逾邁兮，信讒言而國傾。仰大夫之忠湛兮，舉世混濁而獨清。歎懷王之昏昧兮，退芬芳而進膻腥。兵挫地削兮，終客死於秦庭。嗚呼！大夫之亮節兮，懷瑾瑜以見放。寧葬身乎魚腹兮，不隨其波而逐其浪。惟忠臣之事亂君兮，受邪佞之誹謗。故欲去愁離憂兮，賦離騷之文而微其辭。行吟澤畔兮，以懷沙之詞致其思。遠遊臨睨兮，吟哀郢之篇以寫其悲。大夫之文德俱崇兮，足為百代之矩規。希風嚮往兮，覽後世其誰與追？北望神州而心嬋媛兮，東望旌旗而悵無涯。是同　大夫之絓結兮，思蹇產吾當告誰？陳椒糈酌桂酒兮，致吾人之敬儀。

亂曰：懷清抱質，世莫知兮。行吟明志，哀被訾兮。自投汨羅，痛如斯兮。龍舟黍角，賽海湄兮。靈其來格，樂其嬉兮。弔古傷今，毋歔欷兮。嗚呼噫吁！伏惟尚饗。

此外，班上黃維樑、張衍源、李武紅等同學的同題佳作也先後獲得刊登。大家奔走相告、十分鼓舞，深感可以互相學習。《新亞生活》因而成為了大受歡迎的刊物。何老師此舉，也影響了我日後投身教育工作的舉措：老師應該要當學生的伯樂，給予機會、提攜及賞識，所以我也常常選出佳作，鼓勵學生投稿及參加徵文比賽。

修讀何老師的「詞選」課，我還撰寫〈兩宋詞概觀〉一文，收入《新亞生活》第十卷第十八期（一九六八年四月十二日）。記得何老師最欣賞姜白石詞，常在黑板上書寫「清空騷雅」四個大字。當時不明所以，後來才領悟到：原來詞人創作，要有一種冷凍的胸懷，從而達到一種超逸空靈的境界。對情詞來說，就不能熱情過度——熱情過度容易形成癡迷狀態，故要用冷筆處理。昔人評論姜白石的詞，認為清遠空靈是其基本特色。一如張炎說：「詞要清空，不宜質實。清空則古雅峭拔；質實則凝澀晦昧。姜白石如野雲孤飛，去留無跡。」

近年我撰寫《李清照：千秋才女的生活與詞作》，賞析李清照的〈鷓鴣天〉詠桂詞，指出通篇雖無桂花二字，但花香、花色、花性、花品均宛然如見，全詞詠物而不滯於物。我相信自己對唐宋詞賞析能力的提昇，正因一直記得何老師當年板書的「清空騷雅」四字。

何敬羣老師，謝謝您！

作者簡介：羅秀珍老師是文學、粵曲和歷史愛好者，畢業於香港中文大學新亞書院，修讀文學和歷史。羅老師長期從事教育工作，桃李滿門，並致力推廣和弘揚中國文化精粹，包括主持文學、文化等系列專題講座等；二〇二一年出版《李清照：千秋才女的生活與詞作》一書，廣受歡迎。

懷念何敬羣老師

張秉權

歲月如流，不覺早已古稀，回想平生足跡，真覺得吉星常陪，讓自己總在一些分岔轉折的時候，走出最好的選擇。在讀大學機率不足「六分一」（一九七四年校協戲劇社演出《六分一》，劇名指的是當年考生入讀大學的機會）的時候，能夠入讀中大已經令人非常羨慕。即使讀中大了，可以不是中文系的，可以不是新亞的。而命運讓我有這個終生感恩的選擇，其後我的生命道路也順此而行——以教師為畢生志業，並一直秉承新亞教誨勉力學習做「人師」；也與志同道合朋友結（劇）社推動文化事業；更重要的，是得緣與同班女同學淑蕙相攜到老，建立美好家庭……

在新亞讀中文系，要感恩的其中一環，是學懂創作。原來在其他學府讀中文，即使是「文學」組了，「創作」也不是必然的。同樣讀詩詞歌賦，也只在爬梳資料，訓釋欣賞上着眼。是否創作，純看學生個人稟賦與興趣。當然，詩有別才，非關書也，有朋友在他校唸中文系，也有很好的創作能力，多年來與友朋唱酬不絕。但是，新亞之值得懷念，是把創作放在「必不可少」的位置。曾克耑老師教「詩選」，何敬羣老師教「詞選」和「各體文習作」，都把創作視為當然的功課。所有同學在欣賞名作的同時（不是「之餘」），都要創作。課堂習作要創作，考試也有創作。欣賞、分析和實踐，三者於焉有機結合，並者互相融浹推進，成為學習的「全體」。老師為鼓勵同學創作，除在關鍵處稍加評點，讓學生感悟，知所提高，又推介習作刊登在《新亞生活》，使年輕人享有發表之樂……多年之後回想，課程如此安排，老師這番苦心，真是讓人畢生受用。

何敬羣老師真是可親可敬的。上他的課如沐春風，幽默有趣，絕不沉悶，他聲如洪鐘，他口音雖重而和同學溝通不礙。還清楚記得他說自己「伯『吔』公」，叫我們「細『捞』仔」，然後連說「好『耶』好『耶』！」的語氣。他不拘小節，絲毫沒有架子，會讓我們到他鄉郊之家去叨擾，讓我們享用師母預備的道地小吃。

何老師教學上還有絕妙一招，是在規限中提供自由，讓學生的創作力得以馳騁。他在「詞選」考試時會有兩個詞調供我們選擇：選填較淺易詞牌者最高分數為八十分，若想挑戰滿分者可以選填較難的一個。這種同題異調的安排，既可讓欠信心或靈感一時閉塞者有「出路」，又可讓「敏捷詩千首」者有個逞才的滿足感。何老師，您真高明啊！

「各體文習作」重在「各體」，從狀物賦到哀祭文，一一涉獵過後，何老師期望學生能超越體裁域限，文字出入駢散，體格融通雅俗，更懂得情理兼顧，為文實用而得體。幾十年後回望，當年訓練確實受益無盡，此後公私所需，或撰賀聯以慶業務開張，或致挽弔以送往生彼岸，又或值年節興感，思有聯語小詩以寄情自勵，皆緣起當年新亞習作。最新作業乃早前元旦日之「若嫌二四世多艱，二五難言自在閒。幸有知心人念念，掛簾微月最宜彎」，發端不嫌尋常淺白而收束須見具體情景，其間分寸，實亦遠承師教。

依陳煒舜教授所囑，附六年前親祭蔡元培校長之文於後。敢獻固陋，只為遠誌何老師的訓導而已。

維公元二〇一九年五月四日，五四運動百周年紀念日也。致群劇社仝人集於香港仔華人永遠墳場蔡公元培先生墓前，謹奉鮮花一束、心香一瓣，敬祭先生靈前曰：

先生蔡公，吾輩所珍。大名元培，表字孑民。
出掌北大，領袖群倫。兼容並包，敬賢若賓。
激者柔之，愛彼意純。懦者勵之，惜汝彬彬。
愛生如己，志在傳薪。開放女禁，學子莘莘。
精研學問，黌府意申。首推美育，卓爾不群。
文白並重，心意得陳。宗旨正大，事事求真。
宗旨既乖，學乃蒙塵。砥礪修持，力挽沉淪。
服役社會，濟眾親仁。公標高志，公亦憐貧。

望風懷想，思緒紛紛。和會失敗，動蕩交頻。
學潮風起，公亦傷身。誨戒學子，切切諄諄。
諸君遊行，務必溫文。乃竟踰軌，力保諸君。
二三子者，先生所親。公於孺子，愛比千鈞。
先生德業，歷久彌新。先生風範，吾輩所遵。
致群諸子，肅敬霑巾。願我先生，安息海濱。
香江何幸，瘞此忠魂。誠心獻禱，悟澤清芬。
鮮花一束，敬奉北辰。民主科學，篳路艱辛。
百年垂範，五四精神。鞠躬致禮，心若香芸。
依依不盡，日已微曛。

回讀舊文，思緒如湧。半世紀前農圃道種種，歷歷在目。竊慕孑民校長的同時，有幸親炙敬羣老師，實在感恩無限！

作者簡介：張秉權，在香港中文大學取得學士、哲學碩士與哲學博士學位，為香港資深戲劇實踐者、戲劇教育工作者、研究者與藝評人，曾為文理書院中文科主任兼副校長、香港中文大學語文自學中心主任、香港演藝學院人文學科系主任、香港藝術學院院長。曾擔任多項公職，自一九九六年至二〇〇七年經民間推選而被政府委任為香港藝術發展局委員，多年來均為其戲劇組及藝術支援委員會主席。二〇〇二年獲特區政府頒予榮譽勳章，以表揚其對戲劇界之貢獻。現為國際演藝評論家協會（香港分會）董事局主席，並專心撰寫其香港戲劇歷史專著。

遯翁賜墨寶——追憶何敬羣老師

岑詠芳

何敬羣老師在新亞研究所開講「詩選」課時，我曾慕名去旁聽，說來時隔不覺已有四十多年了。回想一九七六年的夏天，我的碩士論文獲通過之後，很幸運，得以留校在圖書館服務，工作之餘，便去旁聽老師們的課。當年的研究所，可說大師雲集。隨意舉例，哲學組有唐君毅老師、牟宗三老師；史學組有嚴耕望老師、吳俊升老師和羅夢冊老師；文學組有汪經昌老師、何敬羣老師和王韶生老師等。徐復觀老師則兼授文、史兩組的課。唐師、牟師和徐師的課，我當研究生時，一直有修讀，畢業後，我仍繼續去聆聽（唐師於是年九月在臺灣接受切除肺腫瘤大手術，年底回港，仍抱病為學生開講「禮記」）。另外，因為興趣的驅使，我也聽了何敬羣老師和王韶生老師的課。

何師本名鑑琮，號遯翁，敬羣是他的號，後以號行。他生於光緒二十九年（一九〇三），所以我聽他的課的那年，他已年逾七十三，但印象中，他總是精神飽滿，一口的江西音，宏亮充沛。隨著時光流逝，當年的詩選課內容，很慚愧及遺憾，我現在已無從追憶，然而老師高大的身影，講課時的投入神情，卻仍清晰浮現。且記得，當他用江西音朗朗吟頌詩句時，抑揚頓挫，饒有韻味。

我這個一年裏斷斷續續去旁聽的「學生」，要寫何師，其實是沒有資格的。但我還是很想把我跟何師的一份「情緣」說出來，以表示我多年以來對這位老師的懷念與敬重。

如眾所周知，遜翁不但優於作詩填詞，書法上也甚有功力。他為人慷慨豪邁，凡有索書求字者，都爽快答應。一九七七年學期結束不久，忘記了是什麼機緣，我竟然也獲得老師惠賜墨寶。而這幅字，在我一九八〇年遠赴法國留學時，放在我衣物有限的行囊裏，與我一起向着不可知的未來出發，然後跟我留在法國並一直陪伴我至今。

一九九五年秋天，我進入法蘭西學院漢學研究所圖書館工作。上任的第一天，我把遜翁師所贈的墨寶帶去，在同事的幫忙下，爬上高梯，在我辦公室的牆上，牢牢地打入一口大釘子，然後把這已裱禎好的長卷軸掛上。由於家中地方樓面不夠高，這幅字一直收藏在書櫥裏，想不到終於有機會懸掛起來，而且直到我二〇一九年退休。這二十多年來，我在圖書館負責整理古籍，經常有各地學人來訪問交流，我會為他們介紹館內的珍稀善本庋藏。記不起有多少次，訪客注意到掛在我辦公室的遜翁墨寶時，顯出欣賞的神情，會探問這位遜翁是誰。遇過有些本身也擅詩詞書法的學者，他們因懂得而發出的讚賞，就更使我感到欣喜了。

說來，彷佛天意安排，這幅字裏那首〈臨江仙〉的詞意內涵，跟我的工作環境確實非常貼合。遜翁師是這樣寫的：

月上香爐峰頂，秋新獅子山邊。一燈窗下靜探研。但知書有味，不覺夜無眠。　休隘小樓一角，能容世界三千。翻經繹史絕韋編。東西賢與哲，列座共藜燃。

〈臨江仙．秋夜讀書〉應詠芳同學索書，丁巳遯翁錄近作

「翻經繹史絕韋編。東西賢與哲，列座共藜燃。」不正是我工作的圖書館那萬卷藏書的環境，以及我在圖書館遇到的從東西各方來訪的學者，交流切磋的情境嗎？

另外，當年何敬羣老師贈我這幅字時，我不知到他說的「近作」，原來是在搬遷到荔枝角美孚新邨的背景下而成的；更不知道，他收輯在《天遯室詞錄》的〈臨江仙〉（編入《遯翁詩詞曲集》，香港志文出版社，一九八三年，頁一百一十三）與送我這幅字裏的那一首〈臨江仙〉是稍有分別的，就是前面的兩句換了場景，「美孚邨」換成「香爐峰」，「荔枝灣」換成「獅子山」（感謝研究所的李啟文學長幫忙翻查，學長也是何敬羣老師的學生）。茲錄如下：

〈臨江仙．美孚秋夜〉　徙居荔枝角美孚新邨，瞬一年矣

月皎美孚邨裏，秋清荔枝灣邊。一燈窗下靜探研。但知書有味，不覺夜無眠。　休隘小樓一角，能容世界三千。翻經繹史絕韋編。東西賢與哲，列座共藜燃。

敬羣老師在《天遯室詞錄》中自謂所錄之詞：「皆自寫胸臆，興之所至，信筆成篇。」又謂：「吾樂詞之格調排比富於詩，其聲情之靈妙，與辭氣之宛曲，能範我驅馳，尤能發我興會。得其肯綮，即能得之心而應之手，肆筆之所之而盡吾情，快吾意。」（頁八十一）。今重讀老師所贈之〈臨江仙〉墨寶，再三玩味，其詞其書法，隨興瀟灑，渾然天成，真有得心應手，肆筆盡情之妙。

喜悉《益智仁室詩說：何敬羣先生著作選刊》將大功告成，吾不揣譾陋，寫成追憶文一篇。感謝煒舜對拙文不棄，遂得藉此機會對何師表達多年的感念；至於發現遯翁賜我墨寶中的〈臨江仙〉，原來後面還有一段這樣有趣的小插曲，則乃意外收獲。

二〇二四年平安夜，巴黎

作者簡介：岑詠芳，新亞研究所碩士，法國巴黎第七大學遠東研究中心博士學試文憑。曾任職法國巴黎高等實用學院（Ecole Pratique des Hautes Etudes）第五組宗教系道教研究及道藏資料中心助理研究員、法蘭西學院漢學研究所圖書館古籍部主任。期間曾參與施舟人（Kristofer Schipper）主編的《道藏通考》（*The Taoist Canon, a history companion to the Daozang*, ed. The University of Chicago, 2004），以及魏丕信（Pierre-Etienne Will）主編的《帝制中國官箴、指南、公牘評註書目》（*Handbooks and Anthologies for Officials in Imperial China: A Descriptive and Critical Bibliography*, ed.Brill, 2020）。此外，還參與編修《法蘭西學院漢學研究所藏漢籍善本書目提要》（田濤主編，北京：中華書局，二〇〇二）、《法蘭西學院漢學研究所藏清代殿試卷》（北京：中華書局，二〇一五）。此外又發表論文若干，如與劉蕊合撰〈法國漢學家桀溺（Jean-pierre Diény）藏書及其漢學研究〉（《文獻》，二〇一七）、〈伯希和一九三三年北平購書與法蘭西學院漢學研究所的藏書〉（《國際漢學》，二〇一九）等。又主編散文集《巴黎意，故鄉情》（鄭州：大象出版社，二〇一七年）等。

何敬羣教授贈岑詠芳女士
墨寶《臨江仙》

何敬羣教授著述簡介

陳煒舜

何敬羣教授（一九〇三—一九九四）著作甚富，其回憶大陸時期：「計余舊作詩文詞，及所寫《公孫龍子繹註》、《古史今識》、《史漢天地志雜記》、《袪惑瑣談》、《佛家言》、《藥雅》、《兼山先生年譜》、《論孟一得》，或已脫稿，或已成其半，未及攜出，今皆蕩然。」（《老子新繹．附記》）而香港時期的著述，何教授又云：「自一九五七年從事講學，借斅學相長之便，乃得肆力於翰墨之場，先後輯成《易義淺述》、《老子新繹》、《孔孟要義探索》、《論詩隨筆》、《莊子義繹》、《詩學纂要》、《詞學纂要》、《楚辭精注》等書，則皆平生讀書若有所得，蘊之腦海，渟為淵泉，今乃得鉤稽整頓，豁然疏通而出之。」（《遯翁詩詞曲集．前記》）實則早在一九五三年，何教授便協助其夫人黃寬素女士輯補印光法師《念佛方便法門》。此外，尚有若干種著作並未出版。

身為新亞書院及中文系的一員，筆者企禱文道之統緒傳承不輟，一直希望有識之士將何敬羣教授生前著述整理出版，甚至一度與出版界同仁商討編纂文集（乃至全集）之事。得悉孫廣海博士究心於本港先賢遺作，故而相邀考述何教授著述——而全集之編纂，蓋可以此為梯航。不數年，孫博士編成《琮錦交輝：何敬羣教授論著知見錄》，凡十萬字之巨，有關何教授學術論文及詩詞發表的情況，記載尤為翔實，嘉惠學林，可以想見。然而疫情過後，百廢待興，文集編纂一事竟不了了之。所幸正值新亞書院七十五周年校慶，筆者遂向出版委員會建言，將何教授《益智仁室論詩隨筆》、《詩學纂要》兩種著作重新整理付梓，幸得委員會同仁一致頷首。為便讀者進一步了解何教授之道德文章，謹草成本文，簡介相關著作之內容及出版情況如下。撰寫過程中，得益於《琮錦交輝》一書固不待言，然拙見於細節上亦或有未盡相同之處，茲不一一。至於文中某些資料的核對，則有賴研究助理林樂軒先生之力。筆者學殖荒疏，尚祈讀者諸君見諒。

一、念佛方便法門

香港中央印務館一九五三年版。此書由何鑑琮、何黃寬素夫婦署名，近乎善書。何氏於書末〈念佛方便法門定稿後記〉云：「內子寬素，始學念佛；偶得近人戰德克君所作《歧路指歸》一書，其言簡淨透徹，而於往生淨土，尤能直指坦途。又讀《印光法師文鈔》，提示詳明……因自鈔出其足為在家念佛人之綱紀者數十條，發願並為翻印。」可見此書乃精選《歧路指歸》、《印光法師文鈔》二書，彙編而成。〈後記〉又云：「余因排比此書，略以己見，寫按語二十餘條，參互其間，為之補充。」足知書中亦有何氏一己發明之處，值得學者措意。此外，有藏家於長沙古玩市場收得一九三五年香港佛學會所印線裝本《大乘起信論》，上有何氏夫婦鈐印。藏家云此書乃時任海潮音社社長之印順法師（一九〇六—二〇〇五）所贈，又謂「這冊十六開大小的佛教書內容很普通，特殊的是幾乎通篇佈滿了批註，從最後的那篇題記我發現寫批註的人是香港的教授何敬羣先生」。由此可見，何氏在大陸時期已有批註佛書之習慣。

二、老子新繹

香港人生出版社一九五九年版、臺北鄉粹出版社一九七七年版。劉太希（一八九八—一九八九）序。何氏自撰簡介：「《老子》五千言，本為積極的治世之學，但自戰國時，即被諸子所歪曲，直到近代，而益滋誤解：或指之為放任主義者，或疑為古無其人其書。本書窮源正本，豁出老子學說本來面目，足為探究中國學術思想者開一正法眼。」（見《益智仁室論詩隨筆》書末）而《老子新繹．附記》又云：「抗戰後二年，攜家住香港鳳凰臺，長姪漸逵，割治惡瘡，暴歿於湘，次女銘英，方牙牙學語，亦病痢而夭。於悒之情，中宵不寐，遂隨手抽《老子》一冊以遣悶。愈讀愈覺註文疑義之多，遂以己意為《老子繹註》兩冊。〔……〕歲己丑（按：即一九四九年），匆遽再來香港，一肩行李，並此稿亦不及攜出。前午兒子健耕，偶以《道德經》請益，既為講解，因憶寫舊作序文大意以授之。吾友劉太希見之，時勗余將全書再寫。〔……〕

乙未（按：即一九五五年）夏秋間，乃以休假日，鄉居憶寫。」由此可知何氏撰寫此書之歷程。全書分為〈前言〉、〈上篇〉、〈下篇〉、〈後記〉四部分。〈前言〉分為〈小引〉、〈老子與莊子〉、〈道法自然之常〉、〈凡例〉四節；〈上篇〉論第一至三十七章，〈下篇〉論第三十八至八十一章；〈後記〉分為五節，依次為〈闢疑老子者之誤〉、〈論尊老子者之鑿〉、〈老子確有其人其書〉、〈如何研讀老子之書〉、〈附記〉等五節。本書各章節或曾先登載於《人生》雜誌。此外，此書人生出版社初版，附錄有〈何教授遯翁新著出版預告〉一則，包括《易義淺述》、《孔孟之道重溫集》（即《孔孟要義探索》）及《遯翁詩詞輯》三種。

三、易義淺述

香港人生出版社一九五九年版。梁寒操（一八九九—一九七五）封面題字。何氏自撰簡介：「《易》象卦爻，號稱難解，實則不出人生日用之常；得其綱領原則，即可瞭如指掌。本書以淺近之語文，將《周易》隱微繁複之奧義，皆予以浮現顯露，一覽即明。欲探《周易》義理者，得此書實無異獲一望遠鏡與顯微鏡。」（見《益智仁室論詩隨筆》書末）全書共九章，依次為：〈易傳是周易的索隱〉、〈八卦及卦爻的意義〉、〈重卦的構成〉、〈周易卦象與天行天德的相應〉、〈伏羲畫卦到周易〉、〈周易精神與特點上：立人之道及觀動的占法〉、〈周易精神與特點下：互卦及取象〉、〈易道與人性的合一〉、〈孔子作易傳是正確的〉。此外，何氏尚有關於《周易》之單篇論文，如〈關於《易經》與若干經義的商榷〉（《人生》第十六卷第九期，一九五八年）、〈伏羲畫卦與《易》為六藝之原〉（《新亞生活》第一卷第十四期，一九五八年）等，內容其後皆匯入《易義淺述》一書中。

四、遯翁詩詞輯

香港人生出版社一九六〇年版。林千石（一九一八—一九九〇）封面題字。書首有王道（一九〇九—一九七一）、黃華表（一八九七—一九七七）序二篇，及梁寒操、劉太希、林千石、勞思光（一九二七—二〇一二）、陳孝威（一八九三—一九七四）、曾克耑（一九〇〇—一九七五）、羅雨山（一九〇〇—一九七二）等七人題詞。何氏自撰簡介：「內有《益智仁室詩存》、《天遁室詞存》，為現代文壇名作，足資愛好文藝者之觀摩。」（見《益智仁室論詩隨筆》書末）其目錄按語（落款於庚子〔一九六〇〕初秋）則云：「右詩詞文共二百五十六首。丙申冬，刪訂七年來港所作，分目各序其意，都為一帙。今復自審校，覺仍有不足存者雜其中，乃再刪去三之一，益以此三年所作得今數。」

五、孔孟要義探索

香港人生出版社一九六一年版。劉太希封面題字。何氏自撰簡介：「此書以工整流暢之語體文，作深入淺出之演釋，為研讀《論語》《大學》《中庸》《孟子》四書之筦鑰。辨別漢宋儒異同之說，一歸於正，凡探討儒家學說者，不可不備此書。」（見《益智仁室論詩隨筆》書末）《老子新繹》附錄介紹此書，則謂「以中道平易之見解，發揮《論語》《大學》《中庸》《孟子》之精義，是正漢宋儒之註釋，均能發前人之所未發，實為研究孔孟之學者所不可少之參考書。書中每節各自成篇，用極生動之語體文寫出，即文藝之價值，亦足為大中學生寫論理文、考證文之楷式。」此書共分上下兩編，上編四輯，依次為〈志學〉、〈道德〉、〈仁義〉、〈性命上〉，下編五輯，依次為〈性命下〉、〈禮樂〉、〈為政〉、〈擇善上〉、〈擇善下〉。各輯又分為若干節，每節起始為「四書」一段文字，然後以白話作申論。這些文字也曾散見於《人生》、《新亞生活》、《珠海校刊》、《孔道專刊》等刊物。此外，何氏又撰有〈《孔孟要義探索》補遺〉，先後收入《珠海校刊》第十七屆畢業專號（一九六七年七月）及《香港浸會學院學報》（一九八二年第九卷），惜未克藉再版之機緣補入全書。

六、益智仁室論詩隨筆

香港人生出版社一九六二年版。又簡稱《論詩隨筆》。陳孝威封面題字。書首有劉太希序及何氏自序。自序（落款於壬寅〔一九六二〕秋仲）云：「四年前，吾友陳君孝威索寫近代詩話。余以不慣記近人遺佚之文，謝不能。越二年，又以相督，因雜寫古人詩法二十餘事以塞責。孝威布之《天文臺》日刊。」此書共八篇，依次為〈風格〉（共九則）、〈法勢〉（共九則）、〈聲韻〉（共十一則）、〈辭采〉（共十一則）、〈詩體〉（共七則）、〈詩題〉（共五則）、〈詩病〉（共九則）、〈雜記〉（共十三則）。每篇開首有四言八句之韻語，近乎司空圖《二十四詩品》之體例，文風以駢體為主，析論精微。復如末篇〈雜記〉第一則狀述故鄉江西之燐火，雖乃詩境之談助，而清新動人，抽離觀之，亦誠為不可多得之散文。該書各篇各則，多曾登載於《人生》雜誌及《天文臺周報》。

七、莊子義繹

香港人生出版社一九六五年版、臺北鄉粹出版社一九六六年版、臺北正生書局一九七一年版。何氏自撰簡介：「《莊子》之文既奇偉，而又寓言八九，號稱難解。本書係作者於課堂講授時所寫，既能顯其精義，又能要言不煩，為大學研究《莊子》學者最佳之參攷書。」（見《益智仁室論詩隨筆》書末）此書〈例略〉云：「本書繹《莊》，旨在豁其晦奧之義，不在字梳句櫛，逐章為釋。爰仿《韓詩外傳》，僅明詩義，不著《三百篇》詩文之例，故自為單行本，不附《莊》書。」全書〈卷上．內篇〉將《莊子》原七篇「繹分為九篇」，〈卷中．外篇〉將《莊子》原十五篇「繹並八篇」，〈卷下．雜篇〉將《莊子》原廿一篇「繹並八篇」。此書章節多先登載於《人生》雜誌。

八、詩學纂要

香港九龍遠東書局一九七四年版。何氏自序（落款於一九七四年二月）云：「去年秋為浸會學院課詩，即用此本，易其名曰《課詩纂要》，油印發諸生為講習之範本。文系主任徐伯訏先生見而善之，謂不若排印成書，以廣其用為便。」此書可謂香港大專院校「詩選及習作」課程中罕有之自編教材。全書共分為三編，上編〈詩學導論〉，包括〈詩之淵源及體制〉、〈詩之聲韻及律法〉、〈詩之聲調〉三節。中編〈唐詩選讀〉，下編〈宋詩選讀〉，則以詩人為綱，依時代先後為次，繫以作品。中、下編各有總序，概論一朝詩風。中編〈唐詩選讀〉分為初、盛、中、晚四節，下編〈宋詩選讀〉分為北宋、南宋兩節，每節各有小序。中、下編共收唐宋詩人四十三家、詩作二百四十三首。

九、詞學纂要

香港九龍遠東書局一九七五年版，劉太希封面題字。此乃何氏詞選課之自編講義。全書共六章，第一章為〈概說〉，包括〈明源流與演進〉、〈辨聲律與音韻〉、〈別句讀與對仗〉及〈知術語與備用之書〉四節。此後五章依次為〈唐五代詞〉、〈北宋詞上〉、〈北宋詞下〉、〈南宋詞〉、〈宋以後詞〉，以作者為綱，大率依時代先後為次，繫以作品。共收歷代詞家三十七人、作品一百二十首，包括唐五代詞家五人、作品十八首，北宋詞家九人、作品五十首，南宋詞家亦九人、作品三十七首，金元明清詞家十四人、作品十五首。其中宋代共十八人、八十七首，詞家數量雖僅及半，然詞作篇數則佔三分之二強。書中，何氏以蘇軾作品為詞體成熟之分水嶺，推崇備至。而初學之門道，既承襲由南宋入手之舊說，復標舉以小令入手之路徑，可謂於取法乎上之同時，兼顧便宜之計矣。

十、楚辭精注

臺北正中書局一九七八年版，後屢有重印。書首有前言、例言，正文包括〈離騷經〉、〈九歌〉、〈天問〉、〈九章〉、〈遠遊〉、〈卜居〉、〈漁父〉、〈九辯〉、〈招魂〉、〈大招〉諸篇。每篇分若干章，每章之下先介紹該章主旨，次為註解，末為語譯。《楚辭精注》前言落款於民國五十七年（一九六八），略云「正中書局編國學粹編，派我寫《楚辭精注》」、「這題目，是書局派給我做的，我只好竭蹶從事」。考何氏前此刊登關於屈騷之單篇論文至少有六篇，包括一九六三年七月在《人生》雜誌發表的〈楚辭九歌繹述〉（一）（二）（三），以及〈楚辭屈宋文研究導論〉（《珠海學報》第五期〔一九七二年一月〕）、〈楚辭天問詮釋〉（《珠海學報》第九期〔一九七六年十二月〕）及〈楚辭九歌詮釋〉（《香港浸會書院學報》第四卷第一期〔一九七七年七月〕）。又查《益智仁室論詩隨筆》（一九六二年）書末之〈本書作者其他著作〉所列並無屈騷著述，至《詞學纂要》（一九七五年）書末〈本書作者著述一覽表〉之「未出版者」一項方有《楚辭詮釋》之書。又〈楚辭屈宋文研究導論〉云：「民國五十九年，珠海文史研究所設楚辭研究之科，余承乏此課程，〔……〕因將半年來講論者，略作整理，並稍加補充。」復觀何氏於一九八一年所撰家譜後記，謂著書已出版者有九種，較《詞學纂要》附錄恰好多出《楚辭精注》一種；而未出版之書目中，則不復有《楚辭詮釋》一種。根據上述諸條資料，竊疑所謂《楚辭詮釋》即《楚辭精注》之初稿。蓋早在一九六三年，何氏已有撰述屈騷著作之念，遂先將〈九歌〉作白話語譯，發表為〈繹述〉三篇。至一九七〇年於珠海學院任教「楚辭」課，乃將部分講義改寫為〈楚辭屈宋文研究導論〉一文，其中包括總論及〈離騷〉至〈大招〉諸篇之解題。稍後〈天問〉、〈九歌〉註解完畢，又整理為〈楚辭天問詮釋〉、〈楚辭九歌詮釋〉二篇刊出。不久，何氏受臺灣正中書局之邀，撰寫《楚辭》註解之書，前此發表各論文遂成為該書之主體。如〈楚辭屈宋文研究導論〉中之解題分綴於《楚辭》諸篇之開端，〈九歌〉、〈天問〉之譯註亦皆納入，而文字容或再作修訂。至於〈離騷〉、〈九章〉等其他篇章之譯註，未見以論文形式單行，蓋有兩種可能：一為時間緊迫、無法投稿；二為合約簽訂，文稿不可另投。實際情況尚待確認。唯如前文所言，至一九七五年時該書稿仍稱《楚辭詮釋》，而非《楚辭精注》。蓋《詮釋》一名為何氏原擬，而出版社以其未足以招徠讀者，遂建議易名《精注》，難怪何氏〈前言〉對於新書名略有謙遜愧恧之意。不過，〈前言〉落款於一九六八年，於時序上似有紊亂。竊疑該〈前言〉本係《詮釋》原稿之序文，至一九七〇年代出版前夕又加以修訂，補充交代《精注》一名的緣由；然當初落款之日期，則未有更改爾。

十一、遯翁詩詞曲集

香港志文出版社一九八三年版。此書前有何氏手書自序，末有陳肇炘（一九二三—一九八三）跋。全書共有兩部分。第二部分乃《遯翁詩詞輯》之影印本，第一部分則為一九六〇至一九八二年間之新作，計有：〈益智仁室詩錄〉，錄古近體詩二百〇九題二百七十七首；〈天遯室詞錄〉，錄詞一百二十九首；〈天遯室曲錄〉，錄小令三十章、重頭十六章、帶過十一章、套曲二十套。查《詩學纂要》書末〈本書作者著述一覽表·未出版者〉一項名下有《益智仁室詞曲集》一書，竊疑即本書中〈天遯室詞錄〉、〈天遯室曲錄〉之原稿。此外，《琮錦交輝》自各大報刊中輯得何氏詩作二百九十九題、詞作一百二十三題、曲作十九題，其中頗有《遯翁詩詞曲集》（包括《遯翁詩詞輯》）所刊落者，值得吾人再行輯佚。

十二、其他

何敬羣教授生前至少曾在五處開列過著作清單。第一處《老子新繹·附記》，本文小引已提及。第二處在《益智仁室論詩隨筆》（一九六二）之書末，有〈本書作者其他著作〉一頁，共列出《老子新釋》、《易義淺說》、《遯翁詩詞輯》、《孔孟要義探索》、《莊子義繹》等五種著作，每種之下皆有短文簡介，前文已逐一引錄。其中唯《莊子義繹》於一九六五年出版，晚於《論詩隨筆》三年，開列於此蓋有預告之意。

第三處在《詩學纂要》（一九七四）及《詞學纂要》（一九七五）書末，各有〈本書作者著述一覽表〉一頁，內容相同，分為「已出版者」與「未出版者」兩欄。「已出版者」列出《老子新繹》、《易義淺說》、《遯翁詩詞輯》、《孔孟要義探索》、《益智仁室論詩隨筆》、《莊子義繹》、《詩學纂要》、《詞學纂要》八種。至於「未出版者」一欄，則列出《益智仁室詞曲論彙》、《益智仁室詞曲集》、《各體韻文選注》、《宋六家詞導讀》、《楚辭詮釋》、《文學史綱》、《遯翁文彙》等六種著作。

第四處為家譜之後記（一九八一），依初版時序，列出《遯翁詩詞輯》、《老子新繹》、《易義淺說》、《孔孟要義探索》、《益智仁室論詩隨筆》、《莊子義釋》、《詩學纂要》、《詞學纂要》、《楚辭精注》共九種已付梓之著作。未出版者則有《益智仁室詩詞曲集》（當即一九八三年出版之《遯翁詩詞曲集》）、《遯翁文彙》、《宋六家詞導讀》、《詞曲論》（當即《益智仁室詞曲論彙》）、《詩經纂要》、《各體韻文選注》、《中國文學史綱》等七種著作，視第三處多出《詩經纂要》一種。此書或為何氏詩經課之講義所編，目前期刊所見何氏關於《詩經》之論文有《新亞書院學術年刊》第二期（一九六〇年九月）之〈關於《詩經》幾個問題的商榷〉、《民主評論》第十三卷第六至八期（一九六二年三月四日）之〈詩在周代應用之分析〉（上、中、下）及《孔道專刊》第八期（一九八四）之〈論孔子刪詩〉等，或皆《詩經纂要》之部分章節。

第五處為《遯翁詩詞曲集》（一九八三）書末之〈益智仁室著作一覽表〉，此表依初版時序，僅列《老子新繹》、《易義淺說》、《遯翁詩詞輯》、《孔孟要義探索》、《益智仁室論詩隨筆》、《莊子義釋》、《詩學纂要》、《詞學纂要》、《楚辭精注》、《遯翁詩詞曲集》共十種已付梓之著作，不復納入未出版者。

綜上所言，何氏於大陸時期有詩詞稿及其他專著合共九種（包括脫稿或未完成者），居港時期已出版之著作十一種，未出版者七種，合計二十七種，成可謂著作等身矣。竊以為《益智仁室詞曲集》大概乃後來《遯翁詩詞曲集》中〈天遯室詞錄〉、〈天遯室曲錄〉之原稿，《楚辭詮釋》即《楚辭精注》之原稿。如是算來，仍有五種未出版之著作不知所終。顧名思義，這五種著作應包括詩詞曲註解（如《詩經纂要》、《各體韻文選注》）、詞曲論集（如《益智仁室詞曲論彙》、《宋六家詞導讀》）、文學史論（如《文學史綱》）乃至古文集（如《遯翁文彙》）等。

筆者曾向何歷耕醫師查詢，確認何府已無任何未刊之書稿。再觀何敬羣教授生前發表之文章中，如〈詩經幾個問題的商榷〉、〈詩在周代應用之分析〉諸篇大概屬於《詩經纂要》之章節。〈宋詞概說〉、〈詞題與詞的演進〉、〈益智仁詞論之一〉、〈詞曲同異〉、〈課曲韻語〉諸篇大概屬於《益智仁室詞曲論彙》之章節。〈論《片玉詞》〉、〈論姜白石詞〉、〈論吳夢窗詞〉、〈論東坡樂府詞〉等當屬《宋六家詞導讀》之章節。至於各種序跋、祭文、題壁等，《琮錦交輝》考得五十一題之多，[1]此皆宜為《遯翁文彙》所收。期待日後有識之士將此等遺珠結集，以盡量恢復這幾部書稿的面貌。茲以七絕一首收結曰：

托缽姑為兩世人。繁華一夢隔硝塵。

寂寥身後生前事，翰墨誰知早等身。

1　廣海博士近日告知，又得悉何先生有〈（劉太希）無象菴詩序〉，載《人生》一九三期（一九五八年十一月）；復從蘇文擢教授《邃加室講論集》中輯得何先生序文一篇，時維一九八二年八月。何氏序跋文增至五十三篇。

何敬羣教授部分著作書影（陳煒舜教授藏）

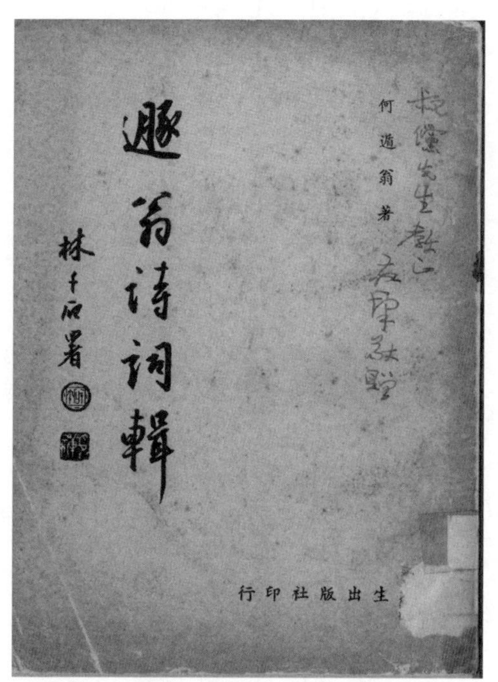

何敬羣教授題贈伍叔儻教授之《遯翁詩詞輯》（程中山博士藏）

後記

在中大新亞書院同仁鼎力支持協助下，《益智仁室詩說——何敬羣先生著作選刊》（下稱《詩說》）作為七十五周年校慶獻禮，即將順利付梓。此書之於新亞先賢何敬羣先生（遯翁，一九〇三—一九九四），亦是逝世三十周年紀念。全書除卷首之序言、圖集外，共分為三編：甲編為新校《益智仁室論詩隨筆》（下稱《論詩隨筆》）及龍受證君論文導讀；乙編為新校《詩學纂要》及拙撰論文導讀；丙編為生平與追記部分，收錄遯翁遺珠之作〈清江藥材行業在廣州之發展〉，遯翁哲嗣何歷耕醫師關於先父之訪談錄，張洪年教授、羅秀珍老師、張秉權教授、岑詠芳老師追憶遯翁之文，以及拙文〈何敬羣教授著作簡介〉。幸膺諸位前輩及同仁信任，大半年來戮力此事，不能無一言以誌善緣、聊表謝意，故草成後記，謹供讀者諸君采覽。

遯翁早年在江西從事藥材業，然自幼手不釋卷，學養濬深，在內地時期便頗有著述，於詩壇時相酬唱。學者、詩人之名，蜚聲已久。一九四九年，遯翁舉家遷港，未幾棄商從教。其肇端乃一九五七年，珠海中文系黃華表主任（重光，一八九七—一九七七）深為賞識，延攬任課。此後遯翁更執鞭新亞、經緯、華僑、浸會等大專院校，竭盡心力。以新亞書院為例，遯翁縱為兼任，仍積極參與校內各項活動，故大受師生愛戴。一九九四年，遯翁嵩壽辭世，《新亞生活》月刊三月號發表訃聞及蘇文擢教授（一九二一—一九九七）所撰悼詩。一九九八年，鄧仕樑主任主編《歲華：香港中文大學三十五年中國語言及文學系教師文藝作品集》，遯翁佳作亦在選錄之列。足見其身為新亞及中大中文系一分子，遺愛深廣。

二〇一九年七秩校慶之際，新亞書院推出數種慶祝及紀念書籍。其中《頌橘廬詩文——曾克耑先生作品選》係由已故鄺健行教授（一九三七—二〇二三）主編，結合楊鍾基、陳志誠、佘汝豐、梁巨鴻等諸位師長之心血，且附有程中山博士所編年譜。曾克耑先生（履川，一九〇〇—一九七五）亦新亞先賢，鄺、楊、陳、佘、梁等諸位師長早年皆有親炙。此書之編纂，足證新亞人文精神之傳承。有見及此，校慶活動督導委員會出版小組同仁遂於五年後移目遯翁，選取遺著兩種合刊為《詩說》，以饗讀者。《論詩隨筆》乃遯翁與儕輩切磋而撰，先連載於《人生》雜誌，一九六二年結集初刊，共計〈風格〉、〈法勢〉、〈聲韻〉、〈辭采〉、〈詩體〉、〈詩題〉、〈詩病〉、〈雜記〉等八篇，創見紛呈、文辭秀雅。《詩學纂要》乃遯翁之「詩選」科講義，一九七四年初刊，分為〈詩學導論〉、〈唐詩選讀〉、〈宋詩選讀〉。兩書性質、體例雖或不同，然論點頗有相近之處，合訂一冊，可見香港戰後三十年間詩風、詩論於一斑，且便檢核。

經出版小組確認通過，兩書隨即展開輸入、校對工作。竊以為李學銘主任、陳志誠所長年高德劭，皆為新亞早期校友，遂相邀賜序，幸得二位慨然頷首。兩序自不同角度介紹遯翁生平行誼及二書精粹，先行刊登於《新亞月刊》，聊收弘傳之效，讀者由此當可一窺遯翁詩學壼奧。卷首圖集內，有兩件書法作品分別係中文大學文物館及桂林博物館所藏，感謝出版小組秘書李思慧女士及廣西師大出版社張潔女士居中聯絡；餘者多為何歷耕醫師分享之遯翁墨寶及家族相冊。何醫師乃吾數年前於網上拜識，當日賜寄令尊遺著多種，感激不勝。是次《詩說》出版，何醫師不僅以版權持有者身分授權新亞、提供遺墨舊照，且慨然接受訪談，使遯翁往事重為後學所知。訪談稿由龍受證、林樂軒二君撰就，全文八千餘字，於十月杪登載於「灼見名家」網站，俾讀者先睹為快，茲復收入《詩說》丙編。

丙編其餘諸作面世，亦頗堪稱道感念。如旅美張洪年教授本亦吾人邀請賜序之對象，然張師謙遜，自稱力有不逮，僅道來往事娓娓，以備編輯使用。吾人乃建議連綴成篇，幸得張師俯允。此間聯繫，羅奇偉博士厥功至大。羅秀珍老師自言專精李易安詞，乃賡續當年遯翁「詞選」科之法脈，且命吾人於往期《新亞生活》輯出遯翁潤色代投之習作，以助追憶、以備徵引。張秉權教授得知舊影出現於遯翁相冊，且訝且喜，不僅代為辨識相中人物，更撰文憶往。巴黎岑詠芳老師瀏覽何醫師訪談後，自謂藏有遯翁所饋墨寶，乃在吾人力邀下屬篇。如此因緣，堪稱殊勝。

吾生也晚，忝為新亞兼中文系後學，最早乃因遯翁《楚辭精註》而識其人——拙撰碩博論文恰亦關涉《楚辭》。此後陸續翻閱遯翁《老子新繹》、《莊子義繹》、《遯翁詩詞曲集》等書，愛不釋手。重返中大中文系任教，一直承乏大一「詩選及習作」必修科。彼時課本仍採用民初高步瀛（閬仙，一八七三—一九四〇）《唐宋詩舉要》，此書選篇齊備而多灼見，然卷帙甚巨、註解繁富典奧，新生每引以為苦。嘗思在高書基礎上刪繁就簡，以便學子觀摩研習，奈何時間、能力兩皆匱乏。洎乎捧讀《詩學纂要》，方知中大創立之初遯翁便有此嘗試，深入淺出、頗便初學，令人擊節。一九六〇年代，新亞中文系「詩選」科由曾履川先生領軍，遯翁蓋偶有參與，復於珠海、華僑、浸會等院校負責此科。《詩學纂要》乃遯翁經驗之談，亦大陸易幟以還吾港大專院校「詩選」科唯一梓行之講義。該書半世紀來縱未重印，吾仍列入「詩選」科參考書目。此番《詩說》付梓，令更多師生了解吾港前修之詩學內涵，是所至蘄。

數年前，香港公開大學主辦「第一屆華文創意寫作與跨媒體實踐國際研討會」，吾幸列其中，宜讀拙文〈謂我識途馬，宜作知津告：何敬羣《詩學纂要》創作論初探〉；復蒙不棄，收入梁慕靈教授主編之《華文創意寫作與跨媒體實踐》（臺北：新銳文創，二〇二二）一書。比年重讀《詩學纂要》及《益智仁室論詩隨筆》，時有領會，故於拙文有所擴充。門人龍君穎悟篤實，從吾撰寫碩論，題為《五、六十年代香港古典詩論研究——以詩話與報刊詩論為中心》。蓋吾於二〇二二年秋嘗承乏博碩士班課程「古典韻文專題」，龍君選修，而以遯翁《論詩隨筆》

撰就學期報告，厥後發表於《華人文化研究》十一卷二期（二〇二三年十二月），復納為碩論次章。茲重修訂兩文，以導讀形式分繫《詩說》甲、乙編之末，用備卓參指正。

此外值得一提者，聯合中文系校友孫廣海博士醉心吾港學林先賢著述之考證，吾數年前曾相邀以遯翁為主題，撰一鴻篇。朞年後，孫博士撰述逹十萬字言，教人感佩。今年二月，書稿列入「新亞文商學術叢刊」之一而付剞劂，題為《琮錦交輝：何敬羣教授論著知見錄》（臺北：萬卷樓，二〇二四）。吾本擬邀孫博士協助《詩說》作一短文，紹介遯翁遺著，惜因諸事延宕，總難遂願；至近日略有暇隙，未敢再擾，乃不得已匆匆另撰〈何敬羣教授著作簡介〉。拙文建基於孫博士大著，然愚見亦偶有相異者。如孫博士以遯翁《楚辭詮釋》、《楚辭精注》為二書，愚見則以《詮釋》為《精注》之初稿。如是不一，還望孫博士及方家指正。撰文之際，頗得林樂軒君檢核諸書之力。樂軒乃吾主持研資局計劃「古典詩、本地史與文化認同：一九九〇年代以來香港詩詞創作比賽研究」（編號：14610223）之助理，勤敏好學，且於《詩說》出版計劃中協助思慧、受證二位之訪談事項。兩項計劃因樂軒而交集，緣份亦甚奇妙。

必須補充說明者，《論詩隨筆》與《詩學纂要》初步轉為文字檔後，由王語曼、龍受證二位負責一、二校之工作。吾此後校閱五六次，如掃落葉，紕繆依舊難免。幸得李學銘師賜序之際再行讎校，列出疑似舛錯十數處，無任感激！若原書中之文字訛謬，或為遯翁一時之誤，或為手民所致，今皆出以註腳，以存原貌。至若玩索行文，發覺原書新式標點有待商榷處，則逕改之；段落過長者，則再行分段。又如《詩學纂要》所列詩歌正文，各句押韻者標以句號，而其註解乃至《論詩隨筆》內文則未必。為求統一，悉遵《纂要》正文之例。為便檢索，《纂要》所列詩人，皆補入生卒年；各詩之註解，原書文字未分行，茲皆分行、編號。復如《論詩隨筆》徵引篇幅較長之詩作，皆改為獨立引文；而各篇各則僅有編號，不便查核，故書中序言、論文但凡引用《隨筆》內容，頁碼以外皆標示篇、則之次第。如是種種，不一而足。

《益智仁室詩說》一書，洵可謂五年前《頌橘廬詩文》之續編。吾儕深信本書梓行，新亞人文精神、詩性傳統之薪火不息，於茲復見。走筆至此，謹舉誠悃，向新亞書院、新亞研究所、中大中文系、中華書局同仁與廣大讀者，乃至前文所稱多位師友，敬表謝意。姑塗鴉七律一首以結拙文曰：

錦山臺外月如鉤。托缽緣門安所求。
自有文心傳窅眇，未辭詩教尚溫柔。
佛燈猶夢匡廬夜，易象不占滄海秋。
肥遯從來君子吉，折腰豈必事王侯。

陳煒舜謹識於新亞書院敬業館
歲在甲辰大雪之節

□ 責任編輯：邢　婕　黃遠楷
□ 封面設計：陳佩珍
□ 排　　版：陳美連
□ 印　　務：劉漢舉

益智仁室詩説

——何敬羣先生著作選刊

□
著者
何敬羣

□
出版
中華書局（香港）有限公司
香港北角英皇道 499 號北角工業大廈一樓 B
電話：（852）2137 2338　傳真：（852）2713 8202
電子郵件：info@chunghwabook.com.hk
網址：http://www.chunghwabook.com.hk

□
發行
香港聯合書刊物流有限公司
香港新界荃灣德士古道 220-248 號
荃灣工業中心 16 樓
電話：（852）2150 2100　傳真：（852）2407 3062
電子郵件：info@suplogistics.com.hk

□
印刷
美雅印刷製本有限公司
九龍觀塘榮業街 6 號海濱工業大廈 4 樓 A

□
版次
2025 年 4 月第 1 版第 1 次印刷

□
規格
32 開（220 mm × 152 mm）

□
ISBN：978-988-8912-62-9